Guido Knopp
mit Peter Hartl

DAS BERNSTEINZIMMER
Dem Mythos auf der Spur

Mitarbeit: Annette Tewes
Dokumentation: Mario Sporn

Hoffmann und Campe

1. Auflage 2003
Copyright © 2003 by Hoffmann und Campe Verlag, Hamburg
www.hoffmann-und-campe.de
Ein Projekt der Montasser Medienagentur
Schutzumschlaggestaltung: Büro Hamburg/Susanne Schwarz
Foto: Bildarchiv Preußischer Kulturbesitz
Reproarbeiten: LVD GmbH, Berlin
Layout: Prill Partners | producing, Berlin
Druck und Bindung: MOHN Media · Mohndruck GmbH, Gütersloh
Printed in Germany
ISBN 3-455-09396-5

Ein Unternehmen der
GANSKE VERLAGSGRUPPE

Inhalt

Vorwort	7
Ein geheimnisvoller Todesfall	9
Stoff, aus dem Träume sind	12
Krönung des Aufstiegs	17
Rückkehr an die Ostsee	25
Wiederauferstehung im Zarenpalast	32
Zarenschloss an der Front	48
Kunstraub unterm Hakenkreuz	56
Hungerkrieg gegen Leningrad	62
Zuschlag für Königsberg	66
Vorboten des Untergangs	88
Evakuierungsgedanken	102
Sturm auf die Stadt	118
Seerettungsdienste	124
Endzeit in Königsberg	132
Kunst-Reise nach Weimar	138
Schlösser-Tour	145
Spuren aus dem Kohlenkeller	148
Endstation Erzgebirge	156
Unterwelten des Hitler-Reichs	165
Lebenslängliche Leidenschaft	175
Eingeschlossen im Kessel	183
Königsbergs Untergang	191
Verschollene Schätze	201
Brandheiße Spuren	210
Phantome aus der Verborgenheit	224
Wiedergeburt eines Wunderwerks	231
Literatur	236
Personenregister	237
Ortsregister	240
Bildquellenverzeichnis	243

Vorwort

Die schönsten Legenden sterben nie. Seit nunmehr sechs Jahrzehnten suchen Archäologen und Abenteurer, Sammler und Sponsoren, Betrüger und Besessene nach den Wandverkleidungen aus Bernstein. Das Bernsteinzimmer, einst ein Geschenk des Preußenkönigs Friedrich Wilhelm I. an den russischen Zaren Peter den Großen, wurde 1941 von deutschen Soldaten aus dem Zarenschloss nach Königsberg verschleppt. Dort verlor sich bei Kriegsende jede Spur. Erst sein Verschwinden hat das legendäre Gemach wahrhaft berühmt gemacht. Wie kaum ein anderes Rätsel der Geschichte weckte das verloren gegangene »achte Weltwunder« die Fantasie der Zeitgenossen.

Wurde das weltberühmte Wandgetäfel noch, wie ursprünglich geplant, aus der belagerten »Festung« Königsberg geschafft? Fiel es dem Feuer von Luftangriffen, Artilleriegeschossen oder Siegesfeiern zum Opfer? Wurde es verbunkert, vergraben oder verschüttet? Bis heute zieht dieses Geheimnis die Jäger des verlorenen Schatzes geradezu magisch an. Über hundert Theorien gibt es zum Verbleib des Zimmers, an Dutzenden von Stellen wurde gegraben, Stollen wurden aufgesprengt, Seen betaucht, sogar das Wrack der 1945 in der Ostsee gesunkenen »Wilhelm Gustloff« wurde aufgeschweißt. Immer wieder kam es zu Todesfällen, die die Schatzsucher bis heute in dem Glauben bestärken, ein dunkles Syndikat beschütze das Zimmer vor seiner Entdeckung. Die Geschichte der Suche nach dem Bernsteinzimmer ist ein Kriminalroman mit realen Figuren, eines der spannendsten Suchunternehmen der Nachkriegszeit.

Der Schlüssel zum »Geheimnis Bernsteinzimmer« liegt in Königsberg. Im Dezember 1945 wüteten Hunger und Seuchen in den Trümmern jener Stadt, die einst die stolze Metropole Ostpreußens gewesen war. Es war daher kein Einzelfall, dass der Museumsdirektor Alfred Rohde und seine Frau einen anonymen Tod an Hunger-Typhus starben. Ein tragisches Schicksal – eines unter Tausenden zu jener Zeit.

Und doch schossen wenig später böse Gerüchte ins Kraut. Der Mann sei ermordet worden, hieß es; der Arzt, der den Tod bescheinigte, verschwunden. Rohde war Kurator der Königsberger Kunstschätze – und somit der Einzige, der 1945 die ganze Wahrheit über das Bernsteinzimmer wusste, bis zu seinem mysteriösen Tod. Er hatte 1944, nach dem Luftangriff auf Königsberg, die bernsteinbestückten Edelplatten in Kisten packen lassen und nach eigenem Bekunden an einem sicheren Ort verwahrt. Als die Rote Armee im April 1945 die Stadt eroberte, war das Bernsteinzimmer jedenfalls verschwunden – wohin, wusste nur der Hüter des Schatzes.

Hatte er die Kisten noch rechtzeitig aus der belagerten Festung geschleust? Oder liegen sie bis heute unter den Trümmern der Stadt in einem verschütteten Depot? Für beide Varianten gibt es schlüssige Indizien. Sie legen die Vermutung nahe, dass das Konvolut, wie damals durchaus üblich, aus Sicherheitsgründen gar nicht komplett an einem Ort aufbewahrt, sondern rechtzeitig in kleinere Bestände aufgeteilt wurde. Nachweisbar zerstört wurden allenfalls kleinere Teile davon.

Heute, da zum dreihundertsten Geburtstag von St. Petersburg das wiederhergestellte Bernsteinzimmer schöner und prächtiger denn je erstrahlt, hat die Frage nach dem Schicksal des Originals besonderes Gewicht – und neuen Reiz. Für dieses Buch wurden die neuesten Spuren verfolgt und auf ihren Gehalt überprüft. Wir haben Menschen begleitet, die zu Schatzjägern geworden und dem Schatz des Zaren bis heute auf der Spur sind. Unsere Suche führt nach Russland, Polen, in die Kellergewölbe des ehemaligen Königsberger Schlosses, in thüringische Stollen und sächsische Schlösser. Wir haben Zeitzeugen befragt, die darauf schwören, die fraglichen Kisten noch im April 1945 gesehen zu haben. Wir haben neue Materialien ausfindig gemacht, unter anderem den Nachlass des russischen Kunstschutzbeauftragten Alexander Brjussow – einer Schlüsselfigur der Bernstein-Legende.

Ein Ergebnis steht zumindest fest: Die vielfach verbreitete Annahme, das »achte Weltwunder« sei *vollständig* verbrannt, lässt sich nicht halten. Denn authentische Berichte belegen: Brjussow, auf dessen Notizen diese Behauptung beruht, hat sie später selbst zurückgezogen – nicht unter Druck, sondern aus eigener Einsicht.

Fazit: Der überwiegende Teil der Kisten ruht wohl weiter im Verborgenen.

Und so führen uns die Spuren zum einen in ein geheimes Stollensystem in Mitteldeutschland, in dem noch bis Kriegsende mehr als dreitausend Menschen für den Bau einer Flugbenzin-Raffinerie geschuftet hatten. Es ist das größte bislang noch nicht untersuchte Geheimprojekt der Nazi-Zeit. Und unsere Suche bringt uns wiederum zurück nach Königsberg – in jene zahlreichen Keller, die bis heute nicht einmal im Ansatz erforscht und freigelegt worden sind. So auch zu jenem viel zitierten »Bunker 3«, dessen verschütteter Standort bis dato lediglich aufgrund von Georadar-Untersuchungen vermutet wird.

Die Suche nach dem Bernsteinzimmer ist noch nicht zu Ende. Doch bevor Sie uns beim Graben helfen – lesen Sie die Geschichte. Die ganze Geschichte.

Ein geheimnisvoller Todesfall

Der Tod war kein seltener Gast zu jener Zeit in den Trümmern von Königsberg. Nach Bombenangriffen und Belagerung, Standgerichten und Häuserkämpfen, nach Hunger, Verwüstung und Vergeltung war die alte ostpreußische Krönungsfeste in jeder Hinsicht ruiniert. Menschenleben zählten nicht mehr viel.
So nahm auch kaum jemand Notiz, als am 7. Dezember 1945 Alfred Rohde starb – ein frühzeitig gealterter, kranker Mann, der dem eklatanten Versorgungsnotstand zum Opfer fiel, wie so viele der verbliebenen Stadtbewohner. »Typhus« stand in seinem Totenschein, eine Krankheit, vom Hunger gezeugt, die ohne ausreichende Medikamente in vielen Fällen tödlich verlief. Wenige Tage später folgte Rohdes Frau ihrem Mann ins Grab, auch sie überlebte die Zeit der Entbehrungen nicht. Ein tragisches Schicksal – eines unter Abertausenden in einem Panoptikum von Unrecht und Grausamkeit.
Und doch sollte sich dieser Todesfall als besonders dramatisch erweisen, hatte er doch unabsehbare Folgen, die bis in die Gegenwart reichen. Denn der unscheinbare Beamte Dr. Alfred Rohde nahm ein Geheimnis mit ins Grab, das außer ihm niemand aufzulösen vermochte und bis heute nicht vermag.
Der langjährige Direktor der Königsberger Kunstsammlungen war von Amts wegen Hüter des legendären Bernsteinzimmers. Nachdem die deutsche Besatzungsmacht das weltberühmte Wandgetäfel 1941 aus dem Katharinenpalast bei St. Petersburg entführt und nach Königsberg verfrachtet hatte, stand es unter der besonderen Obhut des Bernsteinkenners. Er ließ die kostbaren Wandverzierungen, in Kisten verpackt, vor Bombenangriffen in Sicherheit bringen. Und nur er konnte verlässlich Auskunft darüber geben, was in den Turbulenzen des Jahres 1945 weiter mit ihnen geschah. Wurden sie noch, wie ursprünglich geplant, aus der belagerten Stadt abtransportiert? Fielen sie dem Feuer von Luftangriffen, Artilleriegeschossen oder Siegesfeiern zum Opfer? Wurden sie verbunkert, vergraben oder verschüttet? Kein Dokument überlieferte eine eindeutige Antwort, keine Zeugenaussage erbrachte einen schlüssigen Beweis. Einzig der Schatzwächter Rohde hütete nach Kriegsende die ganze Wahrheit über das Schicksal des Bernsteinzimmers – bis zu seinem überraschenden Tod.
Kein Wunder, dass sich bald schon die Legenden rankten. Rohde habe Selbstmord begangen, sei gar von finsteren Mächten ermordet worden, um den Standort des Bernsteinzimmers im Verborgenen zu halten. Der Arzt, der seinen Tod bescheinigt hatte, sei unmittelbar darauf aus der Stadt verschwunden,

»Ein tragisches Schicksal«: Alfred Rohde, bis 1945 Direktor der Königsberger Kunstsammlungen

mehr noch: Als Rohdes Grab geöffnet wurde, um die Todesursache zu überprüfen, sei kein Leichnam aufzufinden gewesen, das Rätsel seines plötzlichen Ablebens somit weiter offen.

Auf der Grundlage der verfügbaren Belege und Zeugenaussagen, etwa der behandelnden Krankenschwester, entlarven sich all diese immer wieder gern kolportierten Gruselgeschichten unzweifelhaft als Märchen. Die Verschwörungstheorien mochten gleichwohl nie verstummen.

Die Geschichte der Suche nach dem verlorenen Schatz aus Bernstein ist reich an modernen Mythen dieser Art. Wie kaum ein anderes Rätsel der Geschichte setzt der schillernde Stoff Fantasien frei. Sein mysteriöses Verschwinden hat das Bernsteinzimmer erst richtig berühmt gemacht. Schon den Zeitgenossen des 18. Jahrhunderts galt es als das »achte Weltwunder«. Die Wände des etwa hundert Quadratmeter großen Saales waren rundum mit zierlichen Dekorationen, weich glänzenden Mosaiken und ganzen Gemälden aus Bernstein verkleidet, zu deren Herstellung fünf bis zehn Tonnen Rohmaterial verbraucht wurden. Akanthusranken und Rosetten, blitzendes Kristall, glitzernde Lüster und funkelnde Leuchter trugen zum Zauber einer einzigartigen Schatz-Kammer bei, dem sich kaum ein Betrachter entziehen konnte. »Der Stil des Bernsteinzimmers ist ein Gemisch aus Barock und Rokoko und ein wahres Wunder«, begeisterte sich 1912 der russische Kunsthistoriker Sergej N. Wilkowskij, »nicht nur wegen des hohen Materialwertes, der kunstvollen Schnitzereien und der Leichtigkeit der Formen, sondern hauptsächlich wegen des schönen, bald dunklen, bald hellen, aber immer warmen Tons des Bernsteins, der dem ganzen Zimmer einen unaussprechlichen Reiz verleiht.« Der Kenner fasste damit den Eindruck der meisten Besucher des Saales in Worte, die sich von der Wirkung des leuchtenden Gesteins verzaubern ließen.

Dass dieses auf einen Wert von 125 Millionen Dollar geschätzte Wunder-Werk unwiederbringlich verschollen sein sollte, damit mochten sich Generationen von Schatzsuchern nicht abfinden. An die hundert Versionen über den Verbleib der Holzkisten mit dem erlesenen Inhalt zählt die Chronik bis heute, und es kommen weiter neue hinzu. In Bunkeranlagen Thüringens wurde das verschollene Tafelwerk ebenso vermutet wie in Schiffsbäuchen auf dem Grund der Ostsee, in verschütteten Stollen Niedersachsens ebenso wie in ostpreußischen Sümpfen. Kellergrüfte von Schlössern, Burgen oder Kirchen im Osten wie im Westen Europas orteten Augenzeugen als potenzielle Fundorte, bis in die Schweiz, sogar in die Vereinigten Staaten von Amerika soll der Wandschmuck der Zaren geraten sein.

Beteiligt an der Großfahndung waren Kunstexperten, Historiker, Abenteurer,

Detektive, Grabungsprofis, enthusiastische Amateure, verbohrte Psychopathen, Politiker wie auch Geheimdienste in Ost und West. Viele Ingredienzien eines Kriminalromans hafteten der Geschichte des verlorenen Schatzes an oder wurden in sie hineingemengt: Spionage, Verschwörungen, Adelsverbindungen, Nazi-Seilschaften, Kalter Krieg, Verrat, sogar Mord. Wildeste Spekulationen wucherten über den Verbleib der Kammer ebenso, wie scharfsinnige Argumentationsketten entworfen wurden.

Doch nicht nur akademische Gedankenspiele setzten die Schatzgräber in Gang, sondern auch Schaufelräder, Bagger, Spitzhacken und Spaten, die an Dutzenden vermeintlicher Fundstellen die Erde aufwühlten, zugemauerte Eingänge durchbrachen, verschüttete Gänge freilegten. Tiefseetaucher durchleuchteten den Rumpf längst versunkener Fregatten aus dem Zweiten Weltkrieg. Keine der Grabungen und Tauchausflüge hat auch nur Bruchstücke des prominenten Objektes zu Tage gefördert. Und dennoch ist die Aussicht, die verborgenen Überreste dereinst noch zu bergen, keineswegs absurd. Ein Beweis für die restlose Vernichtung des Bernsteinzimmers ist bisher gleichfalls ausgeblieben. Der Tatendrang der Kunstfahnder ist ebenso ungebrochen wie die Faszination des goldgelben Schimmergesteins.

Stoff, aus dem Träume sind

Nicht von ungefähr wird Bernstein auch »Gold der Ostsee« genannt. Ebenso wie das wertvolle Edelmetall übt es eine starke Anziehungskraft auf die Menschen aus und vermag sie in seinen Bann zu ziehen. Nach der griechischen Sage entstand Bernstein aus den Tränen der Heliaden, jener ungehorsamen Schwestern des Sonnengottes Helios, die der Göttervater Zeus zur Strafe in Pappeln verwandelt hatte.

In der Tat ist Bernstein eine Frucht des Waldes, es ist nichts anderes als das gehärtete Harz urzeitlicher Kiefernbäume, die vor 55 bis 35 Millionen Jahren in Nordeuropa tropische Wälder bildeten. Das Holz segnete das Zeitliche, aber das Harz, das aus der Rinde geronnen war, blieb bestehen. Es versickerte im Waldboden und versteinerte in Millionen Jahren zum Fossil – vor allem in dem Teil der Erde, wo sich später die Ostsee ausbreitete. Doch ist der Bodenschatz kein starres Gestein, sondern er führt ein empfindsames Eigenleben. Bernstein ist ein organisches Material, zerbrechlich und weich. Es reagiert auf UV-Licht, Säure, unter bestimmten Einflüssen kann es austrocknen, die Farbe verändern oder zerfallen.

Insekten, Schnecken oder Blüten, die einst in der klebrigen Masse hängen geblieben waren, überdauerten in ihrem goldenen Grab bis heute. Inclusen (Ein-

»Goldenes Grab«: Bernsteinstücke mit »Inclusen« sind bei Sammlern begehrt

STOFF, AUS DEM TRÄUME SIND 13

schlüsse) werden diese Phänomene genannt. Die meisten Bernsteinstücke, oft vom Meer an den Strand gespült, sind winzig klein, gerade recht für ein Schmuckstück oder einen Talisman. Aber es gibt auch größere Exemplare. Sammler, gerade wenn sie systematisch graben, stoßen schon mal auf Brocken von mehreren Kilogramm Gewicht. Der größte bekannte Bernsteinfund bringt annähernd zehn Kilo auf die Waage.

Typisch ist die durchsichtige bis matte honiggelbe Färbung, doch die Farbpalette reicht von hellem Gelb bis zu rötlichem Braun, mitunter ist gar ein bläulicher oder grünlicher Schimmer erkennbar. Aber nicht nur das schillernde Aussehen zog die Menschen an. Schon frühzeitig schrieben sie dem Bernstein Wunder- und Heilungskräfte zu. Zermahlen zu Pulver, mit Ölen vermischt, als Salbe oder als Bruchstück im Amulett sollte es böse Geister und Krankheiten abwehren. Die heilende Wirkung leitete man auch aus einer anziehenden Eigenschaft des Materials ab: Durch Reibung wurde es magnetisch.

Nicht nur wegen seiner Ausstrahlung, sondern vor allem dank seiner weichen

»Farbpalette von hellem Gelb bis zu rötlichem Braun«: Bernstein ist ein vielgestaltiges Material

»Heilende Wirkung«: Bernstein wird in Königsberg/Kaliningrad noch immer zu therapeutischen Zwecken eingesetzt

und leichten Beschaffenheit wurde Bernstein schon seit der Steinzeit zu Schmuck und Dekor von Gebrauchsgegenständen verarbeitet. Frühzeitig setzte ein schwunghafter Handel ein, ganze Berufszweige gediehen längs der Handelswege. Besonders im 17. und 18. Jahrhundert entstanden Ketten, Pokale, Essbestecke, Schatullen, Kronleuchter, Griffe von Gehstöcken oder Degen aus dem beliebten Material. Versierte Bernsteindreher fertigten Plastiken, Schränke, Kommoden, Spiegelrahmen, Altäre, selbst Querflöten daraus. Allein am sächsischen Kurfürstenhof in Dresden waren zeitweise an die hundert Bernsteinkünstler tätig.

Der Schwerpunkt der Bernsteinverarbeitung lag traditionell an der Ostseeküste. Zwar ist das schimmernde Gestein mit etwas Glück auch im Binnenland, am Mittelmeer, am Schwarzen Meer oder in der Karibik zu finden. Das Hauptvorkommen erstreckt sich jedoch der Ostsee entlang und dort besonders an der »Bernsteinküste« in der Region um Kaliningrad, das frühere Königsberg. Dort warten nicht nur Bernsteinfischer darauf, dass die See die begehrten Brocken

»Gold der Ostsee«: Suche nach Bernstein in einem Tagebau bei Königsberg/ Kaliningrad

»Verkauf nach Gewicht«: Bernstein ist noch immer eine wichtige Handelsware

»Begehrter Rohstoff«: Schon im Mittelalter verarbeiteten Bernsteinschnitzer das Material zu Schmuck oder Gebrauchsgegenständen

wieder an Land spült. Der Bodenschatz wird überdies bis heute im großen Stil mit Bergbaumethoden unter einer etwa 30 bis 40 Meter dicken Tonschicht zu Tage gefördert. Aus der Tagebaugrube »Blaue Erde« nahe der vormaligen ostpreußischen Hauptstadt stammen immer noch neun Zehntel des weltweit geförderten Bernsteins. In diesem Gebiet hat die Meisterschaft in der Gestaltung des Materials ihr traditionelles Zuhause.

Krönung des Aufstiegs

Hier war es auch, wo der Hohenzollern-Regent Friedrich III. seine Leidenschaft für das »Gold der Ostsee« entdeckte. In den Berliner Gemächern des bauwütigen Kunstkenners wuchs eine ansehnliche Sammlung rarer und auserlesener Bernsteinfunde heran. Doch nicht in erster Linie seine Sammelleidenschaft war es, die den aufstrebenden Regenten nach Königsberg führte. In der alten Trutzburg des deutschen Ordens, eines der Wegbereiter für die Osterweiterung des späteren Preußens, sollte nach seinem Willen der politische Aufstieg seiner Dynastie unübersehbar dokumentiert werden: Eigenhändig wollte er sich hier zum ersten preußischen König krönen. Mit riesigem Hofstaat und allein dreihundert Gepäckwagen traf der künftige König vor der Wende zum Jahr 1701 in der Ost-Dependance seines Herrschaftsgebietes ein. Am 18. Januar setzte er sich vor viertausend Gästen in einem weihevollen Zeremoniell die neue Krone auf. Auch für sein Reich stand der Staatsakt am Anfang einer ruhmreichen Karriere.

»Lang lebe Friedrich, unser allergnädigster König«: Die Krönung von Kurfürst Friedrich III. im Jahr 1701

»Mitarbeit am Bernsteinzimmer«: Der Berliner Hofbaumeister Andreas Schlüter

Als der frisch gekürte König, nunmehr Friedrich I., Königsberg im März verließ, nahm er – inspiriert von der Bernsteinkunst seiner Krönungsstadt – auch die Idee für ein prestigeträchtiges Weihegeschenk an sich selbst mit nach Hause. Unmittelbar nach seiner triumphalen Ankunft in Berlin beauftragte Friedrich, so mutmaßen Sachkenner, seinen damaligen Hofarchitekten Andreas Schlüter, den berühmten Erneuerer des Berliner Stadtschlosses, mit den Plänen für ein »Bernstein-Cabinett«. Es sollte eine Weltneuheit werden: Noch nie zuvor hatte Bernstein für die komplette Ausgestaltung einer Kammer Verwendung gefunden. Als Verwirklicher dieser Innovation empfahl der befreundete König von Dänemark seinen Bernsteinschneider Gottfried Wolffram.

Bereits im April 1701 ging der versierte Kunsthandwerker im Schloss Lietzenburg, dem späteren Charlottenburger Schloss, ans Werk. Dabei wandte er ein neu entwickeltes Verfahren an, die so genannte Inkrustationstechnik: Tausende von Bernsteinstücken der verschiedensten Farbschattierungen wurden auf zwölf großformatigen Holztafeln, so genannten Paneelen, und zehn Sockelplatten, die in beliebiger Anordnung an der Wand befestigt werden konnten, aufgeklebt und zu kunstvollen Mosaiken zusammengefügt. Aus dem natürlichen Rohstoff wurden in millimetergenauer Maßarbeit dekorative Muster, filigrane Figürchen, Ornamente, Verzierungen, herausragende Rahmen, Zierleisten, Wappen, kleine Gemälde für sich und Schriftzeichen herausgearbeitet. Um die natürliche Farbpalette noch zu erweitern, kochten die Bernsteinkünstler die

»Ein irdisch Paradies«: Das Bernsteinzimmer sollte zunächst das spätere Schloss Charlottenburg schmücken

»Politischen Aufstieg dokumentieren«: Der erste preußische König Friedrich I. und seine Gemahlin Sophie Charlotte

Plättchen in Öl, dem nach streng geheimen Rezepturen natürliche Pflanzenfarben beigemengt waren.

Die Mitwirkung des Bildhauers und Hofbaumeisters Andreas Schlüter bis zu seiner Entlassung im Jahr 1707 schließen Fachleute auch aus der frappierenden Ähnlichkeit von acht Masken toter Krieger im Rahmendekor des Kabinetts mit jenen zweiundzwanzig Krieger-Masken, die der Bildhauer im Innenhof des Zeughauses geschaffen hatte.

Doch die Schaffensfreude währte nicht lange. Wegen der wuchernden Kosten, wohl auch weil er sich mit dem neuen Hofbaumeister Eosander von Goethe nicht verstand, wurde Bernsteinschneider Gottfried Wolffram 1707 vor die Tür gesetzt. Der König beschloss, die bisher gefertigten Elemente in sein Stadtschloss zu verlagern und dort für die Täfelung eines Raumes zu verwenden. Beauftragt wurden diesmal, gegen geringeres Entgelt als der dänische Meister, die Danziger Kunsthandwerker Gottfried Turau und Ernst Schacht. In ihrem Können standen sie dem Vorgänger indes nicht nach. In nur wenigen Jahren vollendeten sie das Werk des Dänen auf meisterhafte Art und zauberten eine

Rechte Seite:
»Teuerste Tapete der Welt«:
Das Bernsteinzimmer in Berlin
(Zeichnung des russischen Restaurators Aleksandr A. Kedrinskij)

»Kurfürstliche Residenz«:
Das Stadtschloss in Berlin vor seinem Umbau im Jahr 1690

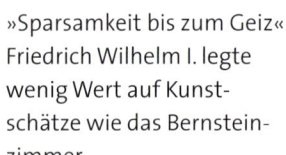

»Sparsamkeit bis zum Geiz«:
Friedrich Wilhelm I. legte wenig Wert auf Kunstschätze wie das Bernsteinzimmer

einzigartige Vertäfelung, die später das glanzvolle Kernstück des berühmten Bernsteinzimmers werden sollte.

Doch wie ihr dänischer Vorgänger blieben auch die Schöpfer des Bernsteinkabinetts nicht dauerhaft im Stand der Gnade. Als Preußens König kurz nach dem Einbau der Wandvertäfelung feststellte, dass die Wände hinter den Bernsteintafeln von Schimmelpilz befallen waren, ließ er den Meister Turau wegen Hochverrats in den Kerker werfen. Immerhin zierte das noch nicht gänzlich vollendete Getäfel ab 1711 im Stadtschloss das »tabacs-collegium« des Königs. In dieses Eckzimmer mit der teuersten Tapete der Welt, die den preußischen Staatssäckel empfindlich geleert hatte, konnte er sich zurückziehen, in vertrauter Gesellschaft ein Pfeifchen schmauchen, das Kartenspiel pflegen oder vertrauliche Gespräche führen. »Aller Zwang ist aus dieser Gesellschaft verbannet«, rühmte ein Höfling die Atmosphäre der Raucherstube, »und darf jedermann sitzen, inmassen der König von der Ihm sonst gebührenden Ehrerbietung zu der Zeit etwas nachlässet.«

Allzu lange jedoch konnte der barocke und kunstsinnige Herrscher den abendlichen Mußestunden im neuen Ecksaal nicht mehr frönen. 1713 starb der erste Preußenkönig.

Sein Sohn, der nach ihm den Thron einnahm, konnte unterschiedlicher nicht sein. Friedrich Wilhelm I. war ernst und sparsam, mied jede nicht unbedingt dienliche Staatsausgabe – bis zum Geiz. An die Stelle von barocker Verschwendungssucht traten Enthaltsamkeit und strenge Pflichterfüllung. Die Neigung des Thronfolgers gehörte nicht den Künsten und der Wissenschaft, sondern seiner

»Aller Zwang verbannet«: Auch Friedrich Wilhelm I. pflegte die zwanglose Diskussion in seinem Tabakskollegium

Die Zucht macht Leute, die preußische ist herrlich.
Johann Michael von Loen, Jurist, 1717/18

Armee. Der »Soldatenkönig« trug als oberster Krieger selbst gern die Uniform, die unter seiner Herrschaft zum »Ehrenkleid« avancierte. Wie ein Rekrut schlief er auf einem Feldbett und deckte sich mit einem rauen Tuch zu.

Nicht nur das Militär formte Friedrich Wilhelm mit straffer Hand um, er schuf auch ein neues Finanzsystem, das die Ausgabenflut eindämmte, schwor das neu formierte und erweiterte Beamtentum auf preußische Werte ein und setzte die allgemeine Schulpflicht durch. In diesem soldatisch streng regierten Gemeinwesen war kein Platz mehr für höfische Prunkmanie. Er ließ die Arbeiten an den immer noch nicht vollendeten Bernsteinarbeiten im Schloss abbrechen und die bereits fertig gestellten Wandverkleidungen im Berliner Zeughaus einlagern.

Da traf es sich günstig, dass ein hochrangiger Besucher Gefallen an dem wertvollen Schmuckstück bekundete. Der russische Zar Peter I. hatte seinen Blick schon seit längerer Zeit mit Wohlgefallen auf das edle Kabinett geworfen, war er doch ein ausgesuchter Liebhaber des Edelgesteins von der Küste seines Heimatmeeres. Seine neu eingerichtete Kunstkammer, das erste Museum dieser Art in Russland, war bereits mit zahlreichen Pretiosen aus Bernstein angereichert.

Das kunstvoll ausgekleidete Tabakskolleg hatte die Bewunderung des Zaren schon hervorgerufen, als noch Friedrich I. im Berliner Stadtschloss residierte. Peter hatte ihm auf dem Weg zu seinen Truppen in Pommern 1712 einen Besuch abgestattet, und dabei hatte der Gastgeber es natürlich nicht versäumt, dem Kunstfreund voller Stolz seine neueste Errungenschaft vorzuführen. Der Zar war angetan, auch Jahre danach ging ihm das Bernsteinkabinett nicht aus dem Sinn.

Nun, da Friedrichs Epoche vorüber war und der neue, gestrenge Soldatenkönig solch verschwenderisches Dekor aus seinen Gemächern verbannte, stiegen die Aussichten für einen Besitzerwechsel. 1716 weilte der Zar mit seinem Hofstaat ein weiteres Mal in Brandenburg-Preußen. Friedrich Wilhelm I. hatte ihn eingeladen, weil er bestrebt war, die guten Verbindungen mit dem Riesenreich im Osten, die schon sein Vater gepflegt hatte, weiter zu vertiefen. Und er hatte einen triftigen Anlass dafür.

Im Bund mit dem aufstrebenden Nachbarstaat wollte er den Einfluss der Schweden im Ostseeraum zurückdrängen. Mit russischer Hilfe hoffte er die Truppen des schwedischen Königs Karl XII. aus Vorpommern zu verdrängen. Geschenke bewahren die Freundschaft – auch unter politischen Potentaten, das wusste Zar Peter, und das ließ er auch reichlich unverblümt wissen. »Am fol-

»Ich habe ein höchst bedeutsames Präsent erhalten«: Zar Peter I. gelang es, das Bernsteinzimmer nach Russland zu holen

»Ohne das geringste Bedenken«: Friedrich Wilhelms Tochter Wilhelmine Friederike Sophie behielt Peters Besuch in schlechter Erinnerung

genden Tage zeigte man ihm alles Merkwürdige von Berlin, unter anderem auch die Medaillen- und Antikensammlung«, berichtete die Markgräfin Wilhelmine Friederike Sophie von Bayreuth, die Tochter des preußischen Königs. »Ohne das geringste Bedenken verlangte er diese und noch einige andere Statuen vom Könige, der sie ihm nicht abschlagen konnte, ebenso machte er es mit einem Schrank, der ganz mit Bernstein ausgelegt war. Dieser Schrank, der einzige seiner Art, der König Friedrich den Ersten ungeheure Summen gekostet hatte, hatte zum allgemeinen Leidwesen das Schicksal, nach Petersburg geführt zu werden.«

Und nicht nur dieses edle Möbelstück. Neben Präsenten wie etwa dem komplett ausgestatteten Jagdschiff »Liburnica« geriet das gesamte, über ein Jahrzehnt lang in mühsamer Kleinarbeit geschnitzte Inventar des Bernsteinkabinetts auf die Geschenkliste. Doch König Friedrich Wilhelm konnte gut davon lassen. Der calvinistisch geprägte Monarch hatte nicht viel Sinn für derlei irdischen Zierrat. Viel wesentlicher waren für ihn die Gegengaben des Zaren. Tatsächlich gelang es mit massiver russischer Schützenhilfe, die Schweden zurückzudrängen – im übrigen einzigen Feldzug während der Regierungszeit des militärbegeisterten Königs. Der Sieg brachte einen Gebietsgewinn, der das flickwerkartige Herrschaftsgebiet der Preußen ein weiteres Stück zusammenfügte: Stettin, das gesamte Vorpommern sowie die Inseln Usedom und Wollin wurden preußisch.

Als Dreingabe sandte Zar Peter nach seiner Rückkehr neben einer Drechselbank, einer Barke, einem gedrechselten Stock und einem selbst gefertigten Elfenbeinpokal noch eine ganz besondere Aufmerksamkeit, die mehr als jedes Kunststück das Wohlwollen des »Soldatenkönigs« weckte: 55 russische Leih-Soldaten von herausragender Körpergröße. Friedrich Wilhelm konnte sie in das neu formierte 1. Bataillon seines Garderegiments einreihen, das er bevorzugt mit »langen Kerls« bestückte. Es war eines seiner Lieblingsprojekte: eine Elitetruppe aus Leibgardisten, aus ganz Europa rekrutiert, die allesamt mindestens sechs Fuß (also 1,88 Meter) maßen. So tauschte der preußische König Soldatenherrlichkeit gegen Bernsteinglanz.

»Grenadier Schwerid Rediwanow aus Moskau«: Einer von Peters »langen Kerls« für die Riesengarde Friedrich Wilhelms

Parohll auf dieser weldt ist nits als mühe und arbeit, und wo man nit selber, mit permission zu sagen, die nase in allen dreck selber stecket, so gehen die sachen nit wie es gehen soll, den auf die meiste bedinte sich nit zu verlassen, wo man nit selber danach sehet.
Friedrich Wilhelm, 1726

Rückkehr an die Ostsee

Zar Peter war gleichfalls zufrieden mit dem Tausch. »Ich habe ein höchst bedeutsames Praesent erhalten, ein Bernstein-Cabinett«, schrieb er voller Stolz an seine Gemahlin. Das innovative Tafel-Werk war dazu angetan, der Aufbauleistung des russischen Regenten ein besonderes Glanzlicht hinzuzufügen. Denn der »Kaiser aller Reußen« hatte während seiner Regierungszeit ein gewaltiges Werk in Angriff genommen. Ähnlich wie sein preußischer Amtskollege reformierte er die Zivilverwaltung und erweiterte seine Armee, mit deren Hilfe er Schweden aus seiner Vormachtrolle in Nordosteuropa verdrängte. Mit aller Gewalt und keineswegs immer förderlichen Folgen veränderte er das bäuerlich geprägte Riesenreich, ohne freilich die gesellschaftlichen Grundlagen wandeln zu können. Der tatkräftige Herrscher hatte sich vorgenommen, sein Land in jeder Hinsicht nach Westen zu öffnen. Dies war seine Vision, seit er als junger Mann in der Moskauer Ausländervorstadt in Kontakt mit Europäern verschiedener Nationen gekommen war. Damals lebten allein 18 000 Deutsche in Moskau.

Auf ausgedehnten Reisen in England, Österreich, Preußen und den Niederlanden hatte Peter wirtschaftlichen Aufbruch und westliche Lebensart aus der Nähe kennen gelernt. Zu diesem Zweck hatte er sich immer wieder von seinem Hauptberuf als aufgeschlossener Despot abgemeldet und die Fremde als anonymer Besucher bereist. Berühmtheit durch Lortzings Oper »Zar und Zimmermann« erlangte sein Aufenthalt in Amsterdam, wo der Zar sich inkognito als Zimmermann auf einer Werft verdingte. Das Symbol für sein westlich orientiertes Reformwerk ließ er selbst aus dem Sumpf erstehen: Sankt Petersburg, in nur wenigen Jahren aus menschenfeindlichem Morast zum neuen Regierungssitz seines Reiches erwachsen, war Peters Lebenswerk und sein Glaubensbekenntnis. Die neu erschaffene Hauptstadt, ein »Fenster nach Europa«, wie Puschkin schrieb, lag nicht nur geographisch im äußersten Westen der Großmacht, am Zufluss der Newa zur zunehmend russisch beherrschten Ostsee. Architekten aus den Niederlanden, Deutschland und Italien zauberten das barocke Flair ihrer Heimatländer in das Stadtbild des viel gerühmten »Venedig des Nordens«.

Freilich unter gewaltigen Opfern. Seit der Zar 1703 den ersten Spatenstich in dem von Mückenschwärmen bevölkerten Delta der Newa setzen ließ, fielen 30 000 der größtenteils zwangsrekrutierten Arbeitskräfte den Arbeitsbedingungen und Klimaverhältnissen zum Opfer. Allein zweihundertfünfzig Überschwem-

»Fenster nach Europa«: Peter der Große gründet im Jahr 1703 seine Stadt – Sankt Petersburg

»Kaiser aller Reußen«: Peter der Große mit seinem Sohn Alexej

mungen machten die Baufortschritte immer wieder zunichte. Den Stadtbegründer kümmerten Ungemach und Menschenleben weniger, er sah sich mit seinem Wurf über derartige Widrigkeiten erhaben. Von der Geschichte erhielt der Zwei-Meter-Mann denn auch den Beinamen »der Große« zuerkannt.

Als Bewunderer holländischer Lebensart und Schaffenskraft taufte er seine neue Hauptstadt zunächst auf das Fremd-Wort »Sankt-Pieter-Burgh«, was für Weltoffenheit und Moderne stand. Später hieß die Neuschöpfung auf deutsche Art Sankt Petersburg. Das war kein Zufall. Deutsche wie der berühmte Hamburger Architekt Andreas Schlüter, zuvor schon in preußischen Diensten, standen dem Stadtgründer bei seinem Vorhaben zur Seite, Deutsche dienten dem Zaren als Berater, Architekten, Generäle, Ärzte und Kaufleute.

Da fügte es sich trefflich, dass er eines der entstehenden Schlösser an der Newa mit einer erlesenen Freundschaftsgabe aus Deutschland schmücken konnte. Die Bernsteintafeln aus Berlin waren für den Sommerpalast des Zaren bestimmt. Doch bis dahin war es ein weiter Weg. Noch bevor Peter der Große die

Hauptstadt Preußens verließ, beauftragte er den russischen Gesandten vor Ort, die sachgerechte Verpackung zu überwachen. Nach sorgsamer Registrierung durch den Grafen wurden 22 mit Bernstein verkleidete Paneele sowie 150 Platten und Schnitzereien wie Tulpen, Rosen, Muscheln, Schnecken oder Figuren in insgesamt 18 Kisten gepackt. Dann begann der Abtransport des Bernsteinzimmers auf acht sechsspännigen Fuhrwerken zunächst nach Memel (heute Klaipeda) – der erste Ortswechsel am Beginn einer über zweihundert Jahre andauernden Odyssee mit zahlreichen Stationen. Nach sechswöchiger Reise traf der Transport im Januar 1717 in Memel ein.

Dort hatte der Zar seinem Gesandten bereits die Instruktionen zur Weiterbeförderung übermittelt: »Wenn aus Berlin das Bernstein-Cabinett, was Seine königliche Majestät von Preußen geschenkt hat, in Memel ankommt, so empfange und schicke es sofort über Kurland auf kurländischen Fuhren nach Riga, vorsichtig und mit dem Boten, welcher euch diesen Unseren Ukas mitteilt, und gebt ihm bis Riga eine Bedeckung von einem Unteroffizier und mehreren Dragonern; auch gebt dem Boten auf dem Weg bis Riga Geld zur Beköstigung, auf dass er zufrieden sei. Sollte er für den Transport des Kabinetts Schlitten fordern, so gebt ihm auch solche.«

1 Zwei große Wandstücken, worinnen zwei Spiegelrahme mit Spiegeln.
2 Zwei dergleichen Stücke, bei welchen nur ein lediger Spiegel Rahm.
3 Vier dergleichen Wandstücken, ein wenig schmaler, ein jedes mit einem ausgeschweifften Spiegel zum Blaker.
4 Zwei Flügel, etwas breit, und noch zwei, so etwas schmäler. Diese 12 Stücke sind alle einer Höhe.
5 Zehen aparte Paneel-Stücken, von eleganter Höhe, aber differenter Breite, alle complet besetzt.
6 Noch dabey gegeben folgende Stücke, so da können mit gebraucht werden, alß: ein vierekt Brett gantz belegt, ein fertig Schildt mit einem palmiten Kopff, drei fertige palmiten Köpffe aus Holtz, sieben kleine Köpffe. Vierzehn fertige Tulipanen, zwölff fertige Rosen. Drey Stücken mit Muscheln und Schnecken ausgemacht. Zwey fertige Gesimmse. Zwei klein Eckstücken. Ein klein länglicht Brett, mit zwei Schrauben. Vier kleine ausgeschweiffte Bretter, so nur hin und wieder belegt. Noch zu einem Flügel ausgeschweiffter klarer Bernstein so in hundert und siebe kleine Stücken bestehet.

Verzeichnis des Bernsteinzimmers vor seiner Verschickung nach Russland, 1717

Solchermaßen eskortiert, gelangten die Kisten im Mai 1717 wohlbehalten in Sankt Petersburg an, wo sie von Aleksandr Menschikow, dem Gouverneur der Stadt, in Empfang genommen wurden. Allein: Sein Dienstherr, Zar Peter der Große, sollte das begehrte Bernsteinzimmer nie zu Gesicht bekommen. Den konsternierten Palastbauherren gelang es nicht, die unzähligen Einzelstücke anhand der Aufbauanleitung aus Berlin wieder zu einem Gesamtkunstwerk zusammenfügen zu lassen. Das Ergebnis: Das erlesene Mitbringsel wanderte schließlich wieder zurück in die Kisten, wurde in einem Seitenflügel des Sommerpalastes in Sankt Petersburg abgestellt und geriet allmählich in Vergessenheit.

Auch die Nachfolger Peters des Großen brachten nach seinem Tod im Jahr 1725 wenig Interesse für das preußische Präsent auf. Weder seine Witwe Katharina I.

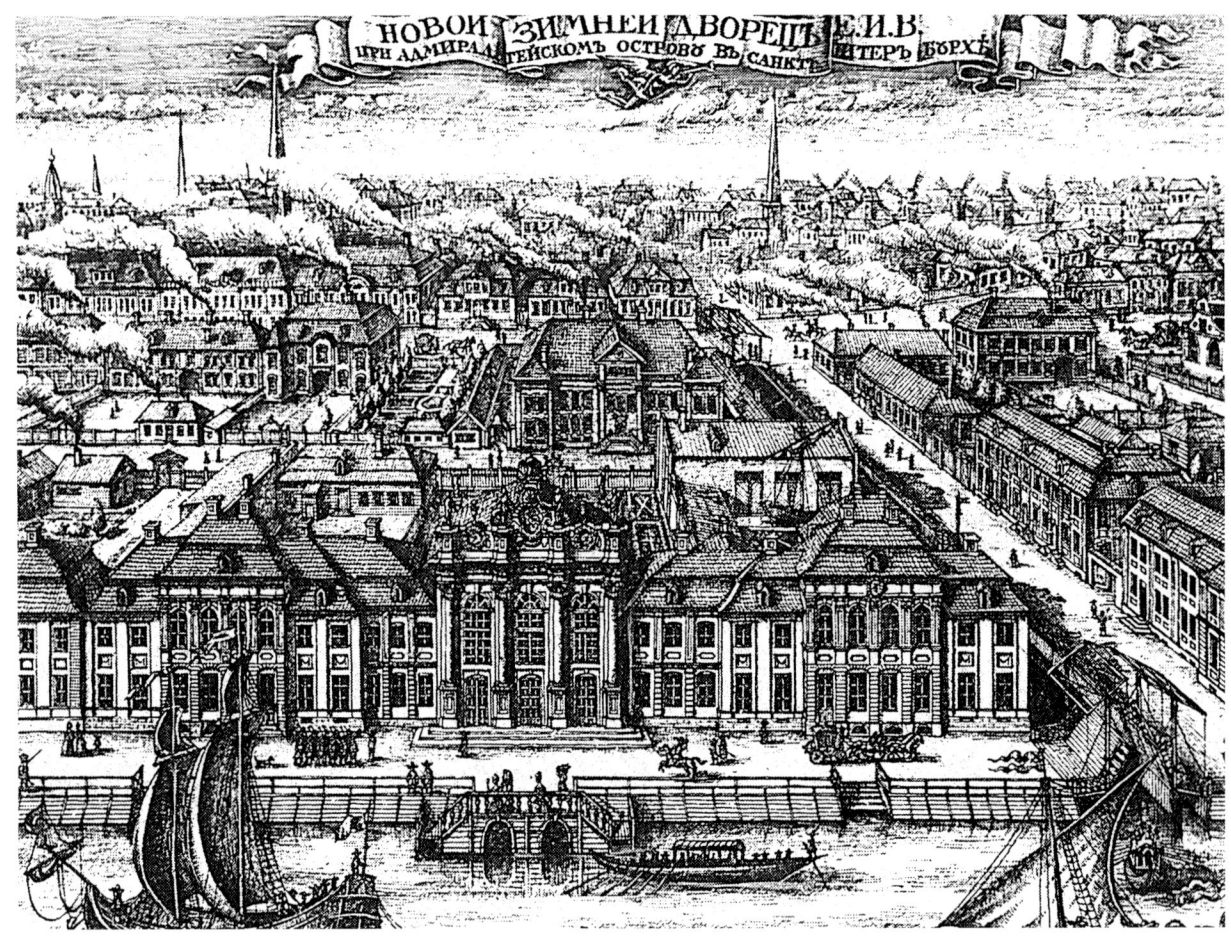

»Residenz der Zarin«: Der dritte Winterpalast in Sankt Petersburg im Jahr 1725

RÜCKKEHR AN DIE OSTSEE 29

»Ausgeprägter Selbstdarstellungsdrang«: Zarin Elisabeth ließ das Bernsteinzimmer nach mehr als zwanzig Jahren wieder aufstellen

»Genialer Meister des russischen Barock«: Francesco Bartolomeo Rastrelli übernahm den Neuaufbau des Bernsteinzimmers

noch sein Enkel Peter II., noch seine Nichte Anna Iwanowna und schon gar nicht der von Katharinas Tochter Anna Leopoldowna in der Regentschaft vertretene Säugling Iwan VI., die einander in rascher Folge auf dem Zarenthron ablösten, teilten die Vorliebe ihres legendären Vorgängers für Bernstein.

Das änderte sich erst, als Peters jüngere Tochter Elisabeth sich 1741 gleichsam an die Macht putschte. Sie versuchte in vielerlei Hinsicht, an das Werk ihres Vaters anzuknüpfen. Dazu gehörte auch die Bauwut. Den gerade neu errichteten, nunmehr dritten Winterpalast in Sankt Petersburg erwählte die Zarin zu ihrer neuen Residenz. Als somit die Frage im (noch leeren) Raume stand, wie die Säle ausgestaltet werden sollten, entsann sie sich der inzwischen etwas angestaubten 18 Kisten aus dem Erbe ihres Vaters. Sie wollte vollenden, was ihm versagt geblieben war: eines der Schlossgemächer in ein Bernsteinkabinett umzuwandeln.

Für dieses Vorhaben stand an ihrem Hofe ein versierter Meister bereit, den sie mit den Entwürfen beauftragte. Elisabeths leitender Architekt Francesco Bartolomeo Rastrelli, 1700 in Paris geboren, war schon als Jugendlicher mit seinem Vater, einem italienischen Bildhauer, nach Sankt Petersburg gekommen. Nach dem Architekturstudium begann der geniale Planer, seine Wahlheimatstadt mit

»Wahrzeichen von Sankt Petersburg«: Der Winterpalast ist bis heute eine Touristenattraktion

herausragenden Werken des russischen Barock zu schmücken – wie dem Smolnyj-Kloster, dem Stroganow-Palast und einigen weiteren Zarenschlössern.

Im Auftrag der Zarin unternahm Rastrelli eine Bestandsaufnahme der seit nunmehr vierundzwanzig Jahren eingelagerten Einzelteile für das Bernsteinzimmer und ließ beschädigte Elemente instand setzen. Dann ging er daran, die Teilstücke wieder zu dem einst vorgesehenen Ensemble zusammenzusetzen. Doch wiederum erwies sich das komplizierte Puzzlespiel als beinahe unlösbare Aufgabe. Erst als Rastrelli den italienischen Bildhauer und Stuckateur Alessandro Martelli zur Unterstützung heranzog, gelang die Wiederherstellung des ursprünglichen Gesamtwerks.

Doch bei Lichte betrachtet erwies sich, dass Friedrichs einstiges tabacs-collegium sich in der Größenordnung bei weitem nicht mit dem Palastgemach der Zarin messen konnte. Die vorhandenen Paneele genügten nicht, um den vorgesehenen Saal im Winterpalast auch nur einigermaßen ausreichend auszukleiden. Um seine Aufgabe dennoch bewerkstelligen zu können, wendete Rastrelli mit Martellis Beistand einen Kunstgriff an. Sie schmückten die Ausgangsbestandteile mit zusätzlichen Architektur- und Dekorationselementen aus, mit bemalten Flächen und spiegelbesetzten Wandpfeilern, so genannten Pilastern. Die neu geschaffenen Verbindungsstücke erweiterten nicht nur die Fläche der Wandverkleidung um das notwendige Maß, ohne dass aufwendige Bernsteinarbeiten in Angriff genommen werden mussten, sie hoben auch die Wirkung des vorhandenen Bernsteins auf kunstvolle Art hervor, indem sie ihn nachahmten und widerspiegelten. Friedrichs Bernsteinkabinett erhielt einen neuen, großzügig wirkenden Rahmen.

Erneut stand ein spendabler preußischer König hilfreich zur Seite. Der Sohn des freigebigen Soldatenkönigs, Friedrich II., der wie Elisabeths Vater als »der Große« in die Geschichte eingehen sollte, stiftete 1745 einen vierten Spiegelrahmen mit kostbaren Bernsteinschnitzereien, den er in Königsberg nach einem Entwurf von Anton Reich anfertigen ließ. Zahlreiche allegorische Kompositionen aus Bernstein rückten die Zarin in ein ruhmreiches Licht und schmeichelten ihrem Selbstdarstellungsdrang. Doch diesmal blieb die Liebesgabe aus Berlin ohne die erwünschte Freundschaft erhaltende Wirkung: Nur ein Jahr später schloss Russland mit Österreich ein Verteidigungsbündnis, das sich vornehmlich gegen Preußen richtete, und schlug sich im Siebenjährigen Krieg auf die Seite der Kriegsgegner Preußens.

Bis dahin blieb der Werdegang des Bernsteinzimmers bewegt. Kaum war der Wandschmuck installiert, erteilte Zarin Elisabeth die Anweisung, ihn wieder in seine Bestandteile zu zerlegen. Als eine Art bewegliche Kulisse ließ die Schlossherrin die Bernsteinvertäfelung wiederholt ab- und wieder anmontieren, um sie, je nach Anlass, in verschiedenen Räumen des Winterpalastes zur Geltung zu bringen.

Wiederauferstehung im Zarenpalast

Doch 1755 fand das Nomadendasein der Ausstattungsstücke – für annähernd zwei Jahrhunderte – ein Ende. Die Zarin hatte nämlich eine bleibende Verwendung für das Bernsteinzimmer in ihrem neuen Lieblingspalast gefunden. Schon 1718 hatte Peter der Große mit dem Bauvorhaben auf einem Hügel südlich von Sankt Petersburg begonnen. Seit den Zeiten skandinavischer Besiedlung trug die Anhöhe den finnischen Namen Saari Moijs, der sich später in Saarskoje Selo, schließlich in Zarskoje Selo (auf Russisch: Zarendorf) wandelte. Hier hatte der Gründer der neuen Hauptstadt beschlossen, einen Palast für den Aufenthalt der Zarenfamilie während der Sommermonate zu errichten. Benannt hatte er den Prachtbau nach seiner zweiten Gattin und vormaligen Mätresse Katharina Alexejewna, der er die gesamte Residenz zum Geschenk machte.

1736 wurde dieses Katharinenpalais bereits wieder restauriert und erweitert. Und auch die Thronfolgerin Elisabeth ließ es sich nach ihrem Amtsantritt nicht nehmen, den Palast unter tatkräftiger Inanspruchnahme ihres begnadeten Hofarchitekten Rastrelli für ihre Zwecke herzurichten. Zunächst beabsichtigte die verschwendungssüchtige Kaiserin, eines ihrer Gemächer mit Halbedelsteinen unterschiedlicher Färbung auszuschmücken. Doch dann erinnerte sie sich ihrer schon vorhandenen Bernsteinverkleidungen und verfügte, einen Saal ihres Schlosses vollständig und dauerhaft mit der hochwertigen Tapete zu verzieren. Ein weiteres Mal wurden die Einzelbestandteile im Winterpalast sorgsam abmontiert, in Behältnisse verpackt und für den Transport vorbereitet. Um die Vertäfelung auf keinen Fall zu gefährden, wurde diesmal sogar auf den Einsatz von Pferdefuhrwerken verzichtet. Jede der Kisten mussten Träger zu Fuß in das 25 Kilometer entfernte Zarenschloss verfrachten.

Angekommen in der Sommerresidenz, machte der Hofarchitekt im Sommer 1755 zunächst erneut Inventur: Aneinander gereiht füllten die zehn Sockelstücke und die zwölf Wandpaneele aus Bernstein eine Fläche von etwa 14 Meter Länge und weniger als 5 Meter Höhe aus. Der etwa 100 Quadratmeter große, annähernd quadratische Saal im Katharinenpalais kam indes, ohne die drei bis zum Fußboden reichenden Fenster und drei Flügeltüren, auf eine Wandlänge von über 40 Metern, in der Höhe maß er 6 Meter. Dieses Mal ergab die Bestandsaufnahme, dass die zu gestaltende Fläche gleich um das Sechsfache größer war als das zur Verfügung stehende Material. Wiederum waren Rastrel-

»Einmaliges Meisterwerk«:
Blick in die Enfilade des Bernsteinzimmers in Zarskoje Selo
(Foto um 1935)

lis Ideenreichtum und Kunstfertigkeit gefragt, um das weiträumige Problem zu lösen. Diesmal war es jedoch nicht mit kleineren Komplettierungen getan. Die Vervielfachung der Wandverkleidung kam einer Neuschöpfung des Zimmers gleich. Aus dem intimen, eher mystischen Ur-Kabinett sollte ein prachtvoller, schillernder Saal entstehen, der im Katharinenpalais an prominenter Stelle, zwischen den Paraderäumen der Galaflucht, seine Bestimmung finden sollte.

Elisabeths genialer Baumeister verstand es erneut mit großem Geschick, die zwölf bestehenden Bernsteinfelder aufzuwerten, indem er sie geschickt über die gesamte Wandfläche verteilte und mit neu geschaffenen Elementen umgab. Zu diesem Zweck ließ er eigens in Venedig 24 Kristallspiegelfelder mit Rahmen aus vergoldeten Holzschnitzereien verzieren. Später wurden diese aus Feuerschutzgründen durch goldgefärbte Bronzerahmen ersetzt. Die hohen und schmalen Spiegel ließen den Raum größer und majestätischer erscheinen. Ihnen zu Füßen setzte Rastrelli Sockelstücke ein, die aus Bernstein gefertigt waren. Die Wandflächen oberhalb der Eingänge ließ er mit Dekorationen aus

»Lieblingspalast von Elisabeth«: Das Katharinenpalais in Zarskoje Selo erstrahlt heute im alten Glanz

»Das achte Weltwunder«: Das Bernsteinzimmer war ein faszinierendes Gesamtkunstwerk

vergoldetem Holz oder Bernstein, so genannten Supraporten, ausschmücken. Die drei Türen des Festsaals waren weiß gehalten und mit goldenen Holzornamenten verziert. Da diese Elemente immer noch nicht ausreichten, die gesamte Wandfläche auszufüllen, behalf sich der Meister vorläufig mit optischer Täuschung. Er ließ Leinwandflächen in die Wandverkleidung einfügen, die der Maler Iwan Iwanowitsch Belskij den Bernsteinschnitzereien täuschend ähnlich bemalte. Für den Fußboden gab der Architekt einen Parkettbelag mit hochwertigen Intarsien in Auftrag, in den auch Elemente aus Perlmutt eingefügt waren. Darin schimmerte die Pracht der Wände. Auf Höhe der oberen Türkanten waren Leuchter aus vergoldeter Bronze angebracht. Um das fehlende Stück zwischen den 4,75 Meter hohen Originalpaneelen und der Raumhöhe von 6 Metern auszufüllen, entwarf Rastrelli einen Fries mit allegorischen Figuren und üppigen Ornamenten für den Übergang zur Decke. Ein prachtvolles, mit Stuck umrahmtes Deckengemälde aus der Hand der Dekorationsmaler Giuseppe Valeriani aus Rom und Antonio Peresinotti aus Bologna krönte das Gesamtkunstwerk.

Nach der Fertigstellung der Ausgestaltung waren sich die Betrachter einig: Hier war nicht nur ein bestehendes Bernsteinkabinett auf umsichtige Art in eine andere Umgebung verpflanzt worden. Es war ein neues, einmaliges Meisterwerk entstanden, das jede bis dahin vollführte Innenausgestaltung eines Palastraumes übertraf. Mit viel Liebe zum Detail gefertigte Dekorationselemente im Stil des Rokoko vervollständigten auf harmonische Weise die barocke Ausdruckskraft des Originals aus Preußen. »Ich hatte mir einmal extra eine Lupe mitgenommen«, erläutert Aleksandr Aleksandrowitsch Kedrinskij, der knapp zweihundert Jahre später als Museumsmitarbeiter das Original zu Gesicht bekam, »und durch dieses Vergrößerungsglas entdeckte ich, wie da auf einem kleinen Fleck ein ganzes Bild mit Figuren eingraviert war. Da wurde mir erst bewusst, welche unglaublich riesige Menge an Details in diesem ganzen Bernsteinkunstwerk steckte, die der Besucher gewöhnlich gar nicht mitbekommt.«

Das Sonnenlicht, das durch die breite Fensterfront in den Raum flutete, die Wechselwirkung von Bernsteinflächen und Ornamenten, das Zusammenspiel von Wand-, Fußboden- und Deckengestaltung, das Glitzern und Funkeln von Lüstern und Leuchtern, der hundertfach reflektierende Widerschein in den Spiegeln, dies alles zusammen ließ die meisterhaft komponierte Wandverkleidung in einem ganz neuen Licht erscheinen.

Der Import aus dem Berliner Stadtschloss hatte zweifellos einen würdigen Rahmen gefunden. Aber dieses Zimmer war nicht mehr Friedrichs preußisches »Bernstein-Cabinett«. Es hatte – mit sachverständiger italienischer Hilfe – eine russische Renaissance erfahren – eine echte europäische Koproduktion. Einen Saal wie diesen hatte es zuvor nirgends auf der Welt gegeben. Und auch später hat niemand mehr den Versuch gewagt, dieses Vorbild andernorts nachzuahmen. Es war sicher auch seine Einzigartigkeit, die das Bernsteinzimmer zum Mythos machte.

Doch auch meisterhafte Schöpfungen haben irdische Schwächen. Schon bald nach dem Abschluss der Arbeiten war unübersehbar, dass die empfindlichen Bernsteinplättchen hier und dort zu bröckeln begannen. Der glanzvolle Eindruck drohte schon nach kurzer Zeit ramponiert zu werden. Um dies zu verhindern, musste ständig nachgebessert werden. So beschloss der Hofarchitekt,

»Gleich angenehmer Eindruck bei Sonnen- wie bei künstlicher Beleuchtung«: Das Zimmer begeisterte die Besucher (Aufnahme aus den dreißiger Jahren)

eigens einen Meister der Bernsteinzunft einzustellen, der ausschließlich für die Instandhaltung des Festsaales zuständig war. Der Ostpreuße Friedrich Roggenbuch, der 1758 sein Amt antrat, wachte künftig nicht nur über den tadellosen Zustand des Bernsteinzimmers. Er baute auch eine eigene Bernsteinwerkstatt am Hofe auf.

Schon bald beschränkte sich das Atelier des Meisters nicht mehr darauf, marode Teile der Wandverkleidung auszuwechseln. Roggenbuch wurde selbst zum Gestalter neuer Einrichtungsbestandteile für das Gemach der Zarin. 1760, die Jahreszahl für den Beginn dieses Wirkens, hat er selbst auf einem Panneau im Saal verewigt. Und er fand bald eine wohlwollende Auftraggeberin, die übrigens auch seine Muttersprache teilte.

Sophie Auguste Frederike von Anhalt-Zerbst, 1729 in Stettin geboren, war schon als junges Mädchen mit ihrer ehrgeizigen Mutter an den Petersburger Hof gekommen, wurde dort russisch-orthodox auf den Namen Katharina getauft und mit dem Neffen der Zarin verheiratet. Wie ihre Schwiegermutter und Amtsvorgängerin Elisabeth erkämpfte sie sich den Weg auf den Zarenthron auf gewaltsame Weise. Mit Hilfe der Leibgarde putschte sie gegen ihren eigenen Mann, Peter III., der diesen Staatsstreich mit dem Leben bezahlte. 1762 ließ sie sich als Katharina II. zur Zarin von Russland ausrufen.

Dementsprechend war die gebürtige Deutsche während ihrer gesamten Regierungszeit beharrlich darauf bedacht, Anerkennung als legitime Kaiserin Russlands zu finden. Doch Eindruck als »aufgeklärte Monarchin« erweckte die absolute Herrscherin vor allem im Westen Europas, während sie im eigenen Land mit harter Hand gegen rebellierende Leibeigene, Kosaken, Manufakturarbeiter und Muslime vorging. Dennoch trieb Katharina die Große die Umgestaltung der russischen Gesellschaft voran, festigte den russischen Zentralstaat und sorgte in der Nachfolge Zar Peters dafür, ihr Land noch weiter nach Westen zu öffnen. Die gebildete Frau verstand es, den Petersburger Hof in den kulturellen Mittelpunkt Europas zu rücken, und unterließ es auch nicht, ihrem eigenen Wirken im Land Denkmäler zu setzen. Dazu gehörte auch die Sommerresidenz in der Zarenvorstadt Zarskoje Selo, die sie sofort nach Regierungsantritt einer erneuten Schönheitskur unterzog.

»Besondere Hingabe für das Bernsteinzimmer«: Katharina die Große ließ das Schmuckstück endgültig fertig stellen

»Sagenumwobenes Liebesleben«: Katharinas Liebhaber, Rittmeister Grigorij Orlow soll seinen Pflichten auch im Bernsteinzimmer nachgekommen sein

Mit außerordentlicher Hingabe widmete sich die deutsche Zarin dabei der Fertigstellung des Bernsteinzimmers. Ihr besonderes Anliegen war es, die Wände möglichst flächendeckend mit Bernstein auszugestalten. Daher erteilte Katharina dem Hofarchitekten 1763 die Anweisung, die bemalten Leinwandflächen durch eine Vertäfelung aus echtem Bernstein zu ersetzen. Damit begann die letzte Etappe in der Vollendung des Saales, die alles in allem noch einmal acht Jahre in Anspruch nahm. Die neu geschaffene Bernsteinwerkstatt des Meisters Roggenbuch erwarb in dieser Zeit weithin hohe Anerkennung als letzter Hort in Europa für die hohe Kunst der Ausgestaltung von Räumen mit Bernsteinmosaiken und -schnitzereien.

Zusammen mit zwei weiteren Meistern und zwei Gehilfen aus Königsberg sowie russischen Lehrlingen verarbeitete Friedrich Roggenbuch 450 Kilogramm des edlen Rohstoffs. Anstelle der auf Leinwand gemalten Imitationen schufen sie acht Wandtafeln mit eingelegten Ornamenten und füllten die Lücken der Wandverkleidung, die bisher noch nicht aus Bernstein gefertigt waren. Tafeln aus unübersehbar vielen Plättchen wurden mit flachen Reliefs, kleinen Büsten, Figuren, Wappen, Trophäen und Initialen verziert, die mattgelb, dunkelbraun oder weißgolden schimmerten. Um weitere Farbeffekte zu erzielen, brachten die Meister unter transparenten Bernsteinelementen verschiedenfarbige Folien an. Je nach Lichteinfall und beim Übergang von Sonnen- zu Kerzenlicht wechselten sie chamäleongleich ihre Ausdruckskraft.

Aber nicht nur auf Wandschmuck beschränkte sich das Schaffen der Bernsteinkünstler. Auch Gegenstände für die Raumausstattung wie eine zierliche Eckkonsole mit reichhaltigem Schnitzwerk entstammten der Werkstatt. Darüber hinaus begannen die Kunsthandwerker des Hofes, alte Bernsteingegenstände aus den Beständen der Zarenfamilie zu restaurieren. Gebrauchsartikel aus Bernstein wie Tabaksbehälter, Puderdosen, Spiegel oder Spielsteine, besonders im 17. Jahrhundert als Präsente beim Hochadel beliebt, wurden im Atelier wieder auf Hochglanz gebracht und bereicherten die wachsende Kollektion für das Bernsteinzimmer. Kunstgegenstände aus Ostpreußen, Polen, Norddeutschland oder Dänemark fanden so im Zarenschloss ihre letzte Ruhestätte. Obwohl an vielen dieser Pretiosen die Zeit nicht spurlos vorüberging, blieb diese Sammlung, im Gegensatz zu dem sie beherbergenden Raum, bis heute immerhin vollständig erhalten.

Ein ganz besonderes Schmuckstück für ihre neu ausstaffierte Kammer erhielt Katharina die Große in jenen Jahren aus Italien. 1751 in Florenz nach Entwürfen des Malers Giuseppe Zocchi gefertigt, gelangten vier wertvolle Steinmosaike zu Beginn ihrer Amtszeit, möglicherweise als Geschenk des Habsburger Kaiser-

»Gemisch aus Barock und Rokoko«: Eine Eckkonsole des Bernsteinzimmers in Zarskoje Selo

»Begehrte Raritäten«: Vier Steinmosaike aus Florenz ergänzten die Ausstattung des Zimmers
(Fotos um 1935)

hauses aus Anlass ihrer Krönung, in den Katharinenpalast. Auf den Mosaiken sind allegorische Darstellungen der fünf menschlichen Sinne abgebildet, vor Trümmern der Antike in toskanischer Landschaft. Aus millimeterdünn geschliffenen Bruchstücken von Halbedelsteinen aller Farbabstufungen wurden sie so kunstvoll zusammengefügt, dass sie auf den ersten Blick wie Gemälde wirkten. Ähnlich wie die Bernsteinpräsente jener Zeit galten die Steinmosaike aus Florenz als begehrte Raritäten, weil sich nur einzelne ausgesuchte Spezialisten, in diesem Fall die Steinschneidemeister Cosimo und Luigi Siries, auf diese Kunst verstanden. Im Zimmer der Zarin fanden die mit feuervergoldeter Bronze gerahmten Steinintarsien Verwendung als Ersatz für die vier großen Berliner Spiegel.

1770 war es schließlich so weit. Nach über ein halbes Jahrhundert währenden Gestaltungs-, Erweiterungs- und Ausbesserungsarbeiten hatte das Bernsteinkabinett sein endgültiges Aussehen erhalten – wie es, abgesehen von Renovierungen in den Jahren 1833, 1865, 1893 bis 97 und zwischen den Weltkriegen, beinahe unverändert bis 1941 überdauerte und auf den verbliebenen Fotografien späterer Jahre überliefert ist. Das Wunder war vollbracht und konnte nun seine vollendete Wirkung entfalten. Besonders in der Dämmerung, wenn die sinkende Sonne die Bernsteintapete noch einmal goldgelb aufleuchten ließ, und am Abend, wenn sich der Kerzenschein der zahlreichen Leuchter tausendfach spiegelte und in der Wandverkleidung einen schimmernden Widerschein erhielt, bekam der Saal eine beinahe magische Ausstrahlung, die manchen Gast überwältigte. Im Bernstein schien die Sonne gefangen. »Die ganze Dekoration macht einen angenehmen Eindruck bei Sonnenlicht wie aber auch bei künstlicher Beleuchtung«, rühmte der Kunsthistoriker Wilkowskij später. »Hier ist nichts Aufdringliches, Schreiendes, die ganze Dekoration ist so bescheiden und harmonisch, dass so mancher Betrachter vielleicht durch den Saal geht, ohne sich zu fragen, aus welchem Material die Verkleidung der Wände, der Fenster- und Türrahmen und die Wandornamente bestehen. Die Bernsteinverkleidung erinnert am meisten an Marmor, ruft jedoch nie den Eindruck von Kälte und Pracht, der dem Marmor eigen ist, hervor und übertrifft dabei an Schönheit jede Verkleidung mit dem allerkostbarsten Holz.«

Die Zarin jedenfalls war ausgesprochen angetan und erkor diesen Raum fortan zu ihrem Lieblingsaufenthaltsort. Im warmen Schimmer ihrer edlen Tapete hätte sich Katharina die Große, so berichten Hofhistoriker, gerne am Kartenspiel delektiert. Möglicherweise, wie aus sachten Andeutungen hervorgeht, auch an anderen Formen des Zeitvertreibs, die im deutlichen Widerspruch zum Motiv

»Reiche Ornamentik«: Supraporte über einer Eingangstür des Bernsteinzimmers

des Deckengemäldes standen, das da lautete: »Der Sieg der Klugheit über die Wollust«.

Aber nicht nur dem sagenumwobenen Liebesleben ihrer Majestät bot der Raum eine stilvolle Kulisse. Empfänge, Besprechungen, musikalische Darbietungen und kurzweilige Veranstaltungen fanden hier einen würdigen Rahmen. Kaum ein Staatsgast und Besucher verließ den Hof, ohne das Schmuckstück des Zarenpalastes zu betrachten. Der aufrichtigen Bewunderung konnten sich die Hausherren sicher sein. So schrieb eine Kammerzofe der Großherzogin von Sachsen-Weimar-Eisenach in etwas ungelenker Sprache, aber offenbar schwer beeindruckt, an ihren Verlobten: »Wie wir von Pawlowsk zurückfuhren, mussten wir durch Zarskoje Selo, die Hoheit befahl, wir sollten dort halten und schickte einen Feldjäger mit, dass wir alles gezeigt bekamen, dessen Pracht gar nicht zu beschreiben ist. Da war ein Zimmer, beinahe so groß wie der neue Saal, der bei uns gemacht wird, von lauter Bernstein die Wände und ziemlich große Figuren aus einem Stück gearbeitet, dessen Wert dieses Zimmers gar nicht zu berechnen ist.« Von einem persischen Prinzen wird überliefert, dass er am Eingang des Saales seine Schuhe ablegte, weil er es nicht wagte, den Glanz des Saales mit Straßenstaub zu benetzen.

Der einzigartige Anblick blieb indes nur ausgesuchten Betrachtern vorbehalten. Zutritt zum Zarenschloss erhielten neben der Familie und dem Personal nur Angehörige des europäischen Hochadels samt Hofstaat sowie ausgewählte Ehrengäste. Das änderte sich erst 1917. Angesichts von Krieg, Hunger und Elend erhob sich im Februar (russischer Zeitrechnung) das Volk gegen den Zaren. Nachdem sich auch die Duma, das Parlament, und Befehlshaber der Armee der Rücktrittsforderung angeschlossen hatten, sah sich Zar Nikolaus II. gezwungen abzudanken und stand fortan als Bürger Nikolaj Romanow unter Hausarrest in der vormaligen Zarenresidenz Zarskoje Selo. Im August musste der letzte Zar den prachtvollen Palast vor den Toren der Hauptstadt verlassen und wurde mit seiner Familie »aus Sicherheitsgründen« auf die letzte Reise nach Sibirien, von dort nach Jekaterinburg geschickt.

Nach der Revolution der Sowjets im Oktober 1917 wurde Zarskoje Selo in Djetskoje Selo (Kinderdorf) umbenannt, und die Schlösser des Sommerresidenzortes wurden in »Volkseigentum« umgewandelt. Das Volk hatte zwar nicht viel von seinem neuen Besitz, aber nun immerhin die Gelegenheit, auch ohne blaues Blut in den Adern den verschwenderischen Reichtum der Zarenfamilie in Augenschein zu nehmen: die 600 Hektar große Parkanlage mit den beiden Meisterwerken des Barock, dem Katharinen- und dem Alexanderpalais, reichhaltig mit Säulen, Kapitellen, Skulpturen und Balustraden verziert, bei deren

»Vergängliche Pracht«: Der letzte Zar Nikolaus II. mit seinem Sohn Alexej vor dem Katharinenpalast

Errichtung die Bauherren nicht an der Verwendung von Gold und anderen hochwertvollen Materialien gespart hatten. Im beinahe 900 Quadratmeter Großen Saal des Katharinenpalais ließen die vergoldeten Spiegel das Licht von 56 Kron- und Wandleuchtern widerscheinen.

Publikumsmagnet wurde aber das Bernsteinzimmer. Nicht nur gekrönte Häupter waren von der Pracht gebannt. Auch ausländische Besucher pilgerten zu der neuen Wallfahrtsstätte. Otto Pelka, damals einer der fachkundigsten Kenner der Materie und ihrer Verarbeitung, kam 1920 zu dem Schluss: »Trotz der persönlichen und zeitlichen Stilmischungen, die sich aus dem Mangel eines einheitlichen Entwurfes und aus der langen Dauer der Fertigstellung erklären, macht das Ganze besonders bei Sonnenschein doch einen überwältigenden Eindruck.«

Allerdings hatte da das Bernsteinzimmer schon etwas von seinem ursprünglichen Glanz eingebüßt. Erhebliche Temperaturschwankungen hatten dem Kunstwerk zugesetzt, nachträgliche Restaurationsversuche mehr Schaden angerichtet als Nutzen erbracht. Die hohe Kunst der Bernsteinverarbeitung war mit den alten Meistern des Rokoko gleichsam ausgestorben. So waren etwa Lücken, die durch herausfallende Plättchen entstanden, reichlich stümperhaft mit Gips zugekleistert. Andere Restauratoren hatten kurz vor dem Ersten Weltkrieg die Wände mit einem Lack auf Olivenölbasis verziert, der sich dann braun färbte und kaum mehr zu entfernen war. An manchen Stellen kam wegen herausgebrochener Elemente schon der Holzuntergrund zum Vorschein.

Dem Gesamteindruck taten diese Schönheitsfehler indes einstweilen keinen Abbruch. So schrieb der deutsche Botschafter Ulrich Graf von Brockdorff-Rantzau 1927 unter dem Eindruck der Besichtigung an seine Tochter: »Wer einmal in Djetskoje Selo war, die faszinierende Anlage des Rastrelli-Schlosses gesehen hat, wer einmal im Schimmer der Kerzen das Bernsteinzimmer aufleuchten sah, der begreift die tiefe Bindung des russischen Menschen zu den Werken der Vergangenheit, wenn sie mit Schweigen in die brennenden Kerzen schauen, die das Gold des Meeres wie Karfunkelstein aufleuchten lassen.«

Jene Vergangenheit hatte viele Berührungspunkte mit dem Herkunftsland des Botschafters, und diese gemeinsame deutsch-russische Geschichte mit ihren Höhen und Tiefen spiegelte das Bernsteinzimmer auf geradezu symbolhafte

»Ausdruck deutsch-russischer Verbundenheit«: Die Intarsie »FR« für »Fridericus Rex«

»Venedig des Nordens«: Stadtansicht von Sankt Petersburg im Jahr 1800, rechts die Isaakskathedrale

Weise. Intarsien mit dem preußischen Adler oder den gekrönten Initialen Friedrichs I. (FR für Fridericus Rex) als wiederkehrende Motive im Wandgetäfel erinnerten stets daran, dass das Kabinett in Deutschland seinen Ursprung hatte und als Geschenk Ausdruck deutsch-russischer Verbundenheit war. Auch der Rohstoff entstammte weitgehend preußischen Quellen, einem Gebiet, das heute zu Russland gehört. Von hier kamen die Meister, die sich auf die kunstvolle Verarbeitung des Bernsteins verstanden – und das ist heute noch so.
In Zar Peter dem Großen fand das innovative Kabinett einen dankbaren Abnehmer. Er schätzte Güter und Techniken, die aus Deutschland kamen. Seine neue Metropole Sankt Petersburg erhielt ihren deutschen Namen nicht zuletzt deshalb, weil sie Russlands Schwelle zum Westen war. Noch Mitte des 19. Jahrhunderts lebten zeitweise 40 000 Deutsche an der Newa, vorwiegend auf der Petersburger Wassiljewskij-Insel – unter ihnen zeitweise auch Otto von Bismarck und Heinrich Schliemann.
Das Bernsteinzimmer symbolisiert die enge Verflechtung beider Länder. In Berlin wie später in Sankt Petersburg gab es immer wieder die Kulisse ab für die Bekräftigung der preußisch-russischen Allianz. Obzwar die Großmächte Europas in wechselnden Koalitionen mit- wie gegeneinander Kriege führten, so gab es doch einen lange haltbaren Brückenschlag zwischen preußischem Königs-

haus und Zarenpalast – allerdings oft zu Lasten anderer Länder, vor allem von Polen.

Nicht zuletzt hatten zahlreiche Angehörige der Zarenfamilie ihre Wiege einst in den deutschen Landen stehen. Zar Peters Tochter Anna wurde mit einem schleswig-holsteinischen Herzog vermählt. Ihr Sohn wiederum, Herzog Karl Peter Ullrich von Holstein-Gottorp, bestieg als Peter III. den Thron und wurde damit zum Stammvater des letzten Zarengeschlechts. Seine Frau war ebenfalls

»Verzicht auf Angriff«? Stalin und Reichsaußenminister Ribbentrop nach der Unterzeichnung des deutsch-sowjetischen Nichtangriffspaktes im August 1939

eine Deutsche, Sophie Friederike Auguste von Anhalt-Zerbst, besser als Katharina die Große bekannt. Von nun an holten sich alle russischen Zaren, mit Ausnahme von Alexander III., ihre Gattinnen aus deutschen Landen an den Hof. Auch die Frau des letzten Zaren Nikolaus II., die mit ihm in den Tod ging, stammte aus Hessen-Darmstadt. Kurz: »Das Blut der Romanows war gründlich germanisiert«, wie der französische Historiker Pierre Miquel bemerkte.

Solche engen Bande hielten beide Länder freilich nicht davon ab, sich im Ersten Weltkrieg verheerende Materialschlachten zu liefern. Im Zarenreich war alles Deutsche nun mit einem Mal verboten. Bach, Beethoven oder Brahms durften nicht mehr zu Gehör gebracht werden, selbst der vermeintlich deutsche Brauch, einen Weihnachtsbaum aufzustellen, war untersagt. Sankt Petersburg wurde in Petrograd umbenannt. Auch für das Kaiserreich war nun der Osten Feindesland und Schauplatz erbitterter Schlachten, die jedoch keine Entscheidung brachten. Doch auf andere Weise trug die deutsche Regierung dazu bei, die Geschichte Russlands umzuwälzen. Mit ihrer Unterstützung kehrte Wladimir Iljitsch Uljanow im versiegelten Güterwaggon aus dem Schweizer Exil in seine russische Heimat zurück, um dort unter seinem Kampfnamen Lenin die Oktoberrevolution anzufachen.

Trotz gegensätzlicher Staatssysteme gab es zwischen den Kriegen auf vielen Gebieten Annäherungen zwischen den beiden ehemaligen Monarchien. So unterwiesen Ausbilder der Reichswehr sowjetische Offiziere während der zwanziger Jahre in der Technik der Kriegsführung. Beginnend in Rapallo, sicherten sich Vertreter beider Staaten in Verträgen wechselseitige Unterstützung zu. Selbst der Hitler-Stalin-Pakt, 1939 im Schatten von Hitlers bevorstehendem Eroberungskrieg geschlossen, schien den gegenseitigen Verzicht auf einen Angriff bei allen ideologischen Gegensätzen noch einmal zu bekräftigen. Noch bis zum Sommer des Jahres 1941, nachdem beide Diktatoren bereits einvernehmlich die polnische Nation unter sich aufgeteilt hatten, rollten vertragskonform sowjetische Transporte mit Getreide als Lebensmittellieferung in Hitlers Reich.

Zarenschloss an der Front

Doch mit der Nacht zum 22. Juni 1941 wurde alles anders. Auf den Brücken über den Grenzfluss Bug, die sowjetische Güterzüge eben noch passiert hatten, rückten kurz nach drei Uhr morgens deutsche Soldaten in das sowjetische Besatzungsgebiet vor. Sie waren Vorauskommandos eines der größten Truppenaufmärsche der Weltgeschichte. Unter strengster Geheimhaltung hatte Hitler mehr als drei Millionen deutsche und verbündete Soldaten zwischen der Ostseeküste und dem Schwarzen Meer Stellung beziehen lassen, um zu dem Militärschlag auszuholen, der für ihn Kernstück seiner Eroberungspolitik war: dem Überfall auf die Sowjetunion.

Unter dem Codenamen »Barbarossa« stießen die Truppen, unterstützt von Kampfflugzeugen und Artillerie, auf einer Breite von 1600 Kilometern in sowjetisches Gebiet vor. Zunächst trafen die Angreifer kaum auf nennenswerten Widerstand. Fast alle Grenzbrücken wurden unzerstört genommen. Erbitterte Gefechte wie in Brest blieben die Ausnahme. In »Blitzkriegsmanier« drangen die deutschen Panzer in wenigen Tagen mehrere hundert Kilometer ins Landesinnere vor. Die sowjetische Führung traf der Überraschungsangriff reichlich unvorbereitet. Sie brauchte mehr als eine kostbare Woche, um die Landesverteidigung zu organisieren.

Neben Moskau, wo Stalin residierte, und dem industriell bedeutsamen Donezbecken im Südabschnitt der Front verfolgte der deutsche Vormarsch im Norden eine weitere Stoßrichtung: Die einstige Hauptstadt Sankt Petersburg, 1924 zu Ehren des Revolutionsführers in Leningrad umbenannt, galt der deutschen Wehrmacht als Angriffsziel von hoher strategischer Bedeutung. Die Eroberung der vermeintlichen »Wiege des Bolschewismus« hatte im Krieg der Ideologien aber auch politischen Signalwert.

Alarmiert vom raschen Vordringen der Angreifer, entsandte Stalin Anfang September seinen bewährten General Georgij Schukow nach Leningrad, um die Millionenstadt vor der drohenden Einkesselung zu bewahren. Die überstürzt aufgestellten 15 Divisionen der Roten Armee sahen sich einer Übermacht von 29 deutschen Divisionen gegenüber, die mit aller Macht vorwärts drängten. Noch in der ersten Septemberhälfte hatten Einheiten der deutschen Heeresgruppe Nord die ersten Vororte der Metropole an der Newa erreicht. Der »grüne Gürtel« im Süden und Westen der Stadt mit Parkanlagen, Palästen und Prachtbauten der Zarenzeit war jetzt unmittelbar bedroht. Das weltberühmte

»Angriffsziel Leningrad«: Deutsche Panzer und Infanterie auf dem Vormarsch (Juni 1941)

Schlösserensemble barg eine einmalige Fülle kulturhistorischer Kostbarkeiten. Allein Zar Peters des Großen einstige Sommerresidenz Peterhof, das »baltische Versailles«, war mit etwa 70 000 edlen Einrichtungsstücken, Gemälden, Skulpturen, Gobelins, Porzellan und Möbeln ausgeschmückt. Schloss Gatschina, ebenfalls eine Sommerresidenz der Zaren, barg eine erlesene Porzellansammlung, in der ein Service mit Jagdmotiven schon zweitausend Teile enthielt. In Pawlowsk beherbergte das Schloss, das Katharina die Große einst ihrem Sohn Pawel spendiert hatte, inmitten eines der schönsten europäischen Landschaftsparks unter anderem einen ägyptischen und einen italienischen Saal mit Originalausstattung. Auch das Alexander- und das Katharinenpalais waren Schatzkammern verschwenderischer Pracht. Das Residenzstädtchen, in dem sie sich befanden, einst Zarskoje, dann Djetskoje Selo genannt, war inzwischen auf den Namen des russischen Dichters Puschkin getauft, der hier als einer der ersten Schüler einst das Lyzeum besucht hatte.

Seit Tagen waren alle verfügbaren Kräfte, die nicht zur Vorbereitung der Verteidigung benötigt wurden, unermüdlich damit beschäftigt, Kunstschätze aus den Gemächern für den Abtransport zu verpacken. In den Gewölben der Leningrader Isaakskathedrale wurde das Inventar der Palastanlagen vor den bevorstehenden Kampfhandlungen in Sicherheit gebracht. Es waren vor allem Frauen, die in drei Schichten Tag und Nacht zu retten versuchten, was noch zu retten war. Allein aus dem Katharinenpalais bargen sie 20 000 Gegenstände: Schmuck, Utensilien, Bilder, Mobiliar, auch Tische, Sekretäre, Büsten aus Bernstein. Einige Güter wurden einfach im Keller eines nahe gelegenen Palastes eingemauert, andere im Schlosspark vergraben, wo sie unentdeckt das Kriegsende überdauerten. Manche Kleinodien trugen die Frauen eigenhändig nach Leningrad oder zogen sie auf Handkarren hinter sich her. »Für sie war die bevorstehende Aufgabe des Schlosses wie der Verlust eines nahen Angehörigen«, beschreibt der russische Museumsmitarbeiter Aleksandr Kedrinskij die Stimmungslage. »Für sie war das alles wie ihr eigen Hab und Gut. Wir, die wir in Petersburg geboren sind, haben uns von Kindheit an an dieser Schönheit erfreut. Für uns war das schrecklich, ein ganz schrecklicher Eindruck.«

Denn trotz aller Rettungsbemühungen mussten in den Palasträumen ganze Arsenale wertvoller Kunstgegenstände zurückbleiben – darunter das Hauptschmuckstück des Schlosses, das Bernsteinzimmer. Es erwies sich als ungeeignet für den eiligen Abtransport. Das Risiko, dass sich die unzähligen Plättchen von der Holzgrundlage lösten oder zu Bruch gingen, war so groß, dass eine überstürzte Verlagerung nach Leningrad unabsehbaren Schaden angerichtet hätte. Außerdem bewilligte die örtliche Parteiführung die erforderlichen Transportmittel für die Evakuierung in die Stadt nicht, da die verfügbaren Lastwagen zunächst das Parteiarchiv in Sicherheit bringen sollten. So beschloss die Museumsverwaltung schweren Herzens, die Wandverkleidungen im Katharinenpalais zurückzulassen und sie zumindest notdürftig gegen Schäden durch Kämpfe und Granatsplitter abzusichern.

Nach Angaben von Fjodor Morosow, der die Schlosshüter nach dem Krieg befragte hatte, scheiterte die sachkundige Demontage auch schlicht am Mangel kompetenter Fachleute: »Ein ehemaliger Restaurator des benachbarten Palastes von Pawlowsk hat mir erzählt, dass die fest angestellten Kunsthandwerker von Puschkin zu der Zeit alle an der Front waren. So standen nur Restauratoren aus Pawlowsk zur Verfügung, aber die verstanden natürlich nichts von Bernstein. So haben sie nur die Schutzmaßnahmen angewandt, die sie vom Umgang mit Gemälden kannten.« Die Bernsteinwände verschwanden hinter einer Schicht aus Spezialpapier, die mit Mull, Watte und dicker Pappe überklebt wurde. Aufgestellte Tafeln sollten überdies die wertvollen Wände vor Splittereinschlägen schützen. Die Fenster wurden mit Brettern vernagelt und in die Fensteröffnungen Sandsäcke gestapelt. Den wertvollen Intarsienboden bedeckten die Frauen mit einer dicken Sandschicht, um ihn nicht der Verwüstung durch Kampfhandlungen preiszugeben.

Erst als der Geschützdonner schon in unmittelbarer Nähe zu vernehmen war, ließen die Hüter des Palastes den zwei Jahrhunderte zuvor erschaffenen Bernsteinsaal zurück – in der Hoffnung, ihn eines Tages unbeschadet wieder in Besitz nehmen zu können. Schließlich wurde in den Haager Landkriegskonventionen, zu denen sich auch das Deutsche Reich verpflichtet hatte, Kulturgütern eines besetzten Landes Schutz vor Raub und Zerstörung gewährt. Unmissverständlich war in Artikel 56 dieser völkerrechtlichen Vereinbarung festgeschrieben, dass jede Beschlagnahme, jede absichtliche Zerstörung oder Beschädigung von Werken der Kunst untersagt war und geahndet werden sollte.

Am 14. September standen deutsche Infanteristen und Panzerverbände vor dem einstigen Sommersitz der Zaren. Doch in Puschkin leisteten die Verteidiger besonders erbitterten Widerstand, wie der Bericht der deutschen 269. Infanterie-Division über die Kämpfe bezeugt: »Die Russen verteidigten sich verzweifelt. Ein Häuserkampf tobte. Schritt für Schritt kämpften sich die Männer bis zur Stadtmitte durch, die um 14.00 Uhr erreicht wurde. Der Widerstand erlahmte. Um 15.00 Uhr stand das III./I.R. [Infanterie-Regiment] 489 an der Bahnlinie am Ostrand von Puschkin und organisierte seine Abwehr durch das Parkgelände am Südostrand. Das II./I.R. hatte seine Front bis an den Park verlängert und den Anschluss an das III. Btl. [Bataillon] hergestellt. Die SS-Männer hatten die russische Verteidigung am Westrand durchlöchert und waren in die Stadt eingesickert. Dadurch ließ das Flankenfeuer auf das I.R. 469 nach. Das Regiment ging von Puschkin-Mitte aus zum Angriff auf den Bahnhof über. Ein letzter Versuch des Gegners, in den Parkanlagen mit Panzern den vordringenden Deutschen den Weg zu verlegen, scheiterte nach kurzem Gefecht.«

Nach viertägigem heftigem Kampf war am Abend des 17. September 1941 das weltberühmte Residenzstädtchen fest in der Hand der Angreifer. Deutsche Soldaten, SS-Angehörige und Polizisten bezogen in den Schlössern der Zaren Quartier. Das Katharinenpalais wurde von gleich fünf Armee-Einheiten zum Sitz für ihre Stäbe erkoren.

Außer einem Granateinschlag hatte das über zweihundert Jahre alte Schloss die Kämpfe ohne größere Schäden überstanden. Offiziere der Wehrmachtsstäbe bezogen hier prunkvolle Schlafgemächer, Kommandostellen richteten sich in barockem Interieur häuslich ein. In Festsälen, Bibliotheken, Fluren und Wirtschaftsräumen wimmelte es von deutschen Soldaten, die die Pracht vergange-

»Illusion des schnellen Sieges«: Vor der Metropole an der Newa geriet der deutsche Vormarsch ins Stocken

»Allen Einflüssen des Krieges und des Wetters ausgesetzt«: Der durch Artillerie beschädigte Große Saal

ner Zeiten bestaunten. Doch schon bald begannen viele, auf ihre Weise von der neu eroberten Residenz Besitz zu nehmen. Barockes Mobiliar und kostbare Stoffe dienten nun dazu, Unterstände und Quartiere wohnlich zu gestalten. Bedeutende Werke alter Meister schmückten die Wände von Schlafkammern der Soldaten, manche fanden auf Dauer neue Besitzer. Einen Eindruck von der Atmosphäre im Zarenschloss vermittelt der Augenzeugenbericht des damaligen Hauptmanns Hans Hundsdörfer, der mit den ersten Truppeneinheiten Puschkin, das frühere Zarskoje Selo, erreichte: »Im Verband der 6. Panzer-Division beim Vormarsch auf Leningrad passierte ich Zarskoje Selo am Tage der Besetzung. Staunend wanderte ich durch die Parkanlagen und anschließend durch den Katharinenpalast. Er war fast unversehrt. Lediglich ein Granateinschlag durch die Decke des ›Großen Saales‹ mit seinen fast 50 Metern Länge und 20 Metern Breite hatte Schaden angerichtet, einige Trümmer aus Stuck und Marmor bedeckten den Boden. Die Sowjets hatten offenbar vorgehabt, das bewegliche Kunstgut zu evakuieren. Sie konnten ihr Vorhaben wohl infolge unseres stürmischen Vormarsches nicht vollenden. Immerhin waren die eingelegten Böden mit einer Sandschicht abgedeckt und die großen Chinavasen mit Wasser gefüllt. Unsere Landser, übermüdet, hatten es sich in den vielen Räumlichkeiten des Palastes sofort bequem gemacht, leider mit nicht viel Rücksicht auf die wundervolle Einrichtung. Schlafende Soldaten mit verschmutzten Stiefeln auf den kostbaren Kanapees und Sesseln konnte man überall beobachten, auch schon mal ein grobes Schild, hingenagelt in die eingelegten Türen: ›Belegt von der 1. Kompanie.‹«

Auch das allerheiligste Gemach des Schlosses blieb von Kunstbanausen und gnadenlosen Souvenirjägern unter den Soldaten nicht verschont, wie Hundsdörfer feststellen musste: »So kam ich auch in das Bernsteinzimmer. Hier waren die Wände mit dicker Pappe zugeklebt und abgedeckt. Ich sah zwei Landser, wie sie sich mühten, aus Neugierde die Verkleidung herunterzureißen. Zutage kamen wunderbar leuchtende Bernstein-Schnitzereien als Rahmen eines Mosaikbildes. Als die beiden ihre Seitengewehre zückten, um sich ›Erinnerungsstücke‹ herauszubrechen, schritt ich ein. Anderntags sah das Bernsteinzimmer schon einigermaßen wüst aus. Viel Pappe war abgerissen, Schnitzereien abgeschlagen, Bernsteinspäne bedeckten den Fußboden entlang der Wände.«

»In vorderster Linie«: Das zerstörte Katharinenpalais als Fotokulisse für deutsche Landser

Spuren von Abgesandten einer Kulturnation, die – laut Propaganda – aufgebrochen waren, die Zivilisation des Abendlandes gegen »bolschewistische Untermenschen« zu verteidigen. »Die Soldaten, die in die Gebäude eindrangen«, berichtet der russische Restaurator Aleksandr Kedrinskij, »haben das, was ihnen gerade so gefiel, einfach mitgenommen. Sie haben Bilder und Gemälde aus den Türverkleidungen geschnitten, Medaillons und Köpfe aus den Kaminen gerissen, die Verzierungen der Wände abgeschlagen und aus dem Bernsteinzimmer Reliefs und Medaillons entfernt, die gleich ins Auge sprangen, mit Motiven aus der Bibel oder der antiken Mythologie. Das haben sie abgenommen und sich in die Taschen gesteckt.«

»Das Bernsteinzimmer sah einigermaßen wüst aus«: Hauptmann Hans Hundsdörfer versuchte die Zerstörung des Kunstwerks zu verhindern

Doch solcher Art blindem Kunstfrevel wurde schnell Einhalt geboten. Bereits am nächsten Tag ließ der zuständige »Kunstschutzbeauftragte« der Wehrmacht das Bernsteinzimmer absperren und gegen mutwillige Plünderer bewachen, die meistens nicht die geringste Ahnung von der wahren Bedeutung des »achten Weltwunders« hatten. Mit deutlichen Worten mussten die Wachsoldaten Kameraden in die Schranken weisen, die auf der Jagd nach Andenken mit gezücktem Dolch der Bernsteinwand zu Leibe rücken wollten.

Bleibendere Folgen als dieser wilde Vandalismus richteten Eingriffe an, die wesentlich behutsamer und unauffälliger vor sich gingen. Es muss in jenen

»Rettung aus der Feuerlinie«: Die deutsche Propaganda sprach stets nur von der »Sicherstellung« von Kunstwerken

Tagen nach der Eroberung Puschkins gewesen sein, dass komplette Bestandteile aus dem Bernsteinzimmer spurlos verschwanden – unverhohlene Selbstbedienung am Kulturerbe der Menschheit. Erst Jahrzehnte später sind einzelne dieser Diebesgüter aus dem Zarenzimmer in Deutschland wieder aufgetaucht, wovon später noch die Rede sein wird.

Die Wehrmachtsführung jedenfalls sah sich genötigt, Maßnahmen zum »Schutz« des Bernsteinzimmers zu veranlassen. So findet sich im Tagebuch der 18. Armee unter dem 29. September 1941 der Eintrag: »Rittmeister Graf Solms, vom O.K.W. [Oberkommando der Wehrmacht] mit Erfassung der Kunstgegenstände in den Zarenschlössern beauftragt, bittet um Schutz für das Zarenschloss Puschkin, das durch Bombentreffer leicht zerstört und zur Zeit in vorderster Linie durch unachtsames Verhalten der Truppe gefährdet ist.«

Nicht vor Kampfhandlungen allerdings musste das verletzliche Schmuckstück abgeschirmt werden, wie es ein deutsches Propagandaflugblatt aus jener Zeit glauben machen wollte: »Seit der Einschließung Leningrads durch deutsche Truppen, September 1941, lag das alte Zarenschloss in der vordersten Feuerlinie und war der Zerstörung ausgesetzt. Deutsche Soldaten retteten damals das alte Bernsteinzimmer Friedrichs I. aus der Feuerlinie…« Es waren vorwiegend die eigenen Soldaten, vor denen das kostbare Getäfel des Schutzes bedurfte. Dabei ging es gar nicht in erster Linie darum, hochwertiges Kulturgut an Ort und Stelle möglichst unversehrt für die Nachwelt zu bewahren. In Wirklichkeit durfte das Bernsteinzimmer deshalb nicht angetastet werden, weil sein möglichst kompletter Diebstahl längst beschlossen war, und zwar auf höchste Weisung. Der vorgesehene Abtransport des historischen Saals war Teil eines groß angelegten Kunstraubzugs, wie er in der Geschichte der Kriege bis heute ohne Beispiel ist.

Kunstraub unterm Hakenkreuz

»Welthauptstadt der Kunst«: Noch im März 1945 ließ sich Hitler ein Modell seines »Führermuseums« für Linz vorführen

Am Anfang stand eine fixe Idee. Schon vor dem Ersten Weltkrieg hatte der verhinderte Kunstmaler und abgewiesene Akademiebesucher Adolf Hitler Fantasien entwickelt, Wien, die Stadt seiner Schmach, eines Tages durch eine neue Hauptstadt, Linz, abzulösen. Als er Jahre später tatsächlich die Macht über seine einstige Heimat erobert hatte, stand für den Potentaten fest, auf welchem Gebiet er der Stadt seiner Jugend Weltgeltung verschaffen wollte: Linz sollte zur Welthauptstadt der Kunst aufsteigen, und wie immer in Hitlers Plänen konnte es gar nicht gigantisch genug angelegt sein. In der Kapitale Oberösterreichs wollte sich der Diktator sein eigentliches Denkmal setzen: einen überdimensionalen Kunsttempel, der in der Größe wie in der Ausstattung die Uffizien in Florenz, den Louvre in Paris und die Nationalgalerie in Washington zusammengenommen noch in den Schatten stellen sollte. Zur Ausstellung sollten die in Hitlers Augen schönsten und bedeutendsten Kunstwerke der Welt gelangen. So fantasierte Hitler in trauter Runde davon, dass er sämtliche oder zumindest die meisten Gemälde von Rembrandt, Vermeer, van Delft, Frans Hals und anderen besitzen wolle, um jeweils das beste Stück für seinen Tempel auswählen zu können. Und nebenbei sollte das Mausoleum auch einmal »des Führers« Gebeine der Menschheit bewahren.

Das Bauwerk selbst sollte, dank des Kriegsausgangs, ein Luftschloss bleiben. Für das Inventar aus Gemälden, Zeichnungen, Skulpturen, Kunsthandwerk, Handschriften, Teppichen und Möbeln indes wurde bereits von 1939 an mit beispielloser Akribie gesammelt. Am Ende stießen alliierte Kunstfahnder in verschiedenen unterirdischen Depots auf eine unfassbare Anhäufung von Kunstschätzen im Wert von mehreren Milliarden Goldmark.

Mit der Zusammentragung dieser monumentalen Pracht für das künftige Museum hatte Hitler persönlich den Generaldirektor der Dresdner Galerie, Hans Posse, beauftragt. Dem international anerkannten Fachmann, den der örtliche Gauleiter erst kurz zuvor wegen angeblicher Neigungen für die »entartete Kunst« abgesetzt hatte, bedeutete das neue Amt nicht nur Rehabilitation, es war sein Traumberuf. Mit höchster Unterstützung durfte der Kenner weitgehend nach seinem Gusto erlesenste Werke von Sammlern, Galeristen und Museen erwerben und hatte dafür schier unerschöpfliche Mittel zu seiner Verfügung. Dennoch war unübersehbar klar, dass mit Aufkäufen und Schenkungen allein der angestrebte gigantische Kunstschatz nicht angehäuft werden konnte. Selbst die ungehemmte Beschlagnahme des Besitzes von Verfolgten und Gegnern des Regimes reichte nicht aus, die Depots zu füllen. Der Kunsttempel von Linz war von Anfang an auf Raub und Diebstahl gegründet. Hitlers Krieg schuf die Voraussetzung dafür. Bevor noch ein Schuss gefallen war, stand die Verwertung der bevorstehenden Beute schon fest.

Bei jedem der Feldzüge folgten in dichtem Abstand auf die vorrückenden Wehrmachtsverbände kunstsachverständige Suchkommandos, die die Aufgabe hatten, sämtliche wertvollen Kunstgüter der besetzten Länder aufzuspüren und »sicherzustellen«. Waren die gesuchten Objekte zuvor noch in Sicherheit gebracht worden, scheuten die Fahnder auch nicht davor zurück, das Versteck mit dem Einsatz von Verhör und Folter ausfindig zu machen. Das gesamte Raubgut wurde von Experten sorgfältig registriert und begutachtet, um dann, je nach Bedeutung, einer von drei Kategorien zugewiesen zu werden. Nur die oberste Güteklasse kam für die Linzer Sammlung in Frage.

»Sonderbeauftragter des Führers«: Im Auftrag Hitlers organisierte der Dresdner Galeriedirektor Hans Posse Kunstwerke für Linz

»Abgehalfterter Weggefährte«: Auch Alfred Rosenberg war mit seinem »Einsatzstab Reichsleiter Rosenberg« beim Kunstraub in Osteuropa beteiligt

Seit dem Krieg gegen Frankreich drängte sich ein abgehalfterter Weggefährte Hitlers aus frühen Jahren auf das Feld des organisierten Kunstraubs. Alfred Rosenberg, als Chefideologe und Erzieher in der Partei kaum mehr gefragt, sah seine Stunde gekommen. Hatte seine Dienststelle ursprünglich nur die Befugnis, Bibliotheken und Sammlungen nach brauchbarem Material für seine geplante »Hohe Schule« zu durchforsten, weitete sie mit Hitlers Einverständnis ihre Befugnisse nun mehr und mehr auf den Kunstsektor aus. Sein neu gegründeter »Einsatzstab Reichsleiter Rosenberg« (ERR) kümmerte sich zunehmend mit Akribie um die Erbeutung und Erfassung von Früchten der schönen Künste, die Hitlers Kollektion bereichern sollten. Im Laufe der Zeit kam Rosenberg auf diesem Sektor eine Schlüsselfunktion zu. In regelmäßiger Folge durfte er seinem »Führer« ledergebundene Mappen mit den neuesten »Erwerbungen« für den Linzer Musentempel vorlegen. Allerdings mangelte es ihm, wie im Gefüge des NS-Staates üblich, nicht an Konkurrenten und rivalisierenden Dienststellen, die sich mit der Erweiterung des Kriegsschauplatzes noch vermehrten und wechselseitig in erbittertem Kompetenzgerangel verstrickten:

• Auf ihrem Feldzug gegen die Sowjetunion beteiligte sich auch die Wehrmacht diesmal aktiv am Kunstraub. Anders als in den westlichen Besatzungsgebieten, wo Armeebeauftragte beharrlich, wenn auch oft vergeblich, auf die Einhaltung der Kunstschutzkonvention pochten, versorgten sich die Militärs auf ihrem Vormarsch im Osten bedenkenlos mit Gütern aller Art.

• Erfassungskommandos, die dem SS-Reichsführer Heinrich Himmler unterstanden, beschlagnahmten Kunstgegenstände, wenn sie Zeugnis von »Raum, Geist, Tat und Erbe des nordrassischen Indogermanentums« ablegten. Sie waren von der SS-Formation »Das Ahnenerbe« entsandt, um Reliquien für den kruden Germanenkult, wie er in der SS gepflegt wurde, einzusammeln und ihrer zentralen Dienststelle in Berlin zu übermitteln.

• Reichsaußenminister Joachim von Ribbentrop ließ es sich vor dem Krieg gegen die Sowjetunion nicht nehmen, ein eigenes Sonderkommando aufzustellen, das später in »Bataillon Ribbentrop« umbenannt wurde. Es hatte ebenfalls die Aufgabe, unmittelbar hinter der Front Kunstwerke sicherzustellen. Besonders wissenschaftliche Institute, Bibliotheken und Paläste sollten die Raubtäter durchkämmen und schlicht »alles, was wichtig und wertvoll ist«, beschlagnahmen. Ihre Beute sammelten sie in Lagerhallen im Zentrum Berlins. Das Bataillon, dem mehrere hundert Fachleute angehörten, gliederte sich in vier Kompanien, von denen eine in Italien und Afrika zum Einsatz kam und die anderen drei während des Russlandfeldzugs die Heeresgruppen Nord, Mitte und Süd begleiteten. Anführer des Kommandos war Eberhard von Künsberg, ein Major der Waffen-SS, der schon in Frankreich für den Außenminister Kunst konfisziert hatte.

• Ein weiterer Sonderbeauftragter, der immer zur Stelle war, wenn Aussicht bestand, kunsthistorisch bedeutsame Sammlerstücke, wie etwa Handzeichnungen von Albrecht Dürer, zu erbeuten, war SS-Hauptsturmführer Kajetan Mühlmann. Er fungierte als Hoflieferant für Nazi-Größen wie Hermann Göring. Der zweite Mann im Staat mit einer Fülle von Ämtern war es auch, der in seiner Eigenschaft als Vorsitzender des Ministerrats für die Reichsverteidigung und als Beauftragter für den Vierjahresplan den findigen und bedenkenlosen Spürhund auf seine Beutezüge entsandte.

• Göring selbst war nächst seinem »Führer« der maßloseste Nutznießer des Kunstraubzugs. Seine Leidenschaft für das Sammeln von Kunst wandelte sich im Laufe des Krieges in blanke Gier, die ihn am Ende völlig vereinnahmte. Güterzugweise ließ er sich aus allen besetzten Gebieten immer schönere und wertvollere Gemälde, Statuen, Skulpturen, Porzellanerzeugnisse, Schmuckstücke, Waffen und was ihm sonst noch besitzenswert erschien anliefern, bis am Ende alle Ausstellungsflächen und Depots seines Anwesens »Karinhall«, seiner Schlösser, Land- und Jagdhäuser schier überquollen. Nach Berechnungen der Alliierten hatte Göring sich einen Besitz im Wert von rund 680 Millionen Mark angehäuft. Bei der Beschaffung kannte er keine Scheu und keine Skrupel. Er ließ Beziehungen spielen, drohte, erpresste, beschlagnahmte, betrog, setzte Regierungen unter Druck, bis er die Objekte seiner Begierde seiner Sammlung einverleibt hatte. Görings Leidenschaft war es, in seinem Sonderzug aus zwölf Waggons mitsamt seinem Hofstaat in einem gerade eroberten Land vorzufahren und aus dem erbeuteten Gut die besten Stücke für seine Kollektion auszuwählen. Alle Dienststellen mussten sich den Wünschen des Privatsammlers beugen. Auch Hitler ließ ihn gewähren.

• Nach ähnlichem Muster, wenn auch im Kleinformat, rafften Hitlers Statthalter im ganzen Herrschaftsgebiet Kunstschätze zu ihrer persönlichen Verfügung zusammen. Eine besondere Meisterschaft auf diesem Gebiet entwickelten die Gauleiter und Reichsstatthalter in den Ostprovinzen des deutschen Herrschaftsbereiches. Wie absolutistische Fürsten bereicherten sie sich hemmungslos an den kostbaren Gütern der unterworfenen Staaten, die sie ganz selbstverständlich als ihren Privatbesitz betrachteten.

• Über all diesen Begehrlichkeiten thronte der auch auf diesem Sektor Allmächtige. Wenn Hitler einen konfiszierten Kunstgegenstand als hochwertig genug für eine spätere Aufbewahrung im Linzer Kunstmuseum erachtete, hatte das Vorrang vor allen untergeordneten Interessen. Als Verbindungsmann zwischen

»Ich besitze die bedeutendste Privatsammlung in Europa«: »Reichsmarschall« Göring raffte mit Billigung Hitlers zahllose Kunstschätze zusammen

dem obersten Kunsträuber und seinem Sonderbeauftragten Hans Posse führte Hitlers Sekretär Martin Bormann die Regie bei der Verteilung der Zugriffsrechte auf den Beutezügen. Mit dem so genannten »Führervorbehalt« sicherte sich Hitler den Erstanspruch auf sämtliches erbeutete Kunst- und Kulturgut. Nach dem Beginn des Unternehmens »Barbarossa« wurde der Vorbehalt am 24. Juli 1941 auf die »noch zu besetzenden russischen Gebiete« ausgeweitet.

Für diesen Feldzug hatten die Kunsträuber bereits gründliche Vorarbeit geleistet. Schon Monate vor dem deutschen Überfall hatte nämlich ein vermeintlich kunstbeflissener Besucher eine ausgedehnte Erkundungsreise in die Sowjetunion unternommen. Niels von Holst, offiziell Leiter des »Außenamtes der Staatlichen Museen zu Berlin«, zeigte sich ausgesprochen interessiert am kulturhistorischen Erbe des zu dieser Zeit mit dem Deutschen Reich noch in einem Nichtangriffspakt verbundenen Imperiums. Eifrig besuchte der gebürtige Balte während des mehrmonatigen Aufenthalts Museen und Sammlungen in Reval, Leningrad und Moskau und verschaffte sich dort einen Überblick über die

Bestände. Nur der Zutritt zu den Magazinen der Museen, den der anerkannte Kunstsachverständige im Mai 1941 mit dem Hinweis auf seine Kaufambitionen erbat, wurde ihm verwehrt. Der wahre Zweck seines Aufenthaltes offenbarte sich später, als deutsche Truppen im Land standen: Holst hatte sorgfältig erfasst, was in sowjetischen Sammlungen an Kunstschätzen zu holen war und welche Kostbarkeiten für Hitlers geplanten Wallfahrtsort in Linz in Frage kämen. Diese Listen hatte er auf diplomatischem Weg an seinen Auftraggeber Hans Posse, den Chef-Sammler für das Museumsprojekt, weitergeleitet. Mit Hilfe der frühzeitig ausspionierten Erkenntnisse konnten die Kunstraubkommandos nach dem Einmarsch gezielt nach den begehrten Objekten fahnden.

In der Aufstellung war auch das Bernsteinzimmer im Katharinenpalais enthalten. Auf Posses Empfehlung war der Kunstspion nun auch an der Ausplünderung der übrigen Zarenschlösser beteiligt. In diesem Sinne ging am 29. September 1941 beim Oberkommando des Heeres ein Fernschreiben der Adjutantur der Wehrmacht beim »Führer« ein: »Der Führer hat nach dem Vortrag von Reichsleiter Bormann entschieden, dass der Leiter des Außenamtes der staatlichen Museen Berlin, Dr. Niels von Holst, der z. Zt. als Sonderführer die Betreuung der Kunstschätze in Reval ausübt, so eingesetzt wird, dass er auch für weitere Aufgaben auf dem Gebiet der Sicherstellung der Kunstschätze in Krasnoje Selo, Peterhof und Oranienbaum und später in Leningrad zur Verfügung steht.«

Hungerkrieg gegen Leningrad

Doch über der weißen Stadt an der Newa, die in ihrer weltberühmten Ermitage eine der umfassendsten und bedeutendsten Kunstsammlungen der Welt beherbergte, sollte nie das Hakenkreuz wehen. Deutsche Kunsträuber und Soldaten warteten vergeblich auf die Erstürmung der Stadt. »Ich habe seinerzeit, nachdem die zweite oder dritte Verteidigungslinie vor Leningrad durchbrochen war, nach Hause geschrieben: ›Ihr werdet wohl schon in wenigen Tagen in einer Sondermeldung von der Einnahme einer großen Stadt (wir durften ja nicht schreiben, wo wir waren) gehört haben.‹ Doch meine Einschätzung in Bezug auf die Eroberung von Leningrad war falsch«, berichtet Paul Ostertag, damals Soldat der Heeresgruppe Nord.

Am 21. September wurden die angriffsbereiten Truppen der Wehrmacht, die zusammen mit finnischen Einheiten den Ring um die Stadt geschlossen hatten, überraschend angewiesen, Leningrad nicht mit Waffen zu erobern. Der Sturm auf Moskau habe absoluten Vorrang. Für eine Einnahme Leningrads, das Stalin um jeden Preis halten wollte, reichten die verfügbaren Panzer der Wehrmacht nicht aus. Zudem hatten die Angreifer die wieder erstarkte Abwehrkraft der Truppen vor Leningrad erheblich unterschätzt. Stattdessen hatte Hitler der zweitgrößten russischen Stadt ein Schicksal beschieden, das sich für die Bewohner

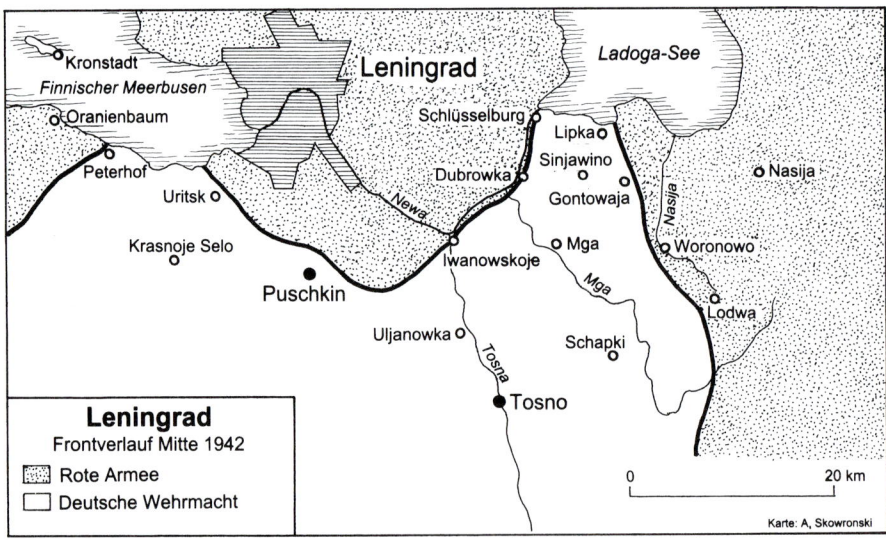

»So einfach zu sterben«: Schon in den ersten Monaten der Belagerung gab es in Leningrad zahlreiche Tote durch Artilleriebeschuss

als noch furchtbarer erweisen sollte. »Der Führer ist entschlossen, die Stadt Petersburg vom Erdboden verschwinden zu lassen«, heißt es unverblümt in einem Befehl des Stabschefs der Seekriegsleitung. »Es ist beabsichtigt, die Stadt eng einzuschließen und durch Beschuss mit Artillerie aller Kaliber und laufendem Lufteinsatz dem Erdboden gleichzumachen. Sich aus der Lage in der Stadt ergebende Bitten um Übergabe werden abgeschlagen werden, da das Problem des Verbleibens und der Ernährung der Bevölkerung von uns aus nicht gelöst werden kann und soll.« Mit anderen Worten: Annähernd dreieinhalb Millionen Männer, Frauen und Kinder, die in Leningrad eingeschlossen waren, sollten systematisch ausgehungert werden. Selbst eine Kapitulation würde nicht angenommen werden.

Was das für die Betroffenen bedeutete, können authentische Aufzeichnungen aus jener Zeit nur noch erahnen lassen. »Heute ist es so einfach zu sterben«, notierte Jelena Skrjabina in ihr Tagebuch. »Man beginnt einfach das Interesse zu verlieren, dann liegt man im Bett und steht nicht mehr wieder auf.« Die von

Ich empfinde nichts, wenn ich Kiew, Moskau oder Petersburg dem Erdboden gleichmache.
Adolf Hitler, 17. Oktober 1941

Unsere Nachbarin hat ihren Mann umgebracht. Sie tötete ihn, damit sie seine Lebensmittelkarten bekam.
Wera Popowa, lebte damals in Leningrad

jeder Versorgung abgeschnittene und pausenlos bombardierte Stadt wurde für die Bewohner zum Wartesaal des Todes. Im ersten Hungerwinter, mit Temperaturen von bis zu 40 Grad minus eine der härtesten Phasen in der Geschichte Leningrads, starben mehr als 600 000 Menschen an Unterernährung oder Unterkühlung. »Temperatur minus 22 Grad«, zeichnete Georgij Zin, Exmarineoffizier am 19. Januar 1942 auf. »Kolja erzählte, die Mutter von Lubimowa, Marija Andrejewna, sei zum Begräbnis nach Lesnoje gefahren. Auf dem Rückweg aber sei ihr so schlecht geworden, dass sie nicht mehr gehen konnte. Sie starb auf dem Schlitten, mit dem sie die Leiche gezogen hatte. Sie hatte immer wieder an Brot gespart. Nur einen Teil der Ration gegessen. Sie wollte die Tochter im Sarg begraben, wie es sich geziemt. Das Resultat war ihr eigener Tod.«

Die Überlebenden zerschlugen ihre Möbel, weil es kaum noch Brennstoff gab, und ernährten sich von allem, was nur irgendwie verwertbar schien: Leinölfirnis, Pflanzenabfälle, Vaseline, Holzspäne. Selbst Tapeten rissen sie von den Wänden, weil es hieß, dass der Kleister Stärke enthalte. Eine Mutter fällte in

»Wartesaal des Todes«: Ein vertrautes Bild während der Blockade – mit Schlitten werden Tote zum Friedhof gebracht

 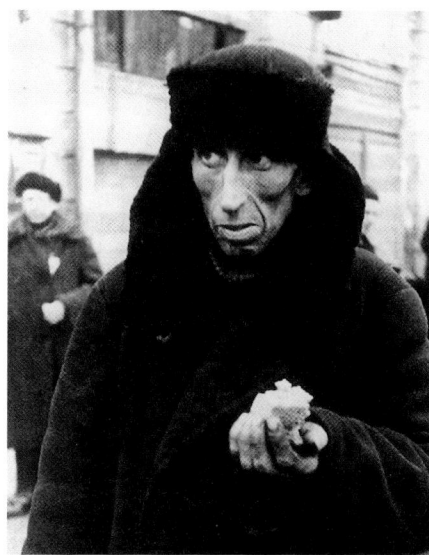

»Nur noch Haut und Knochen«: Kälte und Hunger machten das Leben – besonders im Winter – zur Hölle. Vor allem kleine Kinder überlebten diese Zeit nicht.

dieser Not die furchtbare Entscheidung, eines ihrer zwei Kinder im Säuglingsalter verhungern zu lassen, um für das andere noch genug Milch zum Überleben aufbringen zu können. »Wenn ich die Augen schließe«, sinniert Wera Popowa aus Sankt Petersburg, »dann sehe ich all das immer noch vor meinem geistigen Auge, auch heute noch. Dann sehe ich mich selbst als Mädchen, wie wir in den Bunker laufen, wie ich dort Sojamilch hole, wie wir nach Brot anstehen, und dass die Menschen in der Schlange umfallen, vor Hunger sterben. Nur Haut und Knochen waren sie. Das war so schrecklich.«

Nur einige hochrangige Parteifunktionäre litten nicht an den gravierenden Folgen der Aushungerung. Insgesamt starben unvorstellbar viele Menschen, mehr als eine Million Einwohner, an den Folgen der Blockade – in der Stadt, die in ihrer Entstehung und Geschichte eine einzige Hommage an deutsche und westeuropäische Kultur war. 900 Tage währte die Belagerung – und brach dennoch den Durchhaltewillen der Leningrader nicht.

Zuschlag für Königsberg

Während die Einwohner der abgeriegelten Stadt jeden Tag aufs Neue um ihr Überleben kämpften, gerieten vor den Toren der Stadt die Angehörigen der Besatzungsmacht in Streit über die Verteilung der Beute. Besonders das Bernsteinzimmer weckte die Begehrlichkeiten der konkurrierenden Kunstraubkommandos. Die Militärs hätten mit dem Getäfel gern ihr künftiges Heeresmuseum ausstaffiert, das in Breslau oder der ostpreußischen Feste Boyen bei Lötzen dereinst seinen Platz finden sollte. Das Sonderkommando des Außenministers Joachim von Ribbentrop unter Führung seines Beauftragten Eberhard von Künsberg war ebenfalls zur Stelle, um an der Ausplünderung der Schlösser von Puschkin Anteil zu haben. Reichsmarschall Hermann Göring betrachtete es als pure Selbstverständlichkeit, dass das Zarenzimmer seine eigene Sammlung bereichern sollte. Und Alfred Rosenberg, dessen Einsatzstab sich besonders auf Kunstraub spezialisiert hatte, sah das Bernsteinzimmer vor seinem geistigen Auge bereits als Zierde seines Ostministeriums, das er im Gebäude der ehemaligen russischen Botschaft in Berlin schon zuvor reichlich mit geraubten Kostbarkeiten aus dem Besitz der jüdischen Familie Rothschild ausgestattet hatte. Der Chef des Einsatzstabes verfolgte mit den geraubten Kulturgütern – und insbesondere mit dem Bernsteinkabinett – eine ganz besondere Absicht, die schon von der Vorsorge für andere Zeiten geprägt war. Entworfen war das Szenario von Rosenbergs Jugendfreund Arno Schickedanz, daher kursierte es unter der Bezeichnung Schickedanz-Plan: Die wertvollsten Kunstschätze der Sowjetunion sollten beschlagnahmt und an sicherer Stelle verborgen werden, so der Plan, um nach dem Krieg ein Faustpfand für Verhandlungen mit den Westalliierten in der Hand zu haben. Eine reichlich abstruse Vorstellung, wie sich erwies.

Doch weder Wehrmacht noch Auswärtiges Amt, weder Rosenberg noch Göring erhielten den Zuschlag. Ein Paladin aus der zweiten Reihe konnte das Bernsteinzimmer in seinen Machtbereich lotsen. Er verfügte über ausgezeichnete Beziehungen und über ein schlagendes Argument: Er hatte den besseren Standort anzubieten. Erich Koch residierte als Gauleiter von Ostpreußen in Königsberg, in dessen Umkreis das »Gold der Ostsee« seit Jahrhunderten gefördert und verarbeitet wurde. Schon 1933 hatte sich der aus dem Bergischen Land stammende Paladin mit einem »Gesetz zum Schutze des Bernsteins«, einer Art Reinheitsgebot für den natürlichen Rohstoff, hervorgetan. Die Hauptstadt Ost-

»Geltungssüchtiger Provinzfürst«: Der ostpreußische NSDAP-Gauleiter Erich Koch beanspruchte das Bernsteinzimmer für Königsberg

»Bester Standort«: Das Königsberger Schloss beherbergte bereits bedeutende Bernsteinschätze

preußens beherbergte bereits die bedeutendsten Bernsteinsammlungen des Landes. In der Albertina-Universität lagerten allein mehr als hunderttausend so genannter Inclusen, in das Harz eingeschlossene Insekten oder Pflanzenteile aus der Urzeit, sowie der berühmte Schwarzorter Bernsteinschatz, eine hochwertige Sammlung von Erzeugnissen der Bernsteinschnitzkunst, darunter einige fünftausend Jahre alte Stücke. Auch das Königsberger Schloss verfügte bereits über ein Kabinett, das die Einheimischen gewöhnlich als »Bernsteinzimmer« bezeichneten. Es war ein Museumsraum mit besonders seltenen Natursteinen und wertvollen Bernsteinarbeiten. Wie das berühmte Pendant gleichen Namens aus Puschkin sollte es bei Kriegsende für alle Zeiten verloren gehen. Darüber hinaus existierten in Königsberg nach wie vor eine Staatliche Bernsteinmanufaktur und die Staatlichen Bernsteinwerke, die ihrerseits über stattliche Sammlungen verfügten. Diese Wiege der Bernsteinkunst, so konnte Koch geltend machen, war der prädestinierte Standort für deren berühmtestes Kunstwerk.

»Bedeutendste Sammlungen des Landes«: Ausstellungsraum im Staatlichen Bernsteinmuseum in Königsberg

»Wiege der Bernsteinkunst«: In der Staatlichen Bernsteinmanufaktur wurde altes Wissen über die Bearbeitung des Materials weitergegeben

»Wirtschaftsfaktor Bernstein«: Königsberger Fabriken stellten Bernsteinschmuck für den Massenbedarf her

»Schöner Schein«: Im Küstenort Palmnicken feierten die Menschen alljährlich das so genannte Bernsteinfest

Kunstraub kam der Veranlagung des Gauleiters generell durchaus entgegen. Während des Krieges raffte der Provinzfürst, der in Personalunion auch als Reichskommissar für die besetzte Ukraine fungierte, zusammen, was seine Depots fassen konnten. In der Domäne Richau östlich von Königsberg ließ Koch später die bedeutendste Ikonensammlung Europas verstauen, die im ukrainischen Charkow beheimatet war. Weitere 85 Kisten mit Gemälden und Ikonen sowie 57 Bildermappen mit Werken deutscher, niederländischer und italienischer Meister aus Beständen der Kiewer Kunstsammlungen brachte er im Herrenhaus Wildenhoff des Grafen Schwerin unter. Was er zusätzlich zu seiner persönlichen Verfügung zusammenstehlen ließ, sammelte sich in Kochs eigenem Landgut Groß-Friedrichsberg bei Metgethen, westlich von Königsberg. Neben kunsthistorisch bedeutenden Gemälden hortete er hier Silbererzeugnisse oder Gobelins aus dem 18. Jahrhundert. Das Dienstquartier des Reichskommissars im ukrainischen Rowno zierten 16 der erlesensten Bilder aus dem Osteuropäischen Museum in Kiew.

Dabei war Kochs Kunstverstand nicht besonders ausgeprägt. Ölgemälde aus der Schule von Peter Paul Rubens gesellten sich in seinen Arsenalen zu Stadtansichten seiner Heimatstadt oder Hitler- oder Göring-Porträts aus der Hand nationalsozialistischer Provinzmaler. Eine Reihe scheinbar bedeutender italienischer und niederländischer Werke, in Wirklichkeit aber wertlose Nachahmungen, hatte er sich in gutem Glauben von Hermann Göring andrehen lassen.

Operettenhafte Selbstdarsteller wie der genusssüchtige Reichsmarschall waren es auch, denen der einstige Eisenbahner mit seiner Kunstmanie nacheiferte. Getreu parteieigenen Vorbildern betrachtete Koch eine üppige Sammlung im Privatbesitz als standesgemäß für Provinzfürsten wie ihn. Ähnlich wie Göring bemühte er sich um einen feudalen Lebenswandel. Er hauste in fürstlichem Gepränge, fuhr mit eleganten Limousinen vor und ließ sich auf der Jagd von Tausenden von Treibern Wild vor die Flinte hetzen. Stets war Erich Koch getrieben, sich und anderen zu beweisen, was aus ihm geworden war. Geboren als Sohn eines Tagelöhners in Elberfeld, heute ein Stadtteil von Wuppertal, hatte Koch sich aus kleinen Verhältnissen nach oben befördert. Ähnlich wie Josef Goebbels, ein früher politischer Weggefährte in seiner Herkunftsregion, war Koch zu Beginn eher ein Exponent des klassenkämpferischen Flügels innerhalb der NSDAP, der er schon 1922 mit Mitgliedsnummer 90 angehörte. Er verstand es jedoch, sich den herrschenden Gegebenheiten zu fügen.

Zielstrebig arbeitete er sich so im Ruhr-Gau der Partei hoch, bis Hitler seine Verwendungsfähigkeit erkannte und ihn 1928 als Gauleiter in das nur drei Jahre zuvor geschaffene NSDAP-Revier in Ostpreußen entsandte. Dort etablierte sich

»Bündnispartner von Koch«: Generaloberst Georg von Küchler (rechts), der Kommandeur der 18. Armee

der durchaus populäre Gauleiter bald als machtbewusster und skrupelloser Herrscher, der sich aber stets loyal dem Willen seiner Partei und insbesondere seines Führers unterordnete. Zum Dank dafür lieferte Hitler dem treuen Vasall im September 1941 die neu eroberte Ukraine aus. Als »Reichskommissar« vollstreckte Koch dort mit brutalen Mitteln die gewünschte »Germanisierungspolitik«, ließ die Ukraine wirtschaftlich ausplündern und ging rigoros gegen die anwachsende Partisanenbewegung vor. An seiner menschenverachtenden Sklavenhalter-Mentalität ließ er dabei keinen Zweifel: »Wir sind die Herrenrasse, und wir müssen hart, aber gerecht regieren. Ich werde das Letzte aus diesem Land herauspressen. Ich bin nicht hierher gekommen, um Freude zu bringen. Die Bevölkerung muss arbeiten, arbeiten und wieder arbeiten. Wir sind bestimmt nicht hierher gekommen, um Manna zu verteilen. Wir sind hierher gekommen, um die Basis für den Sieg zu schaffen. Wir sind eine Herrenrasse. Wir müssen immer wieder daran denken, dass der niedrigste deutsche Arbeiter rassisch und biologisch tausendmal wertvoller ist als die Bevölkerung hier.«

In all den Jahren seiner politischen Betätigung hatte der lang gediente Parteifunktionär eine Vielzahl von Kontakten geknüpft und sich Fähigkeiten als geschickter Strippenzieher erworben. Das kam ihm nun zugute, als es darum ging, das Bernsteinzimmer unter die eigenen Fittiche zu nehmen. Einen Bündnispartner für sein Bestreben fand Koch im Chef der 18. Armee, Generaloberst Georg von Küchler, die als Teil der Heeresgruppe Nord auch für das Gebiet der

»Beachtliche Kollektion«:
Ein Spielkasten und eine
Taufschale aus Bernstein,
zwei Stücke aus Rohdes
Königsberger Sammlung

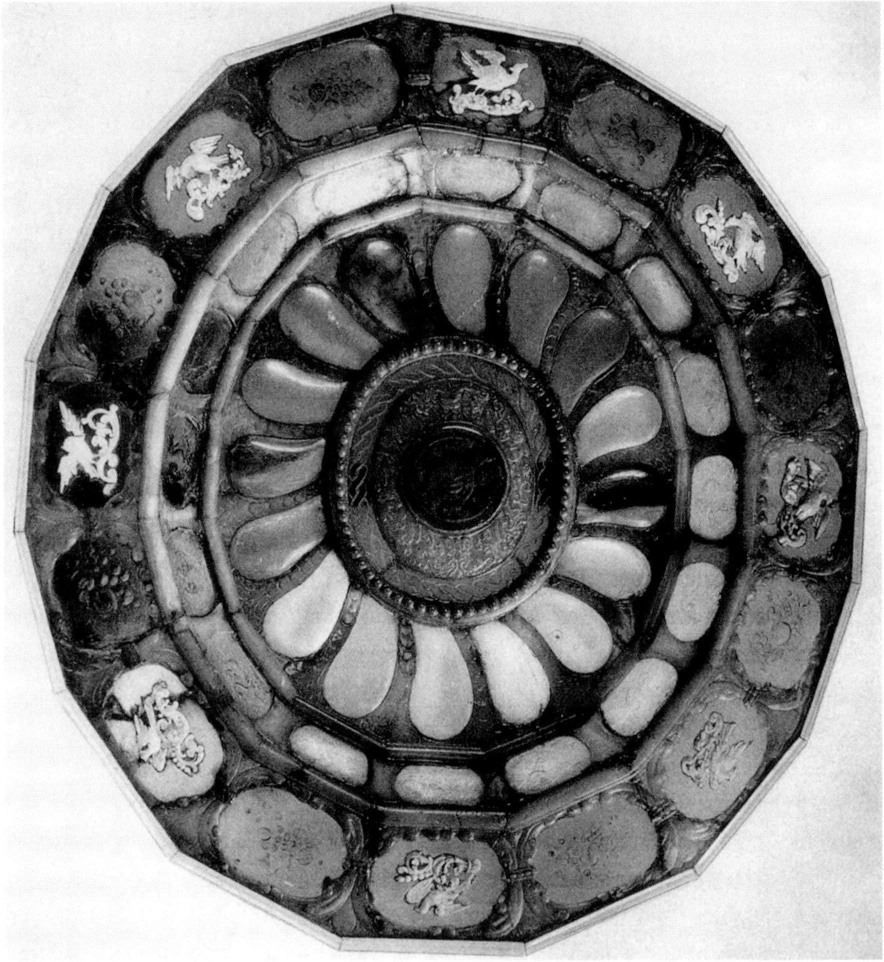

Zarenschlösser zuständig war. Schon seit Beginn des Unternehmens »Barbarossa« hatte sich Koch für die 18. Armee als nützlich erwiesen, indem er ihr eine Lastwagenkolonne zur Verfügung stellte. Diese »Transportstaffel Koch«, wie sie offiziell hieß, lieferte der Heereseinheit Munition und andere Nachschubgüter an die Front – nicht ganz uneigennützig allerdings. Denn auf dem Rückweg wurden die Lastwagen mit Kunstschätzen für den freundlichen Leihgeber aus Königsberg gefüllt, im September und Oktober vorwiegend aus den Schlossmuseen der Zarenvororte Leningrads. Der Gauleiter bediente sich also schon frühzeitig aus den neu eroberten Arsenalen. Offiziell hatten sich Koch und Küchler darauf verständigt, dass diese Kunstwerke für das geplante große »Heeresmuseum« in Ostpreußen bestimmt seien. Die Heer-Schau wurde nie realisiert, das Beutegut aber blieb in Kochs Verfügungsbereich.
Die eigentlich treibende Kraft hinter Kochs Interesse an der Verlagerung des Bernsteinzimmers nach Königsberg war jedoch ein nicht übermäßig einflussreicher Beamter: der bernsteinbegeisterte Museumsverwalter Alfred Rohde. Was Bernstein betraf, konnte dem Direktor der Kunstsammlungen der Stadt Königsberg niemand etwas vormachen. Bernstein war sein Fachgebiet, er wachte bereits über eine beachtliche Kollektion. Auf diesem Sektor war Rohde international als exzellenter Experte ausgewiesen. Mit einer Reihe einschlägiger Publikationen hatte er sich in der Fachwelt einen Namen gemacht. Er kannte alle bedeutenden Bernsteinarbeiten auch außerhalb der von ihm betreuten Sammlungen und wusste ihre Bedeutung einzuschätzen.
Das politische Tagesgeschäft war seine Sache nicht. Er war nicht der Typ, bei Aufmärschen uniformiert in vorderster Reihe zu stehen oder gar zackige Reden zu halten. Doch das verlangte auch niemand von ihm. Der Kunstkenner, der nur dem NS-Beamtenbund, nicht aber der Partei angehörte, sollte seine Sammlungen sortieren, hüten und erweitern. Und das tat der Kurator gewissenhaft. In dieser Funktion empfand er freilich große Genugtuung darüber, welche Förderung die nationalsozialistischen Machthaber der Bernsteinkunst angedeihen ließen, und pries in Veröffentlichungen überschwänglich die neue Entwicklung.
In seinem Standardwerk »Bernstein – Ein deutscher Werkstoff« hatte der Fachmann 1937 den honigfarbenen Saal im Zarenschloss mit den Prädikaten »phantastisch« und »einzigartig in seiner Art« gerühmt. Er kannte jedes Detail dieses Meisterwerks und auch seinen kunsthistorischen Wert. Dieses Wissen war zu jener Zeit keineswegs verbreitet unter den deutschen Besatzungsherren. Alfred Rohde hatte selbst keinen Einfluss auf die weitere Verwendung des Bernsteinzimmers. Aber er wusste seinen Vorstellungen Geltung zu verschaffen.

Lange bevor deutsche Truppen auch nur in Reichweite des Schlosses waren, hatte der Fachmann seinen Gauleiter schon auf das einzigartige Interieur hingewiesen. Am 9. August 1941, als gerade die Kämpfe um Leningrad begannen, beschwor der Direktor den Gauleiter in einem Brief mit lokalpatriotischem Nachdruck: »Es müssen unbedingt die erforderlichen Maßnahmen für die Rückführung des Meisterwerks in das Vaterland ergriffen werden. Da es aus preußischem Bernstein angefertigt ist, sollte es nach Ostpreußen, nach Königsberg, gebracht werden. Als Direktor der Königsberger Kunstsammlungen garantiere ich für seinen Empfang und die Unterbringung in einem der Räume des Königsberger Schlosses. Heil Hitler. Alfred Rohde.«

Das Schreiben tat seine Wirkung. Koch sah die Gelegenheit, für seine Hauptstadt ein prestigeträchtiges Schmuckstück an Land zu ziehen. Während der Gauleiter auf politischer Ebene seine Verbindungen spielen ließ, mobilisierte Rohde auf seinem eigenen Dienstweg. Seine vorgesetzte Dienststelle war die Verwaltung der staatlichen Schlösser und Gärten in Berlin, die dem preußischen Ministerium für Wissenschaft, Erziehung und Volksbildung unterstellt war. Mit überlegten Argumenten gewann Rohde seinen Vorgesetzten Ernst Gall, den Direktor der Schlösser- und Gärtenverwaltung, zum Fürsprecher.

Nach einer Phase des Zögerns zeigten die vielfältigen Bemühungen Wirkung. Über seinen Sekretär Bormann gab offenkundig auch Hitler selbst das Placet für den Abtransport des erbeuteten Bernsteinzimmers in das Königsberger

»In der preußischen Geschichte von hohem Wert«: Ernst Gall (links, hier mit Hitler und Speer) machte sich für den Standort Königsberg stark

Schloss – allerdings nur »zum vorläufigen Verbleib«. Nach dem ominösen »Endsieg« war es »höheren Verwendungszwecken« vorbehalten. Bis dahin erhielt es offiziell die Stadt Königsberg zu treuen Händen, und Rohdes Behörde, die der preußischen Schlösser- und Gärtenverwaltung unterstellt war, sollte es hüten. Koch hatte also kein Besitzrecht, durfte sich aber im Ergebnis einstweilen mit dem Kleinod schmücken.

Die Abwicklung des Transports übernahmen die mit Koch in gutem Einvernehmen stehenden Militärs vor Ort. So vermeldete das Tagebuch des 50. Armeekorps am 1. Oktober: »Zur Sicherstellung der Kunstgegenstände im Befehlsbereich des 50. Armeekorps sind vom Oberkommando der 18. Armee Rittmeister Dr. Graf Solms und Hauptmann Dr. Poensgen eingesetzt.« Am 14. Oktober folgt der Eintrag: »Abtransport der durch die Kunstsachverständigen Rittmeister Dr. Graf Solms und Hptm. Dr. Poensgen sichergestellten Kunstgegenstände, u. a. der Wandverkleidung des Bernsteinsaales aus Schloss Puschkin (Zarskoje Selo), nach Königsberg.«

Was als lapidare Protokollnotiz seinen Niederschlag fand, war in Wirklichkeit harte Arbeit. Mehrere Tage waren ausgesuchte Schreiner einer Pioniereinheit unter Aufsicht der »Kunstschutzoffiziere« Rittmeister Ernstotto Graf zu Solms-Laubach und Hauptmann Georg Poensgen mit der Demontage der wertvollen Wandverkleidung beschäftigt. Der Ausbau erforderte hohe Konzentration und Fachkenntnis. Die bernsteinverzierten Hauptplatten mussten mit äußerster Sorgfalt abgenommen, die filigranen, bernsteingeschnitzten Girlanden, Rosetten, Köpfe, Putten und Figuren in Millimeterarbeit mit viel Fingerspitzengefühl herausgetrennt werden. Kein Teilchen des gigantischen Puzzles durfte verloren gehen. Denn die Souvenirjäger unter den deutschen Soldaten hatten zuvor schon genug Schaden angerichtet. Unübersehbar waren die Löcher, die nach dem Herausbrechen einzelner Mosaikstücke geblieben waren, unverkennbar waren manche Figuren angekratzt und beschädigt.

So retteten die Kunstschutzoffiziere das kostbare Kulturerbe vor dem Vandalismus aus den eigenen Reihen – jedoch nicht um es im sicheren Depot vor weiteren Kampfhandlungen zu bewahren, wie von der Propaganda verkündet oder nach dem Krieg gelegentlich kolportiert. Als Ziel für den Transport stand von Beginn an Königsberg fest. So ist es auch in dem zitierten Armeetagebuch überliefert. Das Bernsteinzimmer sollte also auf lange Sicht auf deutschen Boden verfrachtet werden, in Sicherheit gebracht nicht vor Feuer und Granaten, sondern vor den rechtmäßigen Besitzern – bevor der Kriegsverlauf ihnen wieder den Zugriff ermöglichen konnte.

Zu diesem Zweck wurden die Einzelbestandteile des Zimmers, sorgsam mit

»Unachtsames Verhalten der Truppe«: Ernstotto Graf zu Solms-Laubach (oben) und Georg Poensgen (unten) ließen das Bernsteinzimmer sichern und später abbauen

dicken Teppichstücken bedeckt, um sie gegen Transportschäden abzusichern, in Gardinenstoff gewickelt und schließlich in 27 Kisten verpackt – ein weiteres und nicht das letzte Mal. Für die langen und breiten Paneele hatten die Schreiner eigene Holzverschläge angefertigt. Zwischengelagert wurden die Beutestücke im Hauptquartier der 18. Armee in Schloss Gatschina, wo insgesamt 32 riesige Kisten und Verschläge, dazu an die 150 Sessel und Stühle auf den Abtransport warteten.

Am 12. Oktober trafen die angeforderten Lastwagen in Gatschina ein: Achtzehn Fahrzeuge der im Kunstraub bewährten »Transportstaffel Koch« mit der doppelten Anzahl an Fahrern. Immerhin waren 900 Kilometer auf schlecht ausgebauten und unsicheren Straßen zurückzulegen. Auch die Verladung der Kisten mit dem zerbrechlichen Inhalt nahm viel Zeit in Anspruch. Erst am Nachmittag des 13. Oktober waren die Behältnisse mit den Bernsteinschätzen auf zehn Lastkraftwagen verladen.

Für die übrigen acht Transporter waren noch weitere Kunstgegenstände aus dem Katharinenpalais, der Schlosskirche und der Schlosskapelle vorgesehen. Die Fuhre für Gauleiter Koch beschränkte sich bei weitem nicht nur auf die Wandvertäfelung. Als Dreingabe zum Bernsteinzimmer gingen noch ganze Wagenladungen voller Möbel, Gemälde, Skulpturen, Kronleuchter, Wandleuchter und Wandverkleidungen an seine Adresse, zur Zierde seiner Königsberger Trutzburg.

In den Mittagsstunden des 14. Oktober setzte sich der Konvoi der »Transportstaffel Koch« in Bewegung, allerdings nicht gerade mit Hochgeschwindigkeit. Bei schlechtem Wetter, unzulänglichen Straßenverhältnissen und einer Vielzahl von Kontrollen durch Militärposten kamen die 18 Fahrzeuge nur langsam voran. Wieder einmal wechselte die kostbare Tapete ihren Standort.

Erst am 30. Oktober 1941, nach mehr als vierzehntägiger Odyssee, rollten die Lastwagen auf dem Königsberger Schlosshof ein. Für Erich Koch war es wohl eine Stunde der Genugtuung, konnte er sich in dem neuen Inventar doch wie ein Zar im Kleinformat fühlen. Das heißt aber nicht, dass die mit ihm rivalisierenden Kunsträuber leer ausgingen. Die Arsenale aus den Zeiten der Zaren waren auch nach der Demontage des Bernsteinzimmers noch gut gefüllt. So fielen für alle Aspiranten Teile der Beute ab. Das Sonderkommando des Auswärtigen Amtes, das vor Ort mit einem Einsatzkommando »Hamburg« vertreten war, erhielt Zugriff auf die Bücherbestände der Schlösser. Zwischen Oktober 1941 und Januar 1942 transportierten Ribbentrops Männer 50 000 Bücher, zum Teil äußerst kostbare Bände aus vier Jahrhunderten, alte Gesetzestexte und Kartensammlungen in ihr Quartier in Siwerskaja südlich von Leningrad ab. Rittmeister Ernstotto Graf zu Solms-Laubach, vom Oberkommando

der Wehrmacht mit der Inventur des Inventars beauftragt, sorgte dafür, dass die verbliebenen Kunstschätze aus dem Katharinen- und Alexanderpalais in Puschkin sowie aus den Schlössern Pawlowsk, Gatschina und Peterhof zusammengekarrt wurden. Seine vorläufige Lagerstätte war das Kunstgutlager der Heeresgruppe Nord im Pagankin-Palast von Pleskau (Pskow), 300 Kilometer südwestlich von Leningrad.
Für das Katharinenpalais ist die Liste der gestohlenen Güter erhalten geblieben. Darauf befinden sich neben dem Bernsteinzimmer unter anderem Möbel- und Einrichtungsstücke aus den Privatgemächern Katharinas der Großen, mehr als 200 Schmuckgegenstände, darunter die berühmten Frühlingssträuße aus Goldfiligran und Edelsteinen, über 700, teils wertvoll eingefasste Ikonen aus drei Sammlungen und 45 Deckengemälde italienischer Meister. Schließlich ließ Solms, im Zivilberuf Direktor des Frankfurter Museums für Kunsthandwerk, auch noch die aus Edelmetall, Bergkristall und Edelsteinen gefertigten Kronleuchter und Lüster der Repräsentationsräume abmontieren und zusammen mit den Beständen von Meißner und französischem Porzellan abtransportieren.
Am Ende standen die Schlösser weitgehend leer und dienten als Kasernen oder Pferdeställe. »Im Kirchenraum waren Motorräder und Fahrräder abgestellt, im Durchgang zum Kommandeurszimmer parkte ein Auto«, berichtete Anna Michajlowna Alexandrowa, die während der deutschen Herrschaft in das Katharinenpalais kam, nach dem Krieg. »Auch die Zimmer von Elisabeth Alexejewna und Alexander I. im ersten Obergeschoss hatten Soldaten mit Beschlag belegt. Als ich von der Haupttreppe in das ›Weiße Speisezimmer‹ kam, sah ich die Bespannung von den Wänden hängen. Das Bernsteinzimmer war leer. Und die gesamte Wandverkleidung aus Bernstein war, offenbar von Spezialisten, sehr sorgfältig abmontiert worden; auf dem Fußboden lag nichts als Bernsteinstaub. Im Großen Saal hatten sie alle Bronzeverzierungen abgenommen. Die Spiegel waren teilweise abgeschlagen, die restlichen von Kugeln durchlöchert. Im Arabeskensaal und den Vorzimmern lagen Büsten mit abgeschlagenen Nasen, im Lyoner Saal waren der gelbe Seidenstoff und die Verblendungen abgerissen und alle Bronzeverzierungen demontiert, genauso wie die Türgriffe.«
Aber auch vor den Außenanlagen und Schlossparks machte die groß angelegte Plünderung nicht Halt. Schmiedeeiserne Torgitter wurden ebenso mitgenommen wie Kirchenglocken. Selbst Sonderwünsche spezieller Auftraggeber konnten befriedigt werden: So fand sich der bronzene Neptunbrunnen aus dem Schlossgarten von Peterhof, eine frühbarocke Nürnberger Handwerksarbeit aus dem 17. Jahrhundert, nach dem Krieg im Germanischen Nationalmuseum in Nürnberg wieder.

»Groß angelegte Plünderung«: Auch aus Schloss Peterhof wurden zahlreiche Kunstschätze geraubt

Als der eigentlich für Kunstraub zuständige »Einsatzstab Reichsleiter Rosenberg« im November 1941 die leer geräumten Schlösser in Augenschein nahm, war für die Truppe nicht mehr viel zu holen. Rosenbergs Abräumkommando, das auch beim Rennen um das Bernsteinzimmer den Kürzeren gezogen hatte, tröstete sich in seinem Bericht mit dem grimmigen Hinweis, dass es sich bei dem berühmten Getäfel »wohl weniger um ein Kunstwerk als um eine historische Merkwürdigkeit« handeln dürfte, die »durch das Auseinandernehmen an Wert stark eingebüßt hat«. Immerhin fielen für Rosenbergs Leute noch einige wertvolle Gemälde ab.

Auf ähnliche Weise wurden im gesamten Gebiet der Sowjetunion an die 500 Museen, über 2000 Kirchen, über 500 Synagogen, über 300 Hochschulen und 43 000 öffentliche Bibliotheken geplündert. Der Abtransport des Bernsteinzimmers war also Teil eines groß angelegten, weitgehend von der Wehrmacht abgewickelten Beutezugs, auch wenn er nach damaliger Lesart zur wundersamen Rettungsaktion hochstilisiert wurde.

An dieser Legende strickte 1942 auch der neue Zimmer-Verwalter, Königsbergs oberster Kunstsammler Alfred Rohde, in einem Artikel für die Kunstzeitschrift »Pantheon«: »Das letzte Kapitel in der wechselreichen Geschichte dieses preußischen Kulturdenkmals schrieb die harte Auseinandersetzung zwischen Deutschland und Russland im Jahre 1941. Als die deutschen Truppen in einem geradezu unvorstellbaren Siegessturm durch Litauen, Lettland und Estland geeilt waren, machten sie vor dem Festungsgürtel von Leningrad halt, um diese Stadt mit einem immer enger sich gestaltenden Einschließungsring zu umziehen. Dieser Ring rückte Zarskoje Sselo, das heutige Puschkin, in die vorderste Kampflinie. Das Schloss selbst war vorher schon durch eine schwere Fliegerbombe stark in Mitleidenschaft gezogen, der große Saal war vollkommen aufgerissen, Fensterscheiben, Fensterrahmen und Außentüren zerstört, so dass das Schloss neben den unvermeidlichen Kriegszerstörungen auch den Unbilden von Wind und Wetter ausgesetzt war. Zwei Offiziere, Hauptmann Dr. Poensgen und Rittmeister Dr. Graf zu Solms-Laubach, beide Kunsthistoriker in ihrem Zivilberuf, erkannten damals bei einer Besichtigung im Auftrage des Chefs der Heeresmuseen, dass das Bernsteinkabinett, wenn überhaupt, dann nur durch schnellen Abbau gerettet werden könne. Durch interessevollen Einsatz vieler militärischer Dienststellen konnte dieser Abbau durch einen Unteroffizier und sechs Mann einer Baukompanie innerhalb von 36 Stunden durchgeführt werden. So gelangte das Bernsteinkabinett aus Zarskoje Sselo nach Königsberg, wo es von der Verwaltung der Staatlichen Schlösser und Gärten (Direktor Dr. Gall) den Kunstsammlungen der Stadt Königsberg zur weiteren Betreuung übergeben wurde.«

Für den Autor des Artikels ging mit dem Präsent aus Leningrad ein lang gehegter Lebenstraum in Erfüllung. »Das Phantastischste, was aber je mit Hilfe der Inkrustationstechnik* geschaffen ist, einmalig und einzig in seiner Art, ist das Bernsteinzimmer Friedrichs I.«, geriet Alfred Rohde in dem Aufsatz sachkundig ins Schwärmen und fügte hinzu: »… dem wir heute, nachdem es aus Zarskoje Sselo bei Petersburg zurückgekehrt ist (…) wieder diese richtige alte Bezeichnung beilegen können.«

Und damit deutete der neue Zimmer-Hüter schon an, dass auch er die Überführung des kostbaren Gutes keineswegs als vorübergehende, treuhänderische Aufbewahrung für die Zeit des Krieges betrachtete, sondern als historisch gerechtfertigte Wiederaneignung. Mit dem von ihm verfochtenen, nationalistisch geprägten Besitzanspruch unterschlug der Verfasser der Eloge kurzerhand die Weiterentwicklung und Vollendung des Meisterwerks durch italienische und russische Rokoko-Künstler und übersprang schlicht über zweihundert Jahre

* Mosaikartiges Verfahren zur Verarbeitung des Bernsteins

der Geschichte des Bernsteinzimmers. »Zurückgekehrt in des Wortes bester und tiefster Bedeutung in seine Heimat, der eigentlichen und einzigen Fundstelle des Bernsteins, bildet nunmehr das Bernsteinzimmer Friedrichs I. neben dem Lovis-Corinth-Ehrensaal die bedeutendste Zierde dieser Sammlungen.«
Doch bis es so weit war, galt es, kummervolle Erkenntnisse und knifflige Aufbauarbeiten zu bewältigen. Am Anfang stand auch für den neuen Saalwächter eine aufwendige Bestandsaufnahme. Dank der sorgfältigen Vermerke auf dem Rücken der Paneele entschlüsselte der Bernsteinexperte, aus welchen Epochen einzelne Bestandteile jeweils stammten. Die Inventur offenbarte aber zugleich bedenkliche Lücken. Neben dem mit Perlmutteinlagen versehenen Intarsienparkett und dem Deckengemälde, die naturgemäß im Zarenschloss zurückgeblieben waren, fehlten einige wesentliche Bestandteile der wertvollen Wandverkleidung: Der Wandfries samt Ornamentverzierung, der im Katharinenpalais die Bernsteintafel zur Decke hin abschloss, befand sich ebenso wenig in den Kisten aus Puschkin wie Kerzenleuchter aus Silber und vergoldeter Bronze. Noch gravierender waren der Verlust zweier Türen sowie eines Florentiner Mosaiks – das auch erst Jahrzehnte später in der Hinterlassenschaft eines deutschen Soldaten wieder zum Vorschein kommen sollte.
An einen Einbau des Beuteguts im Schloss war also vorerst nicht zu denken. So wurden wenigstens einige Wandtafeln vorläufig in den Räumen der städtischen Bernsteinsammlung ausgestellt, was die örtliche »Königsberger Allgemeine Zeitung« unter dem Titel »Wände aus Bernstein im Schloß« am 13. November 1941 stolz vermeldete: »Wer heute den Raum, der schon bisher eine Fülle von Kostbarkeiten barg, betritt, kann eines gewaltigen Kunsterlebnisses gewiß sein. In der Höhe der Wände und zwei, drei Meter breit leuchten ihm da in mattgelbem, oft auch dunkelbraunem, bisweilen wachsartigem Tone große Wandbekleidungen, aus Bernstein gefügt, entgegen. Es handelt sich um acht Felder des berühmten 34 mal 36 Meter großen Bernsteinzimmers, das Peter der Große sich bei einem Besuch in Berlin von Friedrich Wilhelm I. schenken ließ.« An der Rechtmäßigkeit der Umquartierung ließ auch der Lokalreporter keinen Zweifel aufkommen: »Die Stücke wurden von deutschen Soldaten aus dem in der Kampfzone vor Leningrad liegenden Schloß, das die Sowjets verwüstet hatten, gerettet und durch den Direktor der Staatlichen Schlösser und Gärten, Dr. Gall, nach Königsberg übergeführt.«
Bis dies auch für die noch vermissten Einzelteile aus dem Zarenschloss galt, ging noch einige Zeit ins Land. Nach vergeblichen Bemühungen des Gauleiters um Kontaktaufnahme mit der Militärverwaltung in Puschkin bewirkte erst ein Schreiben Rohdes im Januar 1942, dass vor Ort verbliebene Flügeltüren ab-

»Mittelpunkt der Stadt«: Das Schloss war das kulturelle Zentrum Königsbergs

»Wir gingen oft ins Schloss«: Auch der so genannte Unfriedbau beherbergte zahlreiche Museumssammlungen

montiert wurden. Am 25. Januar trafen sie mit einem Lazarettzug aus Leningrad in Königsberg ein. Rohde konnte mit der wenn auch nicht ganz lückenlosen Wiederherstellung des Bernsteinzimmers beginnen. Reserviert für diesen Zweck war Raum 37 des Königsberger Schlosses, ein großer Saal im dritten Geschoss des Südflügels. Der neue Aufbewahrungsort befand sich in der Gemäldegalerie des Schlosses, direkt neben einem Saal zu Ehren des aus der Nähe von Königsberg stammenden Malers Lovis Corinth. Neben diesem hatte Rohde in der Galerie auch anderen bisweilen verfemten Malern wie Max Liebermann oder Paula Modersohn-Becker Asyl gewährt – mit Duldung des Hausherrn.

Doch nun stand der Kunstverwalter vor einem Problem, mit dem einst bereits seine Vorgänger zu kämpfen hatten: Die Maße der Einbauelemente stimmten nicht mit dem vorgesehenen Standort überein. Nur diesmal mit umgekehrten Vorzeichen: Der Raum im Königsberger Schloss war auch nach der Herausnahme einer Wand noch wesentlich kleiner und auch niedriger als der Saal im

»Wir konnten uns gar nicht satt sehen«: Das Bernsteinzimmer, wie es zwischen 1941 und 1944 im Königsberger Schloss aufgebaut war.

Katharinenpalais, sein Grundriss war überdies rechteckig, gegenüber dem quadratischen Ursprungsformat. So musste Rohde bei der Wiederherstellung nicht nur auf die vermissten Wandteile und Leuchter aus Puschkin verzichten, sondern mangels Wandfläche unter anderem auch auf sechs Sockelelemente und die vergoldeten Supraporten über den Türen. Ebenso fanden einige der 24 venezianischen Spiegel, mit denen Rastrelli die Wirkung des Saals einst kunstvoll vervielfacht hatte, keinen Platz mehr in Königsberg. Das fehlende venezianische Steinmosaik mit der allegorischen Darstellung des Tast- und Geruchssinns wurde durch einen Spiegel ersetzt. Was Rohde im neuen Domizil nicht unterbringen konnte, ließ er im Schlosskeller lagern.

Immerhin: Nach Monaten des Umbaus konnte Ende März 1942 das neue und verkleinerte Bernsteinzimmer der Öffentlichkeit präsentiert werden. Vitrinen mit erlesenen Exponaten aus der städtischen Bernsteinsammlung ergänzten die Ausstellung. Der Initiator des Umzugs war ganz in seinem Element, dem Bernstein, dem er einen großen Teil seines Berufslebens gewidmet hatte. Bevor

»An den ursprünglichen Eigentümer zurückgefallen«: Die NS-Propaganda strickte die Legende von der »Sicherstellung« des Bernsteinzimmers

Alfred Rohde seine Arbeit im Schloss antrat, galt sein erster Gang, nach Aussagen seiner damaligen Sekretärin, den Ausstellungsstücken. Am längsten soll er sich dabei im Bernsteinzimmer aufgehalten haben.

Für die Hausherren kam der »Heimholung« hoher Symbolwert zu: Das berühmte Schmuckstück preußischen Ursprungs war aus der russischen Fremde wieder in die angestammte Heimat zurückgekehrt, ausgerechnet in die einstige Festung des deutschen Kolonialisten-Ordens, das Krönungsschloss der preußischen Könige. Der dumpf-chauvinistische Unterton klang auch in den zahlreichen Pressberichten an, die sich der Gauleiter für die Eröffnungszeremonie bestellt hatte: »Die Bolschewisten hatten kein Interesse an der Erhaltung des Schlosses Zarskoje Selo und seiner Kunstschätze«, strickte etwa der Berichterstatter der »Berliner Volks-Zeitung« weiter an der beliebten Legende. »Hatten sie sich schon all die Jahre nicht sonderlich um diese Dinge gekümmert, so taten sie jetzt ein übriges: Sie legten ihr Geschützfeuer auf das Schloss. Aber das Bernsteinzimmer war von deutschen Soldaten in Sicherheit gebracht.« Selbst die Geschichte wurde im Sinne der verbreiteten Propaganda zurechtgebogen, um den deutschen Anspruch auf das Zimmer zu untermauern. So mühte sich der Autor herauszuarbeiten, dass das gute Stück anno dazumal »kaum auf rechtmäßige Weise« in russischen Besitz gelangt sei – mit einer eigenwilligen Darstellung von Zar Peters historischer Berlin-Visite: »Es ist weithin bekannt, dass jener Zarenbesuch kein reines Vergnügen für den Preußenkönig wurde. Nicht nur, dass sich das Gefolge benahm wie die Halbwilden – was es nicht klaute, zerstörte es –: Auch der Zar höchstpersönlich mutete seinem Gastgeber mancherlei zu, was nicht alltäglich war. Vor allem glaubte der Zar, alles mitnehmen zu können, was ihm in den Schlössern des Königs gefiel.«

Ähnliche Rechtfertigungsversuche für die willkürliche Aneignung des Bernsteinzimmers waren auch in Handzetteln und Museumsheften zu finden. Heinz Stendtke, der als Schüler das wiedererrichtete Gemach in seiner Geburtsstadt zu sehen bekam, erinnert sich noch genau an den Tenor der öffentlichen Vorführung: »Der Schlossführer hat erklärt, dass es der ausdrückliche Befehl von Adolf Hitler gewesen sei, das Bernsteinzimmer nach Königsberg zu überstellen. Es war ursprünglich davon die Rede, dass dieses Bernsteinzimmer nach Linz kommen sollte, wo Hitler ein großes Museum des ›Dritten Reichs‹ aufbauen wollte. Es habe aber sehr starke Kräfte, gerade in Preußen, gegeben, die das Bernsteinzimmer gerne nach Königsberg geholt hätten. Der Streit sei dann von Hitler in dem bereits erwähnten Sinne entschieden worden. Der Schlossführer hat dann auch erklärt, aus welchen Gründen das Zimmer jetzt in

»Einzigartige Farbaufnahmen«: Soldat Heinrich B. (mit Akkordeon), der die Ausstellung im Königsberger Schloss fotografierte, gelangen die beiden vorangegangenen Aufnahmen des Bernsteinzimmers.

Königsberg stünde. Er hat dabei nicht von einer Kriegsbeute gesprochen, sondern davon, dass das Bernsteinzimmer wieder an den ursprünglichen Eigentümer zurückgefallen sei, den preußischen König, der es seinerzeit verschenkt hatte. Weiter erklärte er, dass das Zimmer nie Eigentum der Sowjetunion hätte werden dürfen, da deren Gründer schließlich die Mörder der Zaren gewesen seien, die das Geschenk einst entgegengenommen hätten. Ein Mörder kann nicht das Vermögen des Ermordeten erben, so erklärte uns der Schlossführer, und in diesem Fall falle eben das Geschenk wieder an den Spender zurück.« So bastelte man sich mit viel Geschick eine Konstruktion zurecht, die den organisierten Raubzug bemäntelte.

Die Besucher interessierte solcherlei Apologetik ohnedies weniger als die Betrachtung des Bernsteinglanzes, dessen Zauber auch durch den Umzug nicht gebrochen war. »Es war ein Wunderwerk«, beschreibt Heinz Stendtke seinen ersten Eindruck. »Man kam aus dem Staunen eigentlich gar nicht heraus. Wir konnten uns gar nicht so sehr darauf konzentrieren, was der Schlossführer im Einzelnen sagte, weil wir einfach von der Pracht dieses Zimmers überwältigt waren.«

Viele der Schaulustigen empfanden einen ähnlichen Zauber. »Gold und Sonne – man dachte an gar nichts mehr anderes«, schwärmt die Königsbergerin Helga Bischoff noch heute, die als Schülerin das Zimmer zweimal zu Gesicht bekam. »Wir guckten und guckten und konnten uns gar nicht satt sehen. Es war ein Traum, einmalig schön: Es gab so verschiedene Farben, von weiß bis hell, von dunkel bis grün. Und das war alles so wunderbar zusammengesetzt. In honigfarbener Rundung war ein Motiv in etwas dunkleren Farbtönen eingefügt. Also, es war einmalig.«

Anders erging es jedoch Betrachtern, die das Original noch im Katharinenpalais gesehen hatten, wie Hauptmann Hans Hundsdörfer: »Auf meinem ersten Fronturlaub im Sommer 1942 kam ich in den Königsberger Schlosshof und las plötzlich: ›Das berühmte Bernsteinzimmer, von deutschen Soldaten gerettet, nunmehr zu besichtigen!‹ Dieses Wiedersehen wollte ich mir nicht entgehen lassen. Doch das ›gerettete‹ Bernsteinzimmer war nur noch eine kümmerliche Ruine der ganzen Herrlichkeit. Ich sah eigentlich überhaupt keine unversehrten Schnitzereien mehr und nicht eine dieser entzückenden, elfenbeingemalten Tafeln. Das große Kunstwerk war durch Unvernunft und Nachlässigkeit dem Krieg zum Opfer gefallen.«

Doch auch in der vom Krieg weitgehend verschonten Stadt blieb der Zimmerschmuck nicht lange sicher vor Einwirkungen von außen. 1943 initiierte Kochs Kontaktmann bei der 18. Armee, Generaloberst Georg von Küchler, eine Ausstellung im Schloss, die die deutsche Wehrmacht von ihrer glanzvollsten Seite zeigen sollte. Zur Eröffnung der Propagandaschau konnte Küchler sich zugleich vom Vollzug des unter seiner Patronage erfolgten Umzugs überzeugen: Die Schautafeln der Agitationsveranstaltung befanden sich ein Stockwerk unter dem neu installierten Bernsteinzimmer.

Im Lauf dieser Ausstellung kam es Ende Oktober 1943 in den Vorführräumen zu einem Brand aus ungeklärter Ursache. Sofort kam die Vermutung auf, Unbekannte, möglicherweise Partisanen oder Kriegsgefangene, hätten einen Brandanschlag, zumindest aber Sabotage verübt. Täter wurden jedoch nie aufgespürt, Beweise nie gefunden. Zeugen des Geschehens, wie der Leiter des Schlossbauamtes Hans Gerlach, gehen indes von einem elektrischen Kurzschluss aus, der den Brand verursacht hatte. Mit welcher Ursache auch immer, das Feuer verwüstete die Ausstellungsräume und zwang die Initiatoren zum Abbruch der Veranstaltung. Es blieb jedoch auf ein Stockwerk beschränkt. Das Allerheiligste eine Etage darüber wurde dank der im Schloss eingerichteten Brandwache von den Flammen verschont, nicht jedoch von Löschwasser und Rauch. Ein weißer Belag hatte sich auf die Bernsteinwände gelegt. Allerdings gelang es Alfred Schlegge, einem jungen Soldaten, der im Zivilberuf eine Lehre in der »Staatlichen Bernsteinmanufaktur« absolviert hatte, die Schäden restlos zu beseitigen. Noch war das Bernsteinzimmer unversehrt davongekommen. Der Brand war nach Aussage von Zeugen des Geschehens wie Hans Gerlach auch noch nicht der Hauptgrund, eine Demontage des Zimmers in Erwägung zu ziehen. Ausschlaggebend war vielmehr das veränderte Kriegsgeschehen.

»Er liebte das Schloss«: Hans Gerlach war für den baulichen Zustand des Königsberger Wahrzeichens zuständig

Vorboten des Untergangs

Spätestens seit der Katastrophe von Stalingrad Ende Januar 1943 war unübersehbar, dass der Feldzug gen Osten in einer Katastrophe enden würde. Kurz vor der Kapitulation der 6. Armee in der umlagerten Stadt gelang es der Roten Armee im Norden, den deutschen Belagerungsring um Leningrad an einer Stelle zu durchbrechen und das unbeschreibliche Elend der eingeschlossenen Bevölkerung zu lindern. Ein ganzes Jahr dauerte es dann noch, ehe es den Sowjets gelang, sie vollständig zu befreien und die deutschen Einheiten vor der Stadt zum Rückzug zu zwingen.
Ende Januar 1944 geriet der frühere Hort des Bernsteinzimmers ein weiteres Mal in das Kampfgeschehen. Bei ihrem Rückzug aus den Schlossanlagen von Puschkin ließen die deutschen Besatzer allerdings nicht mehr viel von der einstigen Pracht zurück. Spanische, lettische und deutsche Angehörige der Waffen SS steckten die leer geräumten, aber bis dahin noch wenig beschädigten Gebäude des Katharinen- und Alexanderpalais in Brand und sprengten den Mittelbau mit Minen und Bomben. »Ich habe mir das zerstörte Puschkin nach der Befreiung angesehen«, schildert der Restaurator Aleksandr Kedrinskij, »und kam auch zum Palast. Anstelle des Bernsteinzimmers sah ich nur einen Durchbruch zur ersten Etage. Es gab nur noch nackte, verrußte Ziegelwände. Darüber sah ich den Himmel. Sonst war nichts mehr übrig geblieben.« Das Zarenschloss Peterhof, einstmals als »russisches Versailles« gerühmt, wurde bis auf die Grundmauern niedergebrannt, die Parkanlage mit deutscher Gründlichkeit zerstört.
Auch der Hauptabschnitt der deutschen Ostfront brach in diesem Jahr auseinander. Am 22. Juni 1944, dem dritten Jahrestag des deutschen Überfalls, begann die Rote Armee ihre sorgfältig vorbereitete Großoffensive gegen die Heeresgruppe Mitte der Wehrmacht. Das Ausmaß übertraf noch das Debakel von Stalingrad. Auf einer Breite von 400 Kilometern durchbrachen acht sowjetische Heeresgruppen die Stellungen der Besatzungstruppen. 25 deutsche Divisionen wurden von dem Ansturm überrannt, eingekesselt und weitgehend aufgerieben. In nur einer Woche kamen 38 000 deutsche Soldaten ums Leben, 116 000 Mann gerieten in Gefangenschaft. Innerhalb eines Monats rückten die Sowjets über 400 Kilometer nach Westen vor. Mitte Juli standen sie bereits dicht vor der Grenze zu Ostpreußen und waren von Königsberg nur noch etwa 200 Kilometer entfernt. In Gestalt zurückflutender deutscher Kampfverbände und erster

»Nur noch nackte, verrußte Ziegelwände«: Das zerstörte Katharinenpalais nach der Rückeroberung durch die Rote Armee

»Der Damm war gebrochen«: Die Sommeroffensive der Roten Armee hat begonnen

Flüchtlingsfuhrwerke aus dem Baltikum bekamen die Bewohner der abgeschiedenen Ostseeprovinz zum ersten Mal seit dem Angriff den Krieg zu Gesicht. Bis dahin glich Ostpreußen einem Hort des Friedens. Kinder, Frauen und alte Menschen aus dem gesamten Reichsgebiet hatten in diesem idyllischen Landstrich Zuflucht vor dem Bombenhagel auf ihre Städte gesucht. Fernab aller Kampfhandlungen machte sich hier das Kriegsgeschehen in erster Linie durch Wochenschauberichte, Nachschubfahrzeuge und Todesanzeigen gefallener Soldaten bemerkbar.

Die Tage idyllischer Ruhe waren nun unverkennbar gezählt, doch die politische Führung unternahm keine Vorkehrungen zum Schutz der Bevölkerung. Stattdessen tat sich Gauleiter Koch als Schirmherr des bedrohten Reiches hervor. In seiner Funktion als »Reichsverteidigungskommissar« für Ostpreußen ersann er den Plan, einen Schutzwall zu errichten, der der »roten Flut« Einhalt gebieten sollte. Von seinem »Führer« ließ er sich Mitte Juli den Segen dafür geben und seine Untertanen dann zum Großeinsatz anrücken. Ein Massenaufgebot von

Jugendlichen, Alten, kriegsverschonten Männern, Frauen, Arbeitern, Angestellten, Beamten und Zwangsarbeitern, mit Schaufeln, Pferden und Wagen gerüstet, musste entlang der Ostgrenze ein System von Panzergräben anlegen. Auch Einmannbunker mit Deckel zum Schutz vor anrollenden Panzern, Koch-Töpfe genannt, zierten Kochs 1000 Kilometer langen Ostwall. Der Bau-Herr ging so rabiat vor, dass ihm auch Joseph Goebbels, der radikalste Durchhalteprophet und Beauftragte für den »totalen Kriegseinsatz«, seine Begeisterung nicht versagte. »Unterdes aber hat nun die Partei in unserer ostpreußischen Heimat die Dinge an sich gerissen«, diktierte Goebbels am 13. Juli 1944 ins Tagebuch. »Koch

»Der roten Flut Einhalt gebieten«: Frauen, Jugendliche und Alte müssen für Kochs »Ostwall« arbeiten

»Koch hat die Dinge an sich gerissen«: Der ostpreußische NSDAP-Gauleiter im Sommer 1944 auf Inspektionsfahrt

beginnt zu wirken. Er hat vom Führer den Auftrag bekommen, vor der Ostgrenze einen Wall zu bauen, und zwar in dreißig Kilometer Tiefe. Dieser Wall soll beschleunigt in Angriff genommen werden, und zwar mit ausländischen Arbeitern unter Aufsicht von Parteigenossen. Die Partei hat dafür alle Vollmacht erhalten. Daneben wird noch ein großes Grabensystem geplant mit etwa 250000 Einmannbunkern. Es wird in größtem Stil Fraueneinsatz durchgeführt, und zwar bis zu siebzig Jahren. Koch hat eine Erklärung abgegeben, dass er jeden Defaitisten an die Wand stellen werde. Im übrigen greift er alle Etappenschweine, die jetzt mit ihren Wagen und Weibern über die Grenze kommen wollen, auf und führt sie einer nutzbringenden Arbeit zu. Sollten die Sowjets uns noch einige Zeit lassen, so würde man mit diesen Methoden die Sache zum Stehen bringen können. Koch ist fest dazu entschlossen. Es ist nur bedauerlich, dass auch diese Maßnahme wieder so spät getroffen wird. Wenn man Koch vor einigen Monaten eine solche Aufgabe gegeben hätte, so brauchte man sich jetzt um die weitere Entwicklung keine allzu großen Sorgen zu machen.«

Bedroht war der Vorposten des Deutschen Reiches indes nicht nur durch die Bodentruppen der Sowjets, Gefahr lag auch in der Luft. Bislang hatte es einen Luftkrieg in Ostpreußen so gut wie nicht gegeben. Abgesehen von einigen wenigen russischen Angriffen Ende Juni 1941 auf Königsberg und Gumbinnen, die kaum Schaden anrichteten, war die Region vom Bombenkrieg vollkommen verschont geblieben. Die sowjetische Luftwaffe war zu sehr in das Kampfgeschehen verwickelt und verfügte nicht über die geeigneten Flugzeuge. Für die Briten und Amerikaner war die Anflugroute zu weit und gefahrenträchtig. Dank ihrer geografischen Lage wähnten sich die Königsberger ausreichend geschützt. »Wir haben immer geglaubt, wir sind weit weg«, erinnert sich Harry Eichstaedt, der dort aufgewachsen ist. »Wir dachten, es sei unmöglich, von England aus Flugzeuge nach Königsberg zu schicken, die dann auch wieder zurückfliegen können.«

Das änderte sich, als die alliierten Streitkräfte nach der Invasion auf dem europäischen Festland im Juni 1944 einen zunehmenden Teil des Kontinents unter ihre Kontrolle bekamen. Zugleich ermöglichte eine immer ausgereiftere Flugzeugtechnik den Bomberstaffeln immer weiter reichende Flüge. Auch das entlegene Ostpreußen war nun kein weißer Fleck mehr auf den Landkarten der alliierten Piloten. Eine Vorahnung vermittelten die sowjetischen Luftangriffe auf die Grenzstadt Tilsit Ende Juli, die verheerende Schäden anrichteten.

Die Bedrohung durch den näher rückenden Krieg brachte die Verantwortlichen im Königsberger Schloss zur Einsicht, die Gemälde, Kunstschätze und das Bernsteinzimmer vorsichtshalber in Sicherheit zu bringen. Im Frühjahr 1944, nur zwei Jahre nach der lauthals propagierten Eröffnung der Schatz-Kammer, ließ Alfred Rohde seine Handwerker anrücken. Wieder einmal wurde Holzplatte für Holzplatte von der Wand montiert, wurden Spiegel, Figürchen, Mosaike sorgsam zerlegt, eingewickelt und verpackt. Wieder einmal wurde die Pracht des Bernsteinzimmers in Kisten verbannt. Wieder einmal wurde ein Saal seiner Wandverkleidungen entledigt, der anschließend auffällig leer erschien.

Mit diesem Tag endet die Geschichte des Bernsteinzimmers, die vom Königs- über das Zaren- bis zum Stadtschloss führte. Und es beginnt die Odyssee von 24 Kisten, deren Inhalt von diesem Zeitpunkt an allenfalls noch Eingeweihte zu Gesicht bekamen.

Nach Abschluss der Verpackung ließ der Kunsthüter die Behältnisse in einem tiefer gelegenen Raum verstauen. Wo genau, auch darüber gehen die Zeugenberichte auseinander. Die meisten Aussagen verweisen auf eine Unterbringung innerhalb der Schlossmauern. Hans Gerlach, der Leiter des Schlossbauamtes, war sich im Rückblick sicher, dass gewölbte Räume im Erdgeschoss des östlichen Südflügels als Aufbewahrungsort dienten. Andere Beobachter, die sich zu jener Zeit am Ort des Geschehens aufhielten, sprechen von gewölbten Räumen im Nordflügel des Schlosses oder von Kellerräumen im Südflügel. Rohdes Sekretärin Lotte Krüger berichtete später, dass Rohde die Kisten in den tiefsten unterirdischen Gewölben des historischen Bauwerks untergebracht habe und dazu selbstbewusst verkündet habe: »Selbst die schwerste Bombe kann diese meterdicken Wände und Decken nicht durchschlagen.«

Es gibt aber auch Beteiligte, die der Ansicht sind, dass Teile des Bernsteinzimmers nach der Demontage nicht in den Gewölben, sondern außerhalb des Schlosses eingelagert wurden – so Ida Krüger, damals Schlossverwalterin: »Meiner Erinnerung nach sind einige Teile im Erdgeschoss des Südflügels untergestellt worden. Der vermutlich größere Teil ist, wie mir gegenüber auch der ehemalige Schlossoberinspektor Henkensiefken noch etwa 1971 oder 1972 erwähnt hat, in den Hochbunker im Botanischen Garten gebracht worden.«

Auch nach der Beobachtung des Königsbergers Harry Eichstaedt wurden zumindest Elemente des Bernsteinzimmers aus dem Gebäude abtransportiert. Der Sohn eines Feuerwehrmanns durfte Anfang Mai 1944 seinen Vater zum Schloss begleiten. Dort sah er zu, wie französische Kriegsgefangene Kisten aus den oberen Stockwerken zur Verladung vorbereiteten. Diese Kisten wurden

»Größere und kleinere Kisten auf dem Schlosshof«: Harry Eichstaedts Vater (ganz links) war beim Abbau des Bernsteinzimmers dabei

dann in einem Lagerhaus einer Speditionsfirma am Hafen untergestellt – offenbar zur Verschiffung. Nach dem Krieg habe ihm dann sein Vater eröffnet, dass er damals den Abtransport des Bernsteinzimmers miterlebt habe.

Nun ist es denkbar, dass Vater und Sohn sich in ihren Beobachtungen irrten, dass es sich bei dem Transportgut vielleicht um andere Kunstschätze, möglicherweise eine Bernsteinsammlung, gehandelt hatte. Möglich auch, dass die Lagerhäuser nur eine Zwischenstation auf dem Weg in vermeintlich sichere Depots in oder bei Königsberg waren. Nachweise existieren nicht mehr. Man kann jedenfalls unbestritten davon ausgehen, dass sich das Bernsteinzimmer nach dem Abbau mit hoher Wahrscheinlichkeit weiter im Schloss befand, allenfalls Teile davon in ein nahe gelegenes Depot ausgelagert wurden.

Doch auch diese Lagerstätte konnte angesichts des Kriegsgeschehens nur provisorisch bleiben. Eine Dienststelle des »Reichssicherheitshauptamtes«, der obersten Polizeibehörde, schaltete sich nun ein und schlug im Juli 1944 vor, alle Archivalien und Sammlungen der Stadt Königsberg nach Westen zu evakuieren. Der Apparat begann sich zu bewegen. In dieser Zeit feierte die Königsberger Albertina-Universität, an der schon der Philosoph Immanuel Kant gelehrt hatte, ihr vierhundertjähriges Bestehen. Aus diesem Anlass machten sich die Vertreter des zuständigen Ministeriums für Wissenschaft, Erziehung und Volksbildung Gedanken über Ausweichunterkünfte für die Hochschulen und ihre Einrichtungen. Da das Ministerium auch die vorgesetzte Behörde der Schlösser- und Gärtenverwaltung war, kam in diesem Zusammenhang auch die Verlagerung der Kunstschätze und Güter aus dem Königsberger Schloss zur Sprache. Ein Abgesandter der Schlösser- und Gärtenverwaltung brachte Ende Juli die Kunde nach Königsberg, dass im Westen ein Ersatzquartier für das Inventar, damit auch für das Bernsteinzimmer, gefunden sei: Die Schlossanlage Wilhelmshöhe in Kassel war als Asylort auserkoren. Die Odyssee des berühmten Getäfels konnte weitergehen.

Doch während die Umzugsvorbereitungen bereits in vollem Gange waren, bekam Gauleiter Erich Koch Wind davon und erst einmal einen Wutanfall. Dann ordnete er die sofortige Einstellung der Arbeiten an und verbot kategorisch den Abtransport »seiner« Arsenale. Der Reichsverteidigungskommissar hatte dafür ein zu jener Zeit zugkräftiges Argument zur Hand: die Beunruhigung der Bevölkerung. Würden die Bewohner Ostpreußens gewahr werden, dass ihre Führung bereits das »Tafelsilber« in sichere Gefilde zu retten versuche, wie sollte sie dann darauf vertrauen, dass der Gau dem »bolschewistischen Ansturm« standhalten werde? Denn Koch verkündete lieber »Endsieg«-Parolen, als dass er Zivilisten aus der kriegsgefährdeten Region in Sicherheit brachte.

Schließlich ließ er ja einen Schutzwall ziehen und allerorten Widerstandswillen proklamieren. Eine Bergung von Kunstgütern betrachtete er, so die ausgekochte Logik, gleichsam als »Wehrkraftzersetzung«.

Alfred Rohde, dem zuständigen Hüter des Bernsteinzimmers, schien diese Wendung gar nicht so ungelegen gewesen zu sein. Möglicherweise war er auch selbst nicht ganz unbeteiligt daran. Jedenfalls beruhigte er am 7. August den Direktor des Kaiser-Friedrich-Museums, als der sich besorgt nach der Sicherheit von Gemälden erkundigte, die sein Museum den Kollegen in Königsberg einst geliehen hatte: »Ich möchte empfehlen, sie hierzulassen, da sie hier sicherer als in Berlin liegen. Transporte möchte ich im Augenblick vermeiden und davon abraten, da mir erst kürzlich zwei Sendungen, eine nach Berlin und eine nach Dresden, durch Feindeinwirkung verlorengingen.« Umso mehr musste diese Ansicht des Kunstverwalters für sein hochwertigstes Stück, das Bernsteinzimmer, gelten. Statt es auf eine gefahrvolle Reise zu schicken, wollte Rohde seine Schatzkammer lieber unter eigener Aufsicht wissen, im vermeintlich sicheren Hort Königsberg. »So sieht die Luftsicherheit aus«, fügte der Kurator in seinem Schreiben hinzu, »die sicher besser ist als im Westen; zumal wir Terrorangriffe kaum zu erwarten haben und die russischen Luftangriffe sehr milde sind. Ich war letzte Woche einige Tage in der Gegend von Insterburg und habe das erleben können.«

Keine drei Wochen später wurde er eines Schlechteren belehrt. Der Krieg holte Ostpreußen schneller und verheerender ein als erwartet. Im Spätsommer 1944 wurde die Illusion von der friedlichen Idylle jäh zerstört. 167 britische Lancaster-Bomber drangen in der Nacht zum 27. August erstmals in den Luftraum Ostpreußens ein. Sie waren in England gestartet und hatten Königsberg, ohne aufzutanken, in einem zehnstündigen Flug auf direktem Weg über die Nord- und Ostsee angesteuert. »Die kamen aus heiterem Himmel«, berichtet Harry Eichstaedt, der damals bei einer Feuerwehreinheit der Hitlerjugend Dienst tat, »wir haben noch nicht mal Luftlagemeldungen mitbekommen. Die Flugzeuge waren auf einmal da.«

Mit verheerenden Folgen. An die 500 Tonnen Bomben, darunter neu entwickelte Brandstrahl- und Napalmbomben, gingen vorwiegend auf Wohngebiete der bis dahin so unversehrten Hauptstadt nieder. Komplette Straßenzüge versanken zu Ruinen, Stadtviertel brannten lichterloh. »Die ganze Innenstadt stand ja praktisch in Flammen«, erzählt Harry Eichstaedt, »nach dem ersten Angriff war es so gut wie unmöglich, in Richtung Schloss voranzukommen. Es war eine unheimliche Hitzeentwicklung. Die Leute versuchten zu löschen, aber es ging einfach nicht.« Tausende Bewohner wurden über Nacht obdachlos, Hunderte

»Der ganze Stadtkern brannte«: Königsberg nach den Bombenangriffen vom August 1944

kamen ums Leben. Der erste Einbruch des Krieges in die unversehrte Welt der Ostseeprovinz hatte die Stadt wie einen Hammerschlag getroffen.

Als die Überlebenden gerade darangingen, ihr Leben in den Trümmern wieder einzurichten, folgte in der Nacht zum 30. August ein zweiter, noch gravierenderer Angriff. Diesmal luden die Briten ihre Bombenlast gezielt auf die Altstadt. Luftminen, Spreng-, Brand- und Phosphorbomben verwüsteten den mittelalterlichen Stadtkern. Ein gewaltiger Feuersturm erfasste, was vom historischen Königsberg noch übrig geblieben war. Die lodernden Brände, die sich nicht eindämmen ließen, richteten größeren Schaden an als die Sprengwirkung der Bomben. »Man konnte gar nichts sehen vor Feuer und Qualm«, erinnert sich Kurt Blech, der nach einer Verwundung von der Front wieder in seine Heimatstadt zurückgekehrt war. »Der ganze Stadtkern brannte. Es war entsetzlich. Das Königsberg, wie ich es kannte und lieben gelernt hatte, davon ist praktisch nichts übrig geblieben.« Die Innenstadt war diesmal flächendeckend verwüstet. Die Hälfte der Gebäude war zerstört; Universität, Dom, Börse, Oper, Kirchen, Museen und Fachwerkspeicher waren niedergebrannt.

»Flächendeckende Verwüstung«: Die Königsberger Innenstadt war fast vollständig zerstört

Auch das Schloss, Wahrzeichen und Stolz der Stadt, war nach dieser Nacht nicht wiederzuerkennen. Die Flammen hatten in dem historischen Gemäuer, dessen Kern schon im 13. Jahrhundert errichtet wurde, heillos gewütet. Die einstige Ordensburg und Krönungsstätte bestand jetzt vorwiegend aus hohlen Fassaden und rauchenden Trümmern. »Das war ein richtiges Gerippe«, erinnert sich Helga Bischoff, die die Bombennacht im Zentrum der Stadt überlebte. »Es stand zwar noch der Turm, aber sonst überall nur Löcher. Das Schloss war eine richtige Ruine, eine dampfende Ruine.« War dies auch das vorzeitige Ende des Bernsteinzimmers? Hatte die Feuersbrunst auch die eingelagerten Bestandteile der Wandvertäfelung verzehrt? War mit dem Königsberger Schloss auch der wertvollste Kunstschatz in seinen Mauern untergegangen?

Ernst zu nehmende Erlebnisberichte legten diesen Schluss nahe. In Berlin lebt eine Augenzeugin, die in jener Zeit oft zu Gast im Schloss war. Elisabeth Amm besuchte die Gewerbeschule ihrer Heimatstadt und lernte dort Alfred Rohdes Tochter Lotti kennen. »Während des Unterrichts freundete ich mich mit der

»Nur noch Gerippe«: Ging mit dem Königsberger Schloss auch das Bernsteinzimmer unter?

Tochter von Dr. Rohde an«, erzählt sie heute. »Und da ich sehr weit entfernt wohnte, haben mich ihre Eltern, die ihre Wohnung in der Nähe unserer Schule hatten, öfter zum Mittagessen eingeladen. Und während dieser Mahlzeiten hatte mir Herr Rohde zum ersten Mal davon erzählt, dass Gauleiter Koch ihm das Bernsteinzimmer zur Unterbringung anvertraut habe. Da ich mich sehr für Bernstein interessiert habe, war ich hellauf begeistert. Er hat mir daraufhin angeboten, das Bernsteinzimmer im Südflügel des Königsberger Schlosses anzusehen, und diese Einladung auch in die Tat umgesetzt. Es fehlen mir eigentlich die Worte zu beschreiben, wie wunderschön dieses Bernsteinzimmer aussah. An einer Ecke des Zimmers sah man allerdings nur die graue Wand des Raumes. Auf meine Frage hin erklärte Rohde mir, dass eine Tafel während des Transportes aus Leningrad gestohlen worden sei.«

Nach der zweiten Brandnacht im August 1944, als die Bestandteile des Bernsteinzimmers längst wieder in Kisten verstaut waren, war Elisabeth Amm unterwegs in der Innenstadt, um nach dem Verbleib von Verwandten und

»Bernsteinzimmer bis auf 6 Sockelplatten unversehrt«: Obwohl zahlreiche Gebäudeteile des Schlosses zerstört waren, konnte das Kunstwerk gerettet werden

guten Bekannten zu sehen. Gegen Mittag kam sie auch in den Schlosshof und traf dort auf Alfred Rohde: »Im Verlauf unseres Gesprächs fragte ich: ›Na, Herr Doktor, was macht das Bernsteinzimmer?‹ Seine Antwort war nur: ›Alles ist hin.‹ Er war ganz aschfahl im Gesicht und meinte: ›Kommen Sie, ich zeige Ihnen, wo es jetzt verbrannt ist.‹ Gegenüber dem ›Blutgericht‹, einer Gaststätte innerhalb des Schlosses, führte er mich die schuttübersäten Stufen hinunter in ein Kellergewölbe. Dort sah ich eine honigähnliche Masse, die sich dort auf dem Fußboden befand. Verkohlte Holzstücke stachen heraus, wahrscheinlich von Stuhlbeinen oder Ähnlichem. Alles war verqualmt. Meine Augen waren ganz rot davon.«

Die ehemalige Schlossverwalterin Ida Krüger bestätigte Frau Amms Bericht. Zwei Kisten mit Bernsteinteilen, die man aus Platzmangel nicht im Keller, sondern neben ihrer Wohnungstür abgestellt habe, seien durch die ungeheure Hitze zerbrochen, ihr Inhalt wie Honig auf den Erdboden ausgelaufen. Ebenso ein Raub der Flammen wie die weiteren Kunstschätze aus den Zarenschlössern: »Bei den im Schloss eingelagerten Gütern handelte es sich um Möbel, Gemälde, Skulpturen, Kronleuchter und Wandleuchter sowie Wandverkleidungen«, berichtete Ida Krüger nach dem Krieg. »Bei dem Luftangriff am 29. August 1944 brannte das Schloss bis auf wenige Stellen vollständig aus. Dabei sind auch die genannten Einlagerungen aus der Sowjetunion restlos verbrannt. Ich habe bei der Begehung der ausgebrannten Ruine die völlig zerstörten Räume gesehen, in denen diese Einlagerungen sich befunden hatten. Es gab keine restaurierbaren Überreste mehr.« Galt dies auch für das bedeutendste Importgut aus Puschkin? Tatsächlich ist Bernstein bei Feuer hochgradig gefährdet. Seine Entflammbarkeit gab ihm sogar seinen Namen: »Brennen« hieß auf Mittelhochdeutsch »bernen« oder »börnen« und das Material im Mittelalter dementsprechend »Börnstein«. Der »Brennstein«, so also die ursprüngliche Bezeichnung, fängt leicht Feuer, doch bleibt nach dem Verbrennen keine »honigartige« Masse zurück, sondern ein schwarz-grüner Klumpen.

Wenn Bernstein sich allerdings nicht direkt entzündet, sondern stark erhitzt wird, spielt sich ein anderer chemischer Vorgang ab. Erhitzter Bernstein zersetzt sich ab einer Wärme von etwa 300 Grad in Kolophonium, Bernsteinöl und -säure. Möglicherweise war es dieses Phänomen, von dem die beiden Damen berichten. Mit Sicherheit jedoch war es nicht das Ende des gesamten Bernsteinzimmers, von dem sie nach der Bombennacht erfuhren. Wenn Rohde zu der Augenzeugin gesagt haben soll: »Alles ist hin«, dann war diese Aussage vermutlich gar nicht so sehr auf das ein- und teilweise wohl auch ausgelagerte Bernsteinzimmer bezogen. In mancher Hinsicht viel schmerzlicher war für den leidenschaftlichen Kunsthistoriker, dass fast das gesamte Ergebnis seiner lebenslangen Forschung – Aufzeichnungen, Manuskripte, Korrespondenz und Bücher – ein Raub der Flammen geworden war.

Nicht dagegen der Hauptbestand des Zarenzimmers. Nur drei Tage später schrieb der Kustos nämlich in einem Brief, mit dem er den Direktor des Berliner Kaiser-Friedrich-Museums über die Unversehrtheit von dessen Gemäldeleihgaben informierte: »... der Einfachheit halber bitte ich Sie, auch Herrn Direktor Dr. Schmidt, Berlin, Schlossmuseum, mitzuteilen, dass seine sämtlichen Leihgaben (Steinzeuge und Bernsteinobjekte) erhalten geblieben sind, ebenso Herrn Direktor Dr. Gall, dass das Bernsteinzimmer bis auf 6 Sockelplatten unversehrt geblieben ist. Sonst habe ich allerdings meinen ganzen Verwaltungsapparat, den wissenschaftlichen Betrieb und die Bibliothek verloren.« Damit ist zweifelsfrei überliefert: Der überwiegende Bestand des Bernsteinzimmers blieb während der Bombenangriffe unversehrt. Dies bestätigen auch andere Zeugen, die in jenen Tagen mit Alfred Rohde zu tun hatten, wie Hans Gerlach, Leiter des Schlossbauamtes oder der Königsberger Kunsthistoriker Gerhard Strauß. Mag also sein, dass sich die Beobachtungen der beiden Frauen lediglich auf die in dem Brief erwähnte Zerstörung der Sockelplatten bezogen. Das Bernsteinzimmer, jedenfalls seine Hauptbestandteile, hatte wenigstens diese Bedrohung noch einmal heil überstanden.

Evakuierungsgedanken

Dennoch bestand jetzt Handlungsbedarf. Wie lange würden die diesmal geretteten Kunstschätze noch verschont bleiben, wenn sich Bombenangriffe mehrten und das Kriegsgeschehen näher rückte? Der verheerende Feuersturm hatte eindringlich vor Augen geführt, wie zerbrechlich der trügerische Frieden in Ostpreußen in Wirklichkeit war. Im Oktober war es auch im Bodenkrieg mit der vorübergehenden Sommer-Ruhe vorbei. Mitte Oktober stieß die Rote Armee mit vielfach überlegenen Kräften von Osten frontal Richtung Königsberg vor. Artilleriekanonen und Kampfbomber eröffneten im Grenzgebiet zu Ostpreußen ein Trommelfeuer von bis dahin noch nicht erlebter Heftigkeit. Schon nach wenigen Tagen überquerten sowjetische Panzer den deutschen Grenzfluss Rominte und kämpften sich bis zur Ortschaft Nemmersdorf im Landkreis Gumbinnen vor. Dort richteten die Eroberer unter den vom Angriff vollkommen überraschten Bewohnern ein grauenvolles Massaker an. Von der deutschen Propaganda wurde die Bluttat anschließend noch ausgeschlachtet, um in der Bevölkerung den Mut der Verzweiflung zu schüren. Doch auch ohne diese Agitation des Schreckens machte sich in Ostpreußen Panik breit. Zum ersten Mal war der Krieg auf den Boden des Landes zurückgekehrt, von dem er einst ausgegangen war. Kochs Ostwall hatte den Angriff nicht aufhalten können. Seine hochtrabenden Kampfparolen erwiesen sich als hohle Phrasen.

Die einzige Antwort der deutschen Führung auf die gegnerische Herbstoffensive war die überstürzte Aufstellung von Einheiten des neu geschaffenen »Volkssturms«. Schlecht ausgebildete Halbwüchsige und alte Männer sollten sich den in jeder Hinsicht überlegenen Angreifern entgegenstellen, um, wie Hitler in seinem Aufruf verkündete, »nicht nur den Vernichtungswillen der Feinde zu brechen, sondern sie wieder zurückzuwerfen und so lange vom Reich abzuhalten, bis ein die Zukunft Deutschlands, seiner Verbündeten und damit Europas sichernder Friede gewährleistet ist«. Alle »waffenfähigen Männer im Alter von 16 bis 60 Jahren«, auch diejenigen, die bis dahin vom Wehrdienst befreit waren, sollten diesem Aufruf folgen.

Mit besonderem Eifer setzte Erich Koch in seinem Gau die Direktive um, meldete als erster Paladin Vollzug und legte sich sogleich den zusätzlichen Titel »Führer des ostpreußischen Volkssturms« zu, als würde ihm nun eine Privatarmee unterstehen. Die Rettung seiner Bevölkerung hatte für ihn hingegen geringere Priorität. Weiterhin stand jeder Versuch, Haus und Hof zu verlassen,

unter strenger Strafe, auch für Frauen, Kinder und alte Menschen. »Damals war alles noch auf den Endsieg programmiert, jedenfalls waren das die offiziellen Parolen der Partei«, beschreibt der damalige Kriegsberichterstatter Hanns Joachim Paris die Atmosphäre vor dem Sturm. »Wenn man die Zivilbevölkerung evakuiert hätte, wäre das als Beweis gewertet worden, dass man an diesen Endsieg schon nicht mehr glaubte. Und das wollte man auf alle Fälle verhindern.« Schon die Vorbereitung zur Flucht war ein strafwürdiges Vergehen. Selbst der Einspruch der Militärs, die Zivilisten im Kampfgebiet nicht brauchen konnten, verhallte ungehört. Der Gauleiter blieb unerbittlich. Er wollte sein Herrschaftsgebiet nicht verlieren und hoffte auf militärische Verstärkung aus dem Reich. Lediglich auf einem 30 Kilometer breiten Streifen hinter der Grenze ließ Koch jetzt eine Evakuierung zu. Den übrigen Menschen in Ostpreußen blieb zwar einstweilen eine Schonfrist, da der sowjetische Angriff ins Stocken geriet und deutsche Ortschaften wie Nemmersdorf wieder zurückerobert wurden; doch das erzwungene Verharren in ihrer Heimat sollte sich für die meisten bald bitter rächen.

»Von der Schulbank direkt in den Kampf«: Königsberger Hitlerjungen marschieren zu ihrer Vereidigung für den Volkssturm

»Bergung aus dem zukünftigen Kampfgebiet«: Kunstschätze aus Königsberg wurden zunächst in Depots wie die Burg Lochstädt evakuiert

Einer allerdings trat die Flucht aus Ostpreußen an – in aller Heimlichkeit: Ende November räumte Hitler sein militärisches Hauptquartier »Wolfsschanze« bei Rastenburg, keine 100 Kilometer von Königsberg entfernt, und richtete sich im Westen seines Reiches neu ein.

Auch die Bergung der erbeuteten Kunstgüter aus dem künftigen Kampfgebiet stand jetzt immer dringlicher an. Büchersammlungen, Archivalien, Kunstgüter sowie Bestände des Königsberger Prussia-Museums, darunter auch Bernstein-Exponate, transportierte die örtliche Feuerwehr auf die nahe gelegene Ordensburg Lochstädt. Beteiligte wie Wilhelm Stolzke, Oberleutnant der Feuerschutzpolizei, mutmaßten später, dass man während des insgesamt drei Tage dauernden Umzugsunternehmens auch Kisten mit Teilen des Bernsteinzimmers auf der Ladefläche transportiert hatte. Dafür gibt es jedoch wenig Anhaltspunkte.

Bei anderen Lagerstätten fragte Kunstwart Rohde vergeblich an. Alexander Fürst zu Dohna-Schlobitten verwies darauf, dass in seinem östlich von Elbing gelegenen Schloss Schlobitten bereits die Heeresgruppe Nord der Wehrmacht ein Kunstarsenal angelegt habe.

Im Herrenhaus Wildenhoff des Grafen Schwerin, südlich von Königsberg, hatte wiederum Reichsleiter Rosenberg die Keller bereits mit seinem Raubgut belegt. Auch die wertvolle Ikonensammlung, die Koch sich in der Ukraine angeeignet hatte, war mitsamt der ukrainischen Betreuerin schon in den Gutshof transferiert worden. Alfred Rohde erreichte aber dennoch, dort Gemälde aus seiner Ausstellung, darunter Werke von Lovis Corinth und Leihgaben des Kaiser-Friedrich-Museums, unterzubringen. Das Kunstlager, das aber mög-

»Ausreichender Schutz«: Mittelalterliche Gewölbe boten in Lochstädt gute Bedingungen für die Unterbringung von Kunstwerken

»Spezieller Kumpan von Koch«: Der sächsische NSDAP-Gauleiter Martin Mutschmann (Mitte) sagte Koch Hilfe bei der Unterbringung von Kunstschätzen zu

licherweise zuvor bereits wieder leer geräumt war, fiel später einem Brand des Anwesens zum Opfer.

Auch im Barockschloss der Grafen Lehndorf in Steinort hatte Rohde kein Glück. Dort hatten Ribbentrops Kunsträuber ihre Beute verstaut.

Später gerieten auch diese angefragten Auslagerungsstätten rund um Königsberg, besonders die Ordensburg Lochstädt, in das Visier der Bernsteinzimmersucher, wenn auch konkrete Anhaltspunkte fehlten. Bei den meisten dieser Burgen und Herrenhäuser wurden Grabungen vorgenommen, die jedoch ohne Ergebnis blieben. Eine andere Version besagte, dass die Kisten aus Königsberg hier nur vorübergehend eine Ruhestatt gefunden hatten.

Angesichts des großen Unterbringungsbedarfs waren die Arsenale im näheren Umkreis jedenfalls nur begrenzt verfügbar. Unter dem Eindruck der sowjetischen Herbstoffensive begannen die Verantwortlichen jetzt auch nach weiter entfernten Quartieren Ausschau zu halten. Selbst dem Provinzfürsten Koch schien die Rettung seiner Reichtümer in frontferne Gefilde inzwischen wichtiger als ihre Bewahrung unter den eigenen Fittichen. Der Durchhalteprediger, der seinem Volk jedes Zurückweichen unter Strafe verbot, ließ für sich selbst insgeheim schon Pläne für ein Ausweichquartier in Thüringen entwerfen. Mitteldeutschland, das mit Bergen, Höhlen und Stollen reich gesegnete Herzstück des Reiches, galt angesichts des alliierten Vormarsches an allen Fronten als relativ sicherer Hort. Dort konnte Koch auch auf freundschaftliche Unterstützung zählen.

Der Gauleiter von Sachsen, Martin Mutschmann, sagte seinem politischen Weggefährten in der Tat Hilfe bei der Aufbewahrung der Früchte seiner Herrschaft zu. Ende November entsandte Koch den Leiter des ostpreußischen Provinzialdenkmalamtes, Landesbaurat Hellmuth Friesen, nach Dresden. Im zuständigen sächsischen Ministerium für Volksbildung sprach dieser bei einem Regierungsdirektor namens Graefe vor, der das Bittgesuch protokollierte: »Im Auftrag von Gauleiter Koch-Königsberg kam Herr Landesbaurat Friesen zu Herrn Reichsstatthalter und verhandelte in Anwesenheit des Reichsstatthalters mit mir (ein entsprechender Brief von Gauleiter Koch ist unterwegs). Es handelt sich um die Unterbringung unersetzlicher Kunstschätze von hohem Denkmalwert aus der Provinz Ostpreußen (zum Beispiel das berühmte Bernsteinzimmer, Geschenk Friedrich des Großen an Zaren Peter III, das bei dem Terrorangriff auf Königsberg mitgerettet werden konnte …«

Abgesehen davon, dass der Ministerialbeamte bei seinem historischen Streifzug einige Herrscher durcheinander brachte, ist dieses Schriftstück ein klares Indiz, dass Ende 1944 eine Evakuierung des Bernsteinzimmers nach Mitteldeutschland offiziell zumindest erwogen wurde. Bei den angefragten Gütern handele es sich ferner, wie der Protokollant fortfuhr, »um wertvolle Gemälde, Plastiken und anderes mittelalterliches Kulturgut, schließlich um unersetzliche Archivalien, Bücher und Ausstattungsstücke. Insgesamt wird ein Bergungsraum von etwa 300 m² benötigt. Ich habe Herrn Landesbaurat Friesen darauf hingewiesen, daß durch die außergewöhnliche Inanspruchnahme des sächsischen Raumes naturgemäß Raum nur in geringem Maße zur Verfügung steht. Es kann sich also bei der Unterbringung in Sachsen nur um die wirklich unersetzlichen Kulturgüter handeln.«

Trotz vorsichtiger Zurückhaltung unterbreitete der sächsische Ministerialbeamte dem ostpreußischen Besucher Vorschläge, wo die genannten Güter, allerdings auf mehrere Depots verteilt, in Sachsen noch Platz finden könnten. So nannte Graefe die Sachsenburg im Kreis Hainichen, in deren Kapelle noch etwa 100 Quadratmeter verfügbar seien, die Burg Kriebstein im Kreis Döbeln und das Herrenhaus Großgrabe im Kreis Kamenz mit jeweils etwa 70 Quadratmeter Lagerfläche und gegebenenfalls auch das Schloss Wechselburg im Kreis Rochlitz. Er wollte aber noch keine verbindliche Zusage geben. Kochs Abgesandter Friesen kündigte jedoch sogleich einen Inspektionsbesuch in den genannten Lagerstätten für die kommende Woche an, war er sich doch der Rückendeckung der beiden Gauleiter in dieser Frage sicher. Tatsächlich billigte Sachsens NSDAP-Chef Mutschmann ohne Einwände die Vorschläge aus seinem Ministerium und fügte der Liste sogar noch weitere Ausweichmöglichkeiten hinzu: die Albrechtsburg in Meißen und die Augustusburg bei Chemnitz. All diese Herrschaftssitze erinnerten zu der Zeit bereits an Museumsarsenale. Bestände unterschiedlicher Herkunft füllten die Gewölbe.

Die eingehende Prüfung der verschiedenen Lagermöglichkeiten in Sachsen vor Ort übernahm diesmal der Direktor der Königsberger Kunstsammlungen persönlich. »Direktor Dr. Rohde aus Königsberg trifft als mein Vertreter am 4. Dezember früh in Dresden ein zwecks verabredeter Besichtigung der Bergungsstätte«, telegrafierte Landesbaurat Friesen an das zuständige Dresdner Ministerium. Pünktlich erschien Rohde in dem Regierungsgebäude, um genauere Angaben zu den erwogenen Lagerstätten einzuholen. Tatsächlich erwiesen sich bei näherer Betrachtung manche der Horte als ungeeignet. In der Sachsenburg hatte sich im letzten Kriegsjahr in aller Stille eine Forschungsstelle der Wehrmacht einquartiert, die mit der Entwicklung biologischer Kampfmittel experimentierte. Dies geschah unter so rigider Geheimhaltung, dass selbst in das Ministerium keine Kunde gedrungen war. Die von Mutschmann vorgeschlagene Albrechtsburg wiederum war in ihren trockenen Kellerräumen

»Zugunsten der Städtischen Kunstsammlungen Königsberg beschlagnahmt«: Die Schlosskirche (links) und der Rittersaal (rechts) der Wechselburg

bereits derart von hochwertigen Kunstschätzen wie der Sixtinischen Madonna aus der Dresdner Gemäldegalerie in Beschlag genommen, dass kein weiteres Asyl gewährt werden konnte. Ähnlich das Herrenhaus Großgrabe.

So nahm Rohde zunächst die Wechselburg bei Rochlitz in Augenschein, zu der auch eine sehenswerte romanische Klosterkirche aus dem 12. Jahrhundert gehörte. Doch der fachkundige Besucher hatte nicht die kulturhistorische, sondern vielmehr die lagertechnische Bedeutung des Bauwerks im Blick. In dieser Hinsicht wurde er allerdings auf Anhieb fündig. Jedenfalls äußerte Rohde laut Aktenvermerk anschließend den Wunsch, »in der Schloßkirche den freien Raum und [im Schloss] den großen Saal im ersten Obergeschoss sowie etwa fünf bis sechs Räume zu erhalten. Die an letzter Stelle genannten Räume seien allerdings zur Zeit noch von Evakuierten in Anspruch genommen, die jedoch aller Wahrscheinlichkeit nach in nächster Zeit Wechselburg wieder verlassen werden.«

Rohdes Besuch blieb nicht ohne Folgen. Am 11. Dezember erteilte das Ministerium dem zuständigen Landesdenkmalamt den Auftrag, die Beschlagnahmung der von Rohde genannten Räume »zugunsten der Städtischen Kunstsammlungen Königsberg« beim Landrat zu erwirken. Die Burg des Grafen Glauchau-Schönberg sollte in den Planspielen zur Ausquartierung des Bernsteinzimmers später tatsächlich noch Bedeutung erlangen.

»Einstellung von Sammlungsgut größeren Ausmaßes«: Die Burg Kriebstein im Zschopautal war als Auslagerungsort für Kunstgüter aus Königsberg vorgesehen

Rechts: Der Torbau der Burg

Von hier aus begab Rohde sich zur nahe gelegenen Burg Kriebstein. Die spätmittelalterliche Anlage aus dem 13. und 14. Jahrhundert, die auf einem steilen Felsen über dem Tal der Zschopau thront, erweckte schon von außen einen stattlichen Eindruck. Auch was der Inspizient, der den Bau schon vor Jahren während der Recherchen für seine Doktorarbeit besucht hatte, innerhalb der Burgmauern zu Gesicht bekam, wirkte durchaus imposant, zumal er hier eine Vorzugsbehandlung erfuhr. Die besten und beheizbaren Räume waren für seine Lieferung gewissermaßen bereits reserviert. »In der Burg Kriebstein«, heißt es im ministeriellen Vermerk, »können den Städtischen Kunstsammlungen Königsberg diejenigen vier Räume im Torbau der Burg zur Verfügung gestellt werden, die kürzlich von den Staatlichen Sammlungen für Kunst und Wissenschaft in Dresden wieder leergestellt worden sind. Darüber hinaus wäre es Herrn Dr. Rohde sehr erwünscht, wenn er für die Einstellung von Sammlungsgut größeren Ausmaßes den Rittersaal zugewiesen erhalten könnte, dessen Leerstellung durch den Schloßbesitzer nicht erforderlich sei. Herr Dr. Rohde bittet die Landesregierung, seinen Wunsch bei dem Besitzer der Burg Kriebstein zu befürworten.«
Welche weiteren Gemäuer der Besucher einer Prüfung unterzog, ist in den Akten nicht überliefert, vermutlich stattete er noch der Augustusburg, möglicherweise auch Schloss Hartenstein eine Visite ab. Die viertägige Dienstreise hatte jeden-

falls ihren Zweck erfüllt. Rohde hatte geeignete Ausweichquartiere in Sachsen aufgetan und konnte zufrieden den Heimweg antreten. »Herr Dr. Rohde«, heißt es in den Akten, »ist am 8. Dezember wieder nach Königsberg zurückgefahren, um den Versand des Bergungsgutes zu veranlassen.«

Und das tat der Museumsdirektor ganz offensichtlich. Rohde leitete die ihm anvertrauten Kunstgüter bereitwillig nach Westen weiter. Nicht einmal zwei Wochen nach seiner Rückkehr erhielt die Burgverwaltung Kriebstein eine Mitteilung der Reichsbahn, dass zwei Eisenbahnwaggons aus Königsberg in das entlegene Zschopau-Tal unterwegs seien. Die Staatskanzlei des Gauleiters Mutschmann erteilte auf Anfrage der Burgverwaltung am 22. Dezember 1944 grünes Licht: »Auf Antrag des Gauleiters Koch/Königsberg genehmige ich, daß dem Provinzialdenkmalsamt Königsberg bzw. dem Direktor der Städtischen Kunstsammlungen in Königsberg zur bergungsweisen Unterbringung wertvollen Kunst- und Kulturgutes diejenigen Räume im ersten und zweiten Obergeschoß des Torbaues zur Verfügung gestellt werden, die die Staatlichen Sammlungen für Kunst und Wissenschaft in Dresden bisher innegehabt haben. Weiter bestehen keine Bedenken dagegen, daß den Königsberger Museen außer den vorgenannten Räumen der große Rittersaal überlassen wird.«

Tatsächlich erreichten die Eisenbahnwaggons noch vor dem Weihnachtsfest ihren Bestimmungsort. Es traf sich gut, dass die Gleise dank einer Fabrik für Flugzeugteile im Tal beinahe bis an die Burg reichten. Lediglich den mit 25 Prozent ansteigenden Auffahrtsweg mussten Pferdegespanne des burgeigenen Rittergutes noch überwinden. Dann wurden die Kisten aus Königsberg im Rittersaal und in weiteren Räumen untergebracht.

Nach dem Ende des Krieges, den die Burg kampflos überstand, wurde dieses Lagergut, geraubte sowjetische Kulturgüter, unbeschädigt geborgen. Von Bernstein war weit und breit nicht einmal Staub zu entdecken. Das gleiche Bild ergab sich trotz intensiver Nachforschungen auch an anderen Lagerstätten in Sachsen, die seinerzeit in Betracht gezogen worden waren.

Für Rohde stand das Bernsteinzimmer, anders als nach der zitierten Protokollnotiz aus dem Dresdner Ministerium zu erwarten, offenbar nicht ganz oben auf seiner Evakuierungsliste, obwohl ein Begleiter seiner Exkursion nach Sachsen noch notiert hatte, dass er unverzüglich nach seiner Rückkehr mit dem Umzug »des Bernsteinzimmers und der anderen unersetzlichen Kunstschätze« beginnen wolle.

Dabei war der Königsberger Kunstbeauftragte in dieser vorweihnachtlichen Zeit fleißig mit dem Packen beschäftigt. Zunächst begann er damit, einen Teil des Koch'schen Beuteguts aus der Ukraine und anderen Sowjetrepubliken in die vorgesehenen Herbergen zu überführen, darunter, wie Rohde in seinem Rechenschaftsbericht für vorgesetzte Dienststellen selbst vermerkte, die »bedeutendste Ikonensammlung der Welt«. »Im Dezember 1944«, so sein Bericht weiter, »gingen die Gemälde und Ikonen in Kisten nach Schloß Wildenhoff, dem Gut des Grafen von Schwerin bei Zinten, 50 km von Königsberg, ab. Schätze von Minsk sowie Gemälde und Bernsteinsammlungen und andere Kostbarkeiten, die mir aus Rußland übergeben wurden, ließ ich auf Anweisung der Schlösser-Verwaltung in Berlin verpacken und in ostpreußischen und sächsischen Gütern in Sicherheit bringen.« Zusätzlich übernahm Rohde die Obhut über Kunstgegenstände, die die Gestapo im Umfeld der Verschwörer des 20. Juli 1944 beschlagnahmt hatte.

Auch um ihn herum war die Evakuierung der kulturell wertvollen Bestände aus Königsberg angesichts der unmittelbaren Kriegsbedrohung nunmehr in vollem Gange. So fanden Teilbestände des Prussia-Museums, das ebenfalls im Schloss beheimatet war, eine neue Heimat im thüringischen Schloss Molsdorf und im mecklenburgischen Schloss Demmin. Das Königsberger Staatsarchiv wurde in Teilen auf die Falkenburg bei Nordhausen im Südharz ausgelagert. Auch die gerade vierhundert Jahre alt gewordene Albertina-Universität fand eine sichere Unterbringung für ihre kostbaren Bernsteinsammlungen, zu der die Inclusensammlung und der Schwarzorter Bernsteinschatz gehörten. Dank guter Beziehungen zur Georg-August-Universität in Göttingen fand sich in deren bombensicherer Lagerstätte noch Stauraum für eine Lieferung aus Königsberg: im Kalibergwerk Wittekind in der Nähe des niedersächsischen Ortes Volpriehausen, das außerdem noch die Bestände des Preußischen Staatsarchivs Königsbergs und einiger ostpreußischer Regierungsstellen aufnahm. Die Kalistollen sollten später bei der Suche nach dem Bernsteinzimmer noch einmal Bedeutung erlangen.

Auch die Wehrmacht blieb nicht untätig. Der Kunstbeauftragte Rittmeister Ernstotto Graf zu Solms-Laubach, der schon den Umzug des Bernsteinzimmers von Puschkin nach Königsberg organisiert hatte, eskortierte persönlich mehrere Transporte mit Raubgut, das, wie erwähnt, im Schloss des Fürsten Dohna-Schlobitten zwischengelagert war, in den Westen. Selbst Kunstfreund Göring fand in all den Kriegswirren noch Gelegenheit, sich um das Schicksal jenes Beuteguts zu kümmern, das seine Kunstbeauftragten in seinem Jagdschloss an der deutschen Ostgrenze gehortet hatten. Der Reichsmarschall ließ für diesen Zweck eine Einheit der nach seinem Namen benannten Fallschirmjägerdivision anrücken, die den ostpreußischen Landsitz in der Rominter Heide angesichts der nahenden Front leer räumte und nach Thüringen schaffte.

Am Ernst der Lage, an der Notwendigkeit, schützenswerte Güter in sichere Obhut zu bringen, bestand also zu dieser Zeit in Königsberg kaum noch ein Zweifel. Die bevorstehende Offensive der Roten Armee, der Zusammenbruch ganzer Heeresgruppen der Wehrmacht, der allgegenwärtige Vormarsch der Alliierten und die Ausweitung des Bombenkriegs ließen selbst Optimisten keine große Hoffnung mehr auf eine unbeeinträchtigte Bewahrung gefährdeter Kostbarkeiten.

Warum gehörte dann ganz offenkundig ausgerechnet der hochwertigste Kunstschatz der Stadt nicht zu den ersten Gütern, die aus der Gefahrenzone in den Westen verfrachtet wurden? Auch in dieser Frage nötigt die spärliche Dokumentenlage zum Ausweichen auf das unbefestigte Terrain der Mutmaßungen. Dass Alfred Rohde sich zu sehr mit anderen Aufträgen eingedeckt fühlte, um auch noch das Bernsteinzimmer zu versenden, erscheint wenig plausibel. Denn wenn er von der Erfordernis einer raschen Evakuierung wirklich überzeugt gewesen wäre, hätte er seinem teuersten Stück sicher Priorität eingeräumt. Aus demselben Grund ist nicht anzunehmen, dass der aufwendige Transport an den logistischen Möglichkeiten scheiterte.

Bleibt also die vorsichtige Annahme, dass es Kunstwart Rohde und wohl auch Gauleiter Koch gar nicht so sehr auf einen überstürzten Abtransport des Bernsteinzimmers abgesehen hatten. Für beide hätte dies bedeutet, den einzigartigen Kunstschatz in fremde Verfügungsgewalt übergeben zu müssen – für Koch der Verlust eines Statussymbols, für Rohde der Abschied von einer Lebensaufgabe. »Ich werde mit dem Bernsteinzimmer sterben«, soll er Mitarbeitern gegenüber schon vor der Bombardierung Königsbergs erklärt haben. Vermutlich war der Kurator in der Tat von der Überzeugung geleitet, wie er in jener Zeit zahlreichen Gesprächspartnern versicherte, das Bernsteinzimmer bombensicher verwahrt zu haben. Demgegenüber schien ihm ein Transport erheblich gefahrenträchtiger, wie er in dem zitierten Schreiben vom August 1944 auch explizit erwähnte. Den Luftraum über weiten Teilen Deutschlands beherrschten inzwischen weitgehend unbeschränkt die alliierten Geschwader. Bombenangriffe und Tieffliegerangriffe gestalteten jeden Transport auf Straßen oder Schienen daher zum unkalkulierbaren Risiko. Vielleicht hoffte Rohde, gerade in einer Phase des militärischen Innehaltens im Osten, dass der Kriegsverlauf noch einmal eine Wende nehmen würde. In diesem Fall hätte er aber bei einem Abtransport das Wunderwerk aus Bernstein unwiederbringlich verloren.

Sohn Wolfgang Rohde, der seinen Vater in dieser Zeit noch einmal kurz sprechen konnte, bestätigt diese Annahme: »Ich habe den Eindruck, dass mein

Vater es nicht sehr eilig gehabt hat, die Kunstschätze irgendwie anderweitig unterzubringen, weil er doch der Meinung war, dass er sie in den Kellern des Schlosses am sichersten aufbewahrt hatte, während sie schon bei einem Transport an andere Stellen der Stadt zusätzlichen Risiken ausgesetzt wären und ein Transport in andere Gegenden Deutschlands risikolos gar nicht mehr zu bewältigen war. Zumindest hat er versucht, die Auslagerung der Teile zu verzögern, um sie vor den Wirren des Krieges zu bewahren.« So könnte der noch ausstehende »Führerbescheid« auch ein durchaus willkommener Vorwand gewesen sein, angesichts immer deutlicher vernehmbarer Aufforderungen zum Abtransport. Denn Rohdes vorgesetzte Dienststelle, die preußische Verwaltung der Schlösser und Gärten, fragte nun immer drängender nach, ob das Bernsteinzimmer auch tatsächlich noch ausreichend sicher untergebracht sei.

Zum Jahreswechsel erinnerte Martin Bormann, Hitlers rechte Hand, in einem Rundschreiben an SS-Chef Himmler und an alle Gauleiter noch einmal ausdrücklich daran, dass Kunstschätze »unter Führervorbehalt« nach wie vor nicht der Verfügungsgewalt niederrangiger Chargen unterlägen. Auch Hitlers Reichskanzlei habe nach Angaben des Kaliningrader Autors Jurij Iwanow den Abtransport dreimal schriftlich angemahnt. Rohde habe sie jedoch mit dem Hinweis auf noch notwendige Restaurierungsarbeiten und das Transportrisiko hingehalten. Doch dieser Briefwechsel ist nirgends belegt und daher als Quelle zweifelhaft.

Am 11. Januar machte auch Alfred Rosenberg der ostpreußischen Festungsstadt seine Aufwartung. Der Ostminister, dem nach wie vor die Kunstraubkoordination oblag, wird sich bei dieser Gelegenheit gewiss auch eingehend nach dem Stand der Verpackungs- und Verschickungsbemühungen erkundigt haben.

Auf Dauer vermochte Alfred Rohde sich, zumindest nach außen hin, all diesen Aufforderungen wohl nicht zu entziehen. Jedenfalls schien er sich nach Augenzeugenberichten Anfang Januar endgültig daranzumachen, das Bernsteinzimmer für den Abtransport herzurichten. Mit der Koordination der Verpackungsarbeiten betraute er zwei Angestellte des inzwischen leer geräumten Prussia-Museums; einen Schlosser namens Weiß und einen Tischler namens Mann. Unter ihrer Aufsicht wickelten – der Erinnerung von Beobachtern nach – acht bis zehn Mann die Bernsteintafeln in Steppdecken und Bettzeug ein und verstauten sie wieder in den Kisten. In einem Brief an das Städtische Kulturamt Königsbergs, der lediglich in der Rückübersetzung einer russischen Abschrift überliefert ist, teilte Rohde am 12. Januar 1945 mit: »Ich verpacke zur Zeit das Bernsteinzimmer in Kisten und Verschläge. Sobald diese bepackt sind, müssen die Platten auf Anweisung des Provinzialdenkmalamtes nach Sachsen verschickt werden. D. h. nach Wechselburg bei Rochlitz.« Für diese Zeit existieren also die letzten schriftlichen Belege für die Präsenz des Bernsteinzimmer in Königsberg unter den Fittichen seines Verwalters.

In jenen Tagen fand auch dessen Sohn, Wolfgang Rohde, der als Offiziersbewerber bei der Marine im Einsatz war, nach langer Zeit wieder die Gelegenheit zu einem Kurzbesuch in seiner Heimatstadt. Es sollte sein letzter Aufenthalt werden – und überdies die letzte Begegnung mit dem Vater. »Ich bin am 13. Januar 1945 mit ihm zusammen in den Schlosshof gegangen«, erzählt er heute, »vom Schloss waren noch Ruinen übrig, andere Teile waren nur noch Trümmerberge. Mein Vater erklärte, dass durch den Brand zwar sein Büro völlig zerstört sei ebenso wie die Bibliothek, die er aufgebaut hatte, was ein großer Verlust für ihn war. Er wies aber auch darauf hin, dass die wertvollen Kunstgegenstände und auch das Bernsteinzimmer unversehrt geblieben sein dürften. Sie seien rechtzeitig in bombensicheren Kellergewölben des Schlosses untergebracht worden, die auch in den Bombennächten heil geblieben seien. Er käme nur nicht an all diese Kunstgegenstände heran, da die Zugänge zu den Kellern immer noch verschüttet seien und erst freigelegt werden müssten. Auf jeden Fall habe ich aus dem Gespräch die klare Erinnerung behalten, dass sich das Bernsteinzimmer zu dieser Zeit noch im Königsberger Schloss befand.«

Der mit Rohde vertraute Kunsthistoriker Gerhard Strauß, ein Mitarbeiter des Königsberger Provinzialdenkmalamtes, wiederum hatte in einer früheren Zeugenaussage berichtet, dass am 15. Januar, als er den Schlosshof betrat, die Verpackungsarbeiten gerade abgeschlossen gewesen seien. Der Direktor vermochte seinem Besucher allerdings keinen konkreten Zielort zu nennen, vielleicht fehlte ihm nun noch das offizielle Einverständnis der vorgesetzten Behörden. Im Gespräch deutete Rohde an, dass er eigenmächtig keinen Aufbruchsbefehl erteilen könne.

Trotz aller Widersprüche in den Zeugenaussagen, die sich mit dem langen zeitlichen Abstand, mit Verwechslungen und sicher auch mit gewissen Geheimhaltungsmaßnahmen in jenen Tagen erklären lassen, ist davon auszugehen, dass sich das Bernsteinzimmer noch Mitte Januar 1945 in Königsberg unter der Obhut von Alfred Rohde befand. Bis zu diesem Zeitpunkt existieren zumindest noch spärliche schriftliche Belege und eine ganze Reihe übereinstimmender Zeugenaussagen wie auch Indizien, dass das berühmte Kleinod die ostpreußische Hauptstadt beziehungsweise die Region nicht verlassen hatte. Bis zu diesem Moment gibt es auch noch eine relativ große Überschneidung der unterschiedlichsten Versionen, die im Laufe der nun über ein halbes Jahrhundert währenden Schatzsuche aufgestellt oder auch wieder verworfen wurden.

Für die Zeit, die folgte, gehen die Meinungen über den Verbleib des kostbaren Lagerguts dann aber erheblich auseinander. Dutzende mehr oder minder plausible, sich häufig widersprechende Theorien konkurrieren um den höchsten Grad an Glaubwürdigkeit. Eine ganze Schar von Augenzeugen, die gleichermaßen glaubhaft den Wahrheitsgehalt ihrer Beobachtungen beteuern, wollen die Verladung, die Verpackung, den Transport oder gar die Versenkung der besagten Kisten an den unterschiedlichsten Orten gesichtet haben. Den Inhalt der Behältnisse indes hat von Mitte Januar 1945 an keiner der Beobachter mehr zu Gesicht bekommen. Wann immer von da an Augenzeugen vom Bernsteinzimmer sprechen, haben sie in Wirklichkeit nichts weiter als Kisten gesehen, von denen sie annahmen oder von denen ihnen jemand berichtete, sie beinhalteten das wertvolle Gut. Dies relativiert die auf Zeugenaussagen gründenden Vermutungen, von denen einige in diesem Buch nacherzählt werden.

Was immer der Verantwortliche für diese Kisten mit ihnen zu Beginn des letzten Kriegsjahres im Schilde führte – er wurde von Ereignissen eingeholt, die die ganze Situation in Königsberg dramatisch wendeten.

Sturm auf die Stadt

Für die ostpreußische Bevölkerung begann das neue Jahr 1945 nicht sehr verheißungsvoll. Trotz der relativen Ruhe an der nahen Front lag die Vorahnung des Sturms in der Luft. Und dennoch waren die unruhig gewordenen Bewohner der Region weiterhin zum Ausharren, zum Warten auf eine unheilvolle Zukunft verdammt. Unnachgiebig verhinderte Erich Koch als Reichsverteidigungskommissar alle Vorkehrungen zur Rettung der Zivilbevölkerung: »Ostpreußen wird gehalten, eine Räumung kommt nicht in Frage.« Selbst ein erneuter Vorstoß der Militärbefehlshaber, die Schutzbedürftigen jetzt außer Gefahr zu bringen, um im entscheidenden Moment die Straßen für Truppentransporte und Panzer frei zu haben, prallte an Kochs Durchhaltebeschluss ab. Er kalkulierte zynisch damit, dass die Soldaten verbissener kämpfen würden, wenn es noch Frauen, Kinder und Alte zu verteidigen gab. Dabei hätte es in diesen Tagen durchaus noch funktionierende Verkehrsverbindungen gegeben. Nur ein paar verantwortungsbewusste Landräte und Bürgermeister begannen weisungswidrig, Trecks für die Flucht zusammenzustellen. In den meisten Gemeinden zerrann die Chance zur Rettung ungenutzt. Manche Bewohner suchten ihr Heil im Fatalismus: »Mein Vater hat gesagt: ›Bei uns waren die Russen schon 1914‹«, berichtet Heinz Grönling aus Friedland im Südosten Königsbergs. »Jetzt kommen sie wieder, aber die hauen auch wieder ab. Am Ende bleibt alles so, wie es ist.«

»In aller Eile aufgebrochen«: Hunderttausende flohen vor der heranrückenden Roten Armee aus Ostpreußen

Am 12. Januar war alles zu spät. Mit einer Wucht, die jeden vorangegangenen Angriff in den Schatten stellte, schlug die Rote Armee mit einem Millionenaufgebot an Soldaten auf der gesamten Frontlänge los. Die deutschen Stellungen konnten sich der mitunter zwanzigfachen Überlegenheit nicht lange erwehren. Für die Befehlshaber auf deutscher Seite kam der übermächtige Angriffssturm allerdings nicht aus heiterem Himmel. »Dass irgendwann die russische Offensive losbrechen würde, das war, glaube ich, jedem, der in Ostpreußen gelebt hatte, klar. Man wusste nur nicht genau, wann«, meint der damalige Kriegsberichterstatter Hanns Joachim Paris. »Ich habe einmal bei einem Ordonnanzoffizier der Heeresgruppe eine große Lagekarte gesehen. Da wusste ich, was auf uns zukam: Unsere Verbände waren blau eingezeichnet, und gegenüber war ein großes rotes Meer. Das waren die Sowjets, die gegen die ostpreußische Grenze anrannten.«

Bereits am sechsten Tag der Offensive war die Rote Armee auf einer Breite von 200 Kilometern 160 Kilometer tief auf ostpreußisches Gebiet vorgedrungen. Erst wenn die Front auf 30 Kilometer herangerückt war, durften die NSDAP-Kreisleiter den Aufbruch nach Westen anordnen. In aller Eile packten die Flüchtlinge ihr Hab und Gut auf Pferdefuhrwerke oder Handkarren. Meistens waren es Frauen, alte Leute und Kinder, die wenigen verbliebenen Männer waren zum Einsatz im »Volkssturm« abkommandiert.

Bei Eiseskälte versuchten die Flüchtlinge auf den überfüllten Straßen voranzukommen, steckten aber oft schon bald zwischen mehreren Reihen von Trecks, eingekeilten Militärfahrzeugen oder – wenn sie von der Wehrmacht auf Seiten-

> Die Hauptschuld trägt eindeutig die Partei, nicht die Armee. Die Armee hat wiederholt gewarnt, die Bevölkerung rechtzeitig in Sicherheit bringen zu lassen.
> **Albert Mattern, lebte damals in Ostpreußen**

»Ganz Alte und ganz Junge«: Auch der »Volkssturm« konnte den russischen Vormarsch nicht aufhalten

»Ein heilloses Durcheinander«: Flüchtlinge und Militärfahrzeuge auf einer Landstraße in Ostpreußen

wege abgedrängt wurden – in Schneeverwehungen fest. Wehrmacht und Flüchtlingskonvois legten sich gegenseitig lahm, die Vorwarnungen erfüllten sich jetzt. Gefährte, denen gar das Unglück widerfuhr, in die Vormarschroute der Roten Armee zu geraten, wurden mitunter einfach überrollt. Oft kam das Signal zum Aufbruch zu spät. Die fluchtwilligen Bewohner wurden von der sowjetischen Offensive eingeholt. Viele von ihnen wurden Opfer von Rache und Gewalt, verloren ihre körperliche Unversehrtheit, ihre Freiheit, ihre Heimat, manche ihr Leben.

Die Parteiführung, allen voran Erich Koch, die dieses Chaos angerichtet hatte, war heillos überfordert. Trotz aller Vorhersagen gab es keine Vorkehrungen für die Rettung der Bevölkerung, die Evakuierungspläne lagen unberührt in den Schubladen. Vielerorts warteten die Bewohner verzweifelt und vergebens auf Anweisungen. Häufig waren es gerade die Würdenträger der NSDAP selbst, die sich angesichts der drohenden Gefahr vor allen anderen Hals über Kopf davonmachten. Den flüchtenden Parteigenossen und ihren Familien ermöglichte

Koch ein komfortables Entkommen via Sonderzug, von einem Königsberger Vorortbahnhof aus, um den Unmut der Volksgenossen nicht zu wecken, und in einem eigens bereitgestellten Lazarettschiff. Ihre Schutzbefohlenen, denen sie bis zuletzt Widerstandsgeist gepredigt hatten, mussten sehen, wie sie ihr Leben noch retten konnten.

Verlustreich war auch der verspätete Massenaufbruch nach Westen. Wer die Mühsal der Flucht, die bittere Kälte, die Entkräftung, den Hunger überstand, konnte immer noch ins Visier russischer Tiefflieger geraten. Viele brachen auch in das Eis, auf dem sie über das zugefrorene Binnenmeer, das Haff, auf die rettende Nehrung, einen vor der Küste liegenden Landstreifen mit seinen Hafenstädten, gelangen wollten. Oder sie erfroren in offenen Zugwaggons bei 20 Grad Kälte.

Am 22. Januar 1945 verließ der letzte Flüchtlingszug, der noch den Westen erreichte, den hoffnungslos überfüllten Bahnhof von Königsberg. Am folgenden Tag hatte sich ein Keil der Roten Armee südlich von Königsberg bis Elbing an der Westgrenze Ostpreußens vorgekämpft und Ostpreußens Hauptverbindungsader abgeschnitten. Vier Tage darauf erreichten die Sowjets die Küste zum Frischen Haff. Jetzt war endgültig kein Durchkommen mehr möglich. Von Tilsit bis Johannisburg, von Goldap bis Elbing saßen mehr als eineinhalb Millionen Menschen in der Falle. Von drei Seiten eingekesselt, konnten sie nur noch über die Ostsee entkommen. In Panik versuchten die Menschen jetzt, sich zu den Hafenstädten durchzuschlagen. Niemand konnte vorhersehen, welche Verkehrsverbindungen noch bestanden. »Der Bahnhof war voll gestopft, die Bahnsteige und Warteräume waren voller Frauen und Kinder«, berichtet die Ostpreußin

> **Die Russen kamen mit Tiefffliegern, haben in die Trecks reingeschossen und Splitterbomben geworfen. Die Artillerie schoss von der andern Seite. Da hat man viel, viel Trauriges erlebt. Dass Müttern die Säuglinge im Arm erfroren. Oder die Pferdewagen in den überfrorenen Bombentrichtern einbrachen. Was blieb uns übrig? Die Leute, denen die Wagen gehörten, haben dann ihr Handgepäck zusammengestellt. Wir haben die Pferde erschossen, damit die sich nicht mehr im Wasser quälen brauchten, denn heraus kriegten wir sie nicht. Die Wagen blieben stecken, bis sie dann irgendwann mal einbrachen und absoffen. Das ging so lange, bis das Eis nicht mehr hielt, bis keiner mehr kam. Doch drei, vier Wochen lang zogen Tag und Nacht die Kolonnen vorbei, Tag und Nacht.*
> *Rudi Powilleit, damals als Hitlerjunge im Einsatz am Haff*

»Alles musste zurückbleiben«: Meist konnten die Flüchtlinge nur ihr nacktes Leben retten

Irmela Ziegler. »Das war im Januar, im strengsten Frost. Die saßen da auf dem Boden und warteten auf einen Zug. Ein Soldat fragte einen Bahnbeamten, wann denn der nächste Zug komme. Der sagte nur: ›Es fährt keiner mehr.‹«
Züge mussten manchmal in letzter Minute angehalten oder umgeleitet werden, weil es kein Durchkommen mehr gab. Transportschiffe waren bis zum letzten Platz belegt. Dramatische Szenen spielten sich um die verfügbaren Mitnahmemöglichkeiten ab. In der Hafenstadt Pillau, Königsbergs Tor zur Ostsee auf der vorgelagerten Halbinsel »Frische Nehrung«, drängten sich seit Tagen mehr als 50 000 Menschen bei Minustemperaturen und Schneestürmen zusammen, die auf Mitnahme in einem der Flüchtlingsboote hofften. Doch es waren gar nicht genug Schiffe verfügbar, um eine ausreichend taugliche Seebrücke aufzubauen, wie Karl Dönitz, Chef der Kriegsmarine, eingestehen musste.
Die vordersten Verbände der Roten Armee waren inzwischen bis auf annähernd 20 Kilometer an Königsberg herangerückt, nordöstlich der Stadt hatten die Sowjets das Ufer des »Kurischen Haffs« erreicht. Aus unterschiedlichen Richtungen schob sich die Front auf die Hauptstadt zu. In dieser Situation besiegelte

Reichsverteidigungskommissar Erich Koch den bevorstehenden Untergang Königsbergs, indem er die Stadt am 24. Januar zur Festung erklärte. Der historische Stützpunkt der Ordensritter sollte bis zuletzt und mit allen Mitteln verteidigt werden. »Wir sind nun auf Gedeih und Verderb mit dem Schicksal der Stadt Königsberg verbunden«, drohte Kochs Adlatus, der Kreisleiter Wagner, in einem Aufruf. »Entweder wir lassen uns in der Festung wie tolle Hunde erschlagen, oder wir erschlagen die Bolschewisten vor den Toren unserer Stadt. Der bolschewistische Soldat ist schlecht. Vor ihm zurückzugehen oder sich zu ergeben, ist sinnlos und ein Verbrechen. Gegen Deserteure, Feiglinge und Schädlinge wird schärfstens vorgegangen. Wer sich hinten herumdrückt und nicht kämpfen will, muss sterben.«

Als »Festungskommandant« übernahm General Otto Lasch das militärische Kommando. In der zerbombten Stadt, deren Bewohner vielfach nur noch in den Kellern hausten, deren Krankenhäuser sich mit Verwundeten und deren verfügbaren Hallen sich mit Flüchtlingen füllten, wurden Bunker, Stellungen und Gefechtsstände noch weiter ausgebaut. Alle wichtigen Straßen wurden mit Panzersperren verriegelt. Wer verfügbar war, wurde dienstverpflichtet. Jugendliche wurden auf die Schnelle im Umgang mit Panzerfäusten unterwiesen. Wer sich den Anordnungen widersetzte, lief Gefahr, im Tiergarten im Schnellverfahren hingerichtet zu werden. Die Rote Armee zog ihren Belagerungsring um die Stadt immer enger.

> Die größte Flüchtlingsansammlung habe ich in Pillau gesehen, da stand ein Wagen neben dem anderen – mit Ziege und Pferd und mit Hab und Gut. Die Leute waren froh, dass sie auf dem Wasser und weg waren. Und immer wieder kamen neue! Sie durften ja auf den Schiffen nur das, was sie tragen konnten, mitnehmen, alles andere musste zurückbleiben.
> *Walter Bremer, 1945 Soldat in Ostpreußen*

»Der Sieg ist unser«: Noch immer versuchte die deutsche Propaganda den Eindruck zu vermitteln, der russische Vormarsch könne gestoppt werden

Seerettungsdienste

In all diesem Chaos stand für die Betroffenen die Sorge um die Sicherheit von Kunstschätzen nicht im Mittelpunkt ihres Interesses. »Das war es nicht, was die Bevölkerung damals umtrieb«, beschreibt Heinz Stendtke, der sich als Soldat auf Fronturlaub zu dieser Zeit in seiner Heimatstadt aufhielt. »Die Bevölkerung bangte um ihr Leben. Sie schwankte zwischen Euphorie, Hoffen und Bangen, je nach der besonderen Situation. Sie glaubte vielfach den Propagandameldungen, die von oben kamen, die besagten, dass die Stadt nicht aufgegeben, sondern gehalten werden würde. Es ging ihr in erster Linie um ihr eigenes Überleben.« Die Rettung der eingeschlossenen Menschen schien Vorrang vor der Bergung des historischen Erbes zu haben.

»Symbolischer Ort«: Das »Reichsehrenmal« bei Tannenberg beherbergte die sterblichen Überreste Paul von Hindenburgs

»Sieger von Tannenberg«: Paul von Hindenburg bei der Einweihung des Denkmals 1927, hinter ihm sein Sohn Oskar

Und doch war noch am 20. Januar 1945 ein Pionierkommando in eben dieser Mission auf dem Weg zum Frontgebiet. Den Leiter des Einsatztrupps bewegte dabei ein persönliches Motiv: Generalleutnant Oskar von Hindenburg sollte und wollte die Särge seiner Eltern aus dem ostpreußischen Tannenberg-Denkmal bergen. In Erinnerung an den Sieg über das russische Heer zu Beginn des Ersten Weltkriegs hatte das NS-Regime Paul von Hindenburg, den Stabschef der siegreichen Armee und späteren Reichspräsidenten, in einem pompösen Mausoleum am Ort seines Triumphes zu Grabe getragen. Dem »Reichsehrenmal« bei Tannenberg stand nun die Einnahme durch die Sowjetarmee unmittelbar bevor. Mit Lastwagen der Wehrmacht ließ Oskar von Hindenburg im letztmöglichen Moment die Sarkophage zusammen mit dort gelagerten Militaria und Armeefahnen nach Königsberg abtransportieren. Pioniere jagten das gesamte Denkmal anschließend in die Luft.
In Königsberg wurden die Särge des verblichenen Generalfeldmarschalls und

seiner Gemahlin mit weiteren Kisten auf den Kreuzer »Emden« geladen und dort, feierlich mit der alten Reichskriegsflagge bedeckt und von Ehrenposten umstellt, aufgebahrt. Im Gefolge zweier Eisbrecher, die den zugefrorenen Schifffahrtsweg freibrachen, manövrierte der Schlepper »Schwalbennest« in der Nacht zum 24. Januar die »Emden« durch den Seekanal in Königsbergs Ostseehafen Pillau. Da der Kreuzer allerdings einen Maschinenschaden hatte, der auf die Schnelle nicht zu beheben war, wurden die Bronzesarkophage in Pillau ein weiteres Mal umgeladen, diesmal auf die »Pretoria«, eben jenes Lazarettschiff, das zusammen mit anderen Flüchtlingen auch die Parteiprominenz Ostpreußens aus der Gefahrenzone brachte.

Am Abend des 25. Januar stach das 17 000 Tonnen große Fahrgastschiff in die Ostsee und erreichte am Tag darauf Swinemünde. Die Hindenburg-Särge und anderes Transportgut wurden zwei Monate später in dem Kalischacht Bernterode in der Nähe der nordthüringischen Stadt Nordhausen sicher verstaut.

Dieses gewagte Bergungsunternehmen gelang also trotz aller Unwägbarkeiten. Obwohl die Ostfront schon in Hörweite war, obwohl Königsberg kurz vor der Umschließung stand, obwohl die Landverbindung nach Westen abgeschnitten war; trotz Verkehrschaos, Eis und Maschinenschaden wurde noch in der zweiten Januarhälfte für wertvoll erachtetes Gut aus der Kriegsregion geschleust.

Ist somit eine vergleichbare Rettungsaktion nicht auch für das Bernsteinzimmer denkbar? Muss die Tatsache, dass es sich nach allen vorliegenden Hinweisen noch Mitte Januar in Königsberg befand, also nicht zwangsläufig bedeuten, dass es auch bis zum Ende dort geblieben ist? Widerlegt das Beispiel der Hindenburg-Särge nicht schlüssig jene Annahme, dass mit dem Beginn der sowjetischen Winteroffensive auch für das Bernsteinzimmer das Ende aller Evakuierungsmöglichkeiten gekommen war? Zeigt es nicht vielmehr, dass die Sicherstellung von Kulturgütern aus Ostpreußen und seiner Hauptstadt auch in der Belagerungszeit möglich war und geschah?

Viele derer, die sich seitdem auf die Jagd nach dem verlorenen Schatz begaben, begründen auf dieser Annahme ihre Mutmaßungen über das weitere Schicksal des Bernsteinzimmers. Sie vermuten, dass es noch im Jahre 1945 Königsberg verlassen hat. So könnte es gemäß dieser Hypothesen noch in den ersten Tagen der sowjetischen Offensive durchaus per Bahn oder auf Lastwagen in den Westen geschafft worden sein, entsprechend den Weisungen. Aber auch nach der Abriegelung der Landverbindung durch die Sowjets blieb immer noch die Möglichkeit einer Passage per Schiff. Zeugenaussagen und Frachtpapiere lassen es zwar so gut wie ausgeschlossen erscheinen, dass die Kisten aus dem Schloss zusammen mit Hindenburgs Gebeinen auf die »Pretoria« verladen wurden, aber schließ-

»Keinerlei Hinweis auf Museumsgut«: Die »Wilhelm Gustloff« als Lazarettschiff im Hafen von Stettin

lich verließen ja noch andere Schiffstransporte die Ostseehäfen Königsberg, Pillau, Gotenhafen oder Danzig Richtung Westen.

Auch die Fahrt, die auf tragischste Weise in die Geschichte eingehen sollte, geriet in den Spekulationsreigen um das Verschwinden des Bernsteinzimmers. Es war die Todesfahrt des Flüchtlingsdampfers »Wilhelm Gustloff«. Einst sollte das 25 000 Tonnen große Kreuzfahrtschiff verdiente »Volksgenossen« im Auftrag der NS-Freizeitorganisation »Kraft durch Freude« mit Ausflugsfahrten bei Laune halten. Zwischenzeitlich hatte die Marine ihre Soldaten an Bord einquartiert. Jetzt diente die »Wilhelm Gustloff« als moderne Arche Noah für das Riesenheer von Menschen auf der Flucht, das sich an den Kaimauern der Ostseehäfen drängte.

Am 30. Januar 1945 um die Mittagszeit legte die als Lazarettschiff getarnte Fähre in Gotenhafen bei Danzig, dem heutigen Gdynia, ab. Der Zielhafen war Kiel. Mit knapp 9000 Flüchtlingen und etwa 1500 Marineangehörigen waren die Decks hoffnungslos überfüllt. Nach neun Stunden Fahrt rissen drei Torpedos, abgefeuert von dem sowjetischen U-Boot »S 13«, riesige Löcher in die Bordwand. Innerhalb von nur einer Stunde versank der Koloss in den eisigen Fluten der Ostsee und zog seine Passagiere in den Tod. Nur etwas mehr als 1200 Menschen überlebten die größte Schiffskatastrophe in der Geschichte der Seefahrt. Über 9000 Menschen kamen ums Leben, die Hälfte von ihnen waren Kinder.

War mit dem Unglücksschiff auch das Bernsteinzimmer untergegangen? Lagerten die verschwundenen Kisten aus Königsberg in seinem Rumpf, als es in 42 Meter Meerestiefe 20 Seemeilen vor der Küste Pommerns auf den Grund sank? Bestand eine Verbindung zwischen den beiden hochkarätigen historischen Mythen, der Tragödie und dem Geheimnis?

Der Hinweis darauf kam ausgerechnet von dem Mann, der für beides eine Mitverantwortung trug. Gauleiter Erich Koch hatte zwar zu Kriegsende versucht, unter falschem Namen in Norddeutschland unterzutauchen. Aber 1949 flog sein falsches Spiel schließlich doch auf, Koch wurde verhaftet und von der britischen Besatzungsbehörde nach Polen ausgeliefert. Dort wurde er wegen Planung, Vorbereitung und Organisation von Massenmorden zum Tode verurteilt. Die Hinrichtung allerdings blieb zeit seines Lebens ausgesetzt, da er ein Attest über seinen angegriffenen Gesundheitszustand vorlegen konnte und in Polen bei Erkrankung des Delinquenten die Todesstrafe nicht vollstreckt werden darf. So verbrachte der einstige Statthalter Hitlers einen langen Lebensabend in polnischer Haft, von wo aus er von Zeit zu Zeit die Weltpresse mit immer neuen Hinweisen zum Verbleib des Bernsteinzimmers aufscheuchte. So behauptete der frühere Herrscher über Königsberg in einem Interview mit polnischen Journalisten 1963, er könne sich erinnern, den Befehl gegeben zu haben, das Kleinod auf die »W. Gustloff« zu verladen und über den Seeweg nach Westen zu bringen.

Sogleich waren auch Augenzeugen zur Stelle, die von einem geheimnisvollen Transport berichteten, der Ende Januar in Danzig angekommen sei. Große Holzkisten, mit Bandagen versehen, seien von einem Schlepper auf die »Wilhelm Gustloff« umgeladen worden. Einer der Beobachter berichtete vom überraschend geringen Gewicht des Ladeguts, ein anderer wollte erfahren haben, dass es Gegenstände aus einem russischen Zarenschloss enthalte. Andere Zaungäste meinten sogar, auf hoher See die Verladung der Fracht vom Flüchtlingsschiff auf ein anderes Boot erspäht zu haben.

So konnte es auch nicht ausbleiben, dass Tauchercrews das in relativ geringer Tiefe liegende Wrack des gesunkenen Schiffes heimsuchten, um dem wabernden Geheimnis auf den Grund zu gehen. Schon in den fünfziger Jahren hatten polnische Taucher festgestellt, dass andere – vermutlich russische – Unterwasserfahnder ihnen bereits zuvorgekommen waren. Die Spuren von eingeschnittenen Öffnungen in der Schiffsaußenwand ließen keinen Zweifel daran. In den sechziger und siebziger Jahren unternahm ein Tauchclub von Studenten der Technischen Hochschule Danzig mit dem Namen »Rekin«, zu Deutsch Hai, mit Unterstützung der Seebehörde Gdynia mehrere Expeditionen in die Tiefe. Dabei bekamen sie schauderhafte Szenerien zu Gesicht, die vom Todeskampf der Passagiere zeugten, jedoch keine einzige Kiste, die Bernstein enthielt. Dennoch wiederholten sich in späteren Jahren ähnliche Tauchaktionen im Auftrag amtlicher Stellen, von Hobbyforschern oder Fernsehsendern – jeweils ohne das erstrebte Resultat.

Dabei war dieser Befund bei näherer Betrachtung keineswegs übermäßig überraschend. Wieso auch sollte das Bernsteinzimmer ausgerechnet über die gefahrvolle Strecke zu Lande in den 200 Kilometer entfernten Hafen, in dem die »Wilhelm Gustloff« lag, transportiert worden sein, wenn es in Königsberg einen direkten Zugang zur Ostsee gab? Oder andersherum gefragt: Wären Lastwagen mit der wertvollen Fracht von Königsberg aus tatsächlich noch bis Gotenhafen gelangt, wieso hätten sie dann den Landweg nicht weiterverfolgen sollen? Bestätigt wurden die Zweifel an der »Wilhelm Gustloff«-Variante durch einen späteren Archivfund: In den Frachtbriefen von der letzten Fahrt des Dampfers fand sich keinerlei Hinweis auf Museumsgut aus dem Königsberger Schloss.

Um das Suchspiel aber noch eine Drehung weiterzutreiben, tauchte nach der Entkräftung dieser Theorie bald ein neuer Hinweis aus den Untiefen der Vergangenheitsforschung auf. In den Tagen, als die »Wilhelm Gustloff« sank, sei in Königsberg ein weiteres deutsches Fährschiff ausgelaufen, dessen Name angetan ist, die Verwirrung perfekt zu machen: »W. Gustloff«. Der Vorname des Namensgebers, eines vormals in der Schweiz aktiven Nazi-Führers, der 1936 einem Attentat zum Opfer gefallen war, war bei diesem Schiff lediglich abgekürzt. Und siehe da: Wie sich erwies, hatte Erich Koch, der Hinweisgeber, bei seiner Aussage in der Tat nur von einem Schiff namens »W. Gustloff« gesprochen. Hatte er diesen Hinweis am Ende gar nicht auf den versunkenen KdF-Dampfer »Wilhelm Gustloff« bezogen, sondern auf das ähnlich benannte kleine Schwesterschiff? Auch dieses Mal blieben Augenzeugen nicht aus, die denkwürdige Beobachtungen zu berichten wussten: Am Morgen des 29. Januar 1945, so schilderte ein ehemaliger Soldat, habe er beobachtet, wie ein kleines graues Kriegsschiff im Hafenbecken von Königsberg mit weißer Farbe und anschließend mit einem roten Kreuz übertüncht worden sei. Zum Abschluss hätten die Maler den Namen »W. Gustloff« an die Bugwand gepinselt. Noch war die Farbe nicht trocken, da rollten auch schon Lastwagen mit Hubvorrichtungen heran, von denen unter Aufsicht von Partei- und SS-Leuten sowie strenger Geheimhaltung schmale Kisten auf das Schiff gehievt wurden – und das Ganze nicht einen Kilometer vom historischen Schloss der Ordensritter entfernt. Eine frühere Sekretärin aus Königsberg glaubte gleichfalls, dieses geheimnisvolle Boot gesehen zu haben, das den Namen »W. Gustloff« trug. Und ein anonymer Anrufer fügte die Bestätigung hinzu, dass genau dieses Schiff am 2. Februar in Kopenhagen eingelaufen sei – allerdings nur mit Aktenordnern an Bord. Leider fand sich außer Zeugenberichten kein einziger belegbarer Hinweis auf das Geisterschiff. Womit sich auch diese Spur in den Untiefen der See verlor.

Und immer noch nicht genug damit: Ein weiterer anonymer Informant war zur Stelle, der zu berichten wusste, dass das Bernsteinzimmer von Pillau aus doch in Kopenhagen eingetroffen sei – allerdings erst im März, diesmal an Bord des Kreuzers »Prinz Eugen«. Keinesfalls um den herausgeschleusten Schatz in finsteren Verliesen des untergehenden NS-Regimes für den Rest der tausend Jahre einzubunkern. Nein, laut dieser Version sei er auf wundersame Weise in die Hände der Westalliierten übergegangen. Von Dänemark aus hätte ein britischer Kutter das Frachtgut nach Bremerhaven gebracht, wo es unter Aufsicht eines US-Offiziers auf einen amerikanischen Truppentransporter gehievt worden sei.

Und weiter ging die Reise in das geheimnisvolle Land der unbegrenzten Spekulationen. Es mangelte nicht an Augenzeugenberichten, gemäß denen das Wunderwerk aus Bernstein gleich direkt, ohne Umwege über Seepassagen und Schiffshavarien, dorthin zurückbefördert worden sei, wo seine Materie einst hergekommen war: in das Meer. In Polen und Litauen jedenfalls meldeten sich mitteilsame Menschen, die der unmittelbaren Versenkung des Corpus Delicti in die Ostsee beigewohnt haben wollen. Nach ihrer Darstellung sei ein Kahn, voll bepackt mit den Kisten, im Königsberger Haff versenkt worden. Merkwürdigerweise gelang es Tauchern der Baltischen Marine trotz angestrengter Suche nicht, das Bernsteinzimmer aus den trüben Fluten zu fischen. Statt des sagenumwobenen Schatzes holten sie nur Ersatzteile von Maschinen, Kisten voller Kleidungsstücke, Aktenbehälter und manch anderes Fundstück ans Tageslicht.

Ein ganz anderes und weit unzugänglicheres Grab für das Bernsteinzimmer beschrieb ein ehemaliger Volkssturmmann aus Königsberg. Er sei zwar zeit seines Lebens zum Stillschweigen verpflichtet worden, verspürte aber zumindest auf dem Totenbett das Bedürfnis, sich im Gespräch mit seiner Tochter von der Last der Erinnerung zu befreien. Der Mann gab an, mit seiner Volkssturmeinheit damals den Auftrag erhalten zu haben, auf Lastwagen Kisten aus dem Königsberger Schloss auf die Frische Nehrung zu transportieren. Es wurde zwar nicht bekannt gegeben, was sich in den Behältnissen befand, aber ihm, als Leiter des Transports, habe man immerhin zugeflüstert: »Da ist Bernstein drin.« Die empfindliche Fracht sollten sie an einer genau bezeichneten Stelle am Strand des kleinen Küstenorts Palmnicken auf Boote umladen, die sie dann zu einem größeren Frachtschiff befördern würden. Nun, so die Aussage, vernahmen die Fuhrleute allerdings Schüsse, als sie sich dem Strand nähern wollten. Für diesen Fall hätten ihnen ihre Auftraggeber eine eindeutige Anweisung erteilt, berichtete der alte Mann. Die Kisten dürften keinesfalls in die Hände der Sowjets gelangen. Bevor feindliche Soldaten ihrer hätten habhaft werden können, sollten sie sie also im nahe gelegenen Moor versenken. Daraufhin ließen die Volkssturmmänner eine Kiste nach der anderen im ewigen Sumpf verschwinden, bevor sie in sowjetische Gefangenschaft gerieten.

Nun wollte es die Geschichte, dass die so beschriebene Grabstätte des Bernsteinzimmers zum weltweit größten Abbaugebiet für das »Gold der Ostsee« zählt. Der Kreislauf des Bernsteins hätte sich demnach auf diese Weise geschlossen. Doch das sowjetische Tagebau-Kombinat »Blaue Erde«, das nach dem Krieg das Moor durchpflügte, stieß zwar auf große Mengen von Naturbernstein, aber nicht auf ein einziges bearbeitetes Stück.

Endzeit in Königsberg

»Hals über Kopf geflüchtet«: Oft wurde die Zivilbevölkerung erst in letzter Minute evakuiert und musste sich in Eis und Schnee auf den beschwerlichen Weg nach Westen machen

Für die Bewohner Ostpreußens hatte in diesen Januartagen die Bewahrung der eigenen Existenz Vorrang vor allem anderen. »Rette sich, wer kann« – dieses Motto wurde zum vorherrschenden Motiv in der dramatisch schwindenden Rumpfregion. Dorf für Dorf stellte nun in aller Hast Trecks aus Fuhrwerken, Ochsenkarren und improvisierten Planwagen zusammen. Bettzeug, Hafer für die Pferde, Wechselkleidung und Lebensmittel wurden notdürftig im Inneren der Gefährte verstaut. »Es sprach sich herum, was an der Grenze passiert ist, was die Russen anrichten, wenn sie nach Deutschland hereinkommen, und da gab es dann kein Halten mehr. Der eine oder andere hat vielleicht gesagt: ›Es hat keinen Zweck‹, und ist geblieben. Aber wer irgendwie konnte, der hat sich auf die Beine gemacht. Und das im Winter bei Eis und Schnee«, schildert Rudi Powilleit, der damals als Hitlerjunge am Haff im Einsatz war.

Deutsche Soldaten, die der vorwärts drängenden Roten Armee weichen mussten, waren entsetzt, noch so viele Zivilisten nahe der Front anzutreffen. Der Horizont leuchtete vielerorts bereits vom Feuerschein der brennenden Nachbardörfer. Wie ein endloser Lindwurm zog sich der Treck über die Straßen Ostpreußens in Richtung Westen. Auf eisglatten Fahrbahnen rutschten die Pferde immer wieder aus, in den Schneemassen blieben Fuhrwerke stecken. Quer stehende Fahrzeuge mit gebrochener Achse blockierten die Strecke. Auf den ohnehin schmalen Straßen und Alleen musste eine Seite für Wehrmachtsfahrzeuge reserviert bleiben, die hindernde Vehikel oft kurzerhand in den Straßengraben drängten. Den Soldaten blieb nicht die Zeit, sich um das Schicksal der Flüchtlinge zu kümmern. Sie mussten sehen, wie sie die katastrophale militärische Lage überstanden. An allen Fronten waren die vielfach überlegenen sowjetischen Einheiten durchgebrochen. Trotz der eigenen Misere ergriff manch hartgesottenen Frontsoldaten das blanke Mitleid beim Anblick dieses Elendszuges: »Wir in unseren Militärfahrzeugen waren ja gegen die Witterung geschützt«, erzählt der ehemalige Panzerfahrer Fritz Busse, »aber die Flüchtlinge – die waren ihr hilflos ausgesetzt. Diese armen Leute, die damals mit den Trecks geflüchtet sind – hinten am Wagen hingen vielleicht ein, zwei Kühe, vorne zogen ein paar magere Pferde. Das war wirklich ein Jammer!«

Der beißende Frost forderte eiskalt seine Opfer. Schon wenige Stunden nach dem Aufbruch waren die Flüchtlinge durchgefroren und verzweifelt. Vor allem für

»Die Stunde der Rache hat geschlagen«: Beginn der sowjetischen Großoffensive in Ostpreußen im Januar 1945

Kleinkinder und alte Menschen war die grimmige Kälte eine tödliche Gefahr. Ohne ausreichend Kleidung, geschwächt durch die Strapazen der Flucht und die mangelhafte Ernährung, starben die Kleinen zuerst: Babys erfroren in den Armen ihrer Mütter, auch wenn diese sie verzweifelt an den Leib gepresst hielten, um ihnen noch ein wenig Wärme abzugeben. Doch waren erst einmal alle Windeln durchnässt, keine trockenen Kleidungsstücke mehr zum Wechseln vorhanden, hatten die Jüngsten wenig Chancen, die Flucht zu überstehen. Kinderwagen mit kleinen, steif gefrorenen Leibern zeugten von der schrecklichen Konsequenz des fanatischen Durchhaltewahns. Nicht einmal eine Bestattung war in dem hart gefrorenen Boden mehr möglich.

Zur unbarmherzigen Kälte kam der quälende Hunger. Vielen wurden schon nach Tagen die Vorräte knapp – nur die Umsichtigsten hatten damit gerechnet, dass die Flucht Wochen, ja Monate dauern könnte. Nachdem die mitgenommenen Bestände an Einmachfrüchten oder Pökelfleisch aufgezehrt waren, blieb den Flüchtlingen oft nur noch gefrorenes Brot, das sie in Schmelzwasser tunkten. Gelegentlich gelang es, eine der herrenlos gewordenen Kühe zu melken, deren Euter so angeschwollen waren, dass sie vor Schmerzen brüllten. Die Bauern hatten fast ihr gesamtes Vieh auf den Höfen zurücklassen müssen, das nun sich selbst überlassen war.

Viele Flüchtlinge, die vor der sowjetischen Umzingelung gerade noch in die Festungsstadt Königsberg gelangt waren, saßen nun im vermeintlich sicheren Hort in der Falle. Bahn- und Straßenverbindungen in den Westen waren durchtrennt, die Aussichten auf eine Schiffspassage gering. Die Menschen drängten sich in Notunterkünften zusammen. Sie mussten sich mit den Stadtbewohnern die Versorgungsgüter teilen und auch das Risiko, von den Kämpfen in Mitleidenschaft gezogen zu werden. Am 27. Januar waren die Angreifer so nahe gerückt, dass ihre Artillerie bereits die Festung erreichte. Aus Sorge vor einem sowjetischen Panzervorstoß forderte die Gauleitung nun plötzlich die in der Stadt verharrenden Zivilisten auf, sich umgehend zum Ostseehafen Pillau durchzuschlagen.

In wilder Flucht wälzte sich eine Kolonne aus verzweifelten Menschen auf Pferdewagen und Motorfahrzeugen, mit Handwagen und Fahrrädern oder in Trauben an Eisenbahnwaggons hängend in Richtung Küste – und die Menschen gerieten damit erst richtig in die Misere. Wer den Hafen noch unversehrt erreichte, aber keinen Zugang zu den ablegenden Booten erhielt, war auf den überfüllten Sammelplätzen dem Versorgungsnotstand und den Luftangriffen weitgehend schutzlos preisgegeben. Viele kamen jedoch nicht so weit. Sie gerieten auf direktem Weg in das Kampfgeschehen. Ende des Monats durchbrach die Rote Armee die Versorgungsroute, die Königsberg mit dem Ostseehafen Pillau, der letzten Ausflucht, verband. Die Lebensader der Stadt war nun durchtrennt, die Festung von allen Seiten eingeschlossen. Wer noch irgendwie konnte, floh vor den Kämpfen in die Stadt zurück, die nun einstweilen vollständig von der Außenwelt abgeschnitten war.

Kurz zuvor war es Alfred Rohdes Tochter Lotti gelungen, mit ihrem Mann noch aus der umlagerten Heimatstadt zu entkommen und sich auf dem Seeweg nach Westen abzusetzen. Natürlich hatte sie ihren Vater zuvor beschworen, mit seiner Frau diese letzte Gelegenheit zur Flucht ebenfalls zu nutzen. Aber der Kunstbeauftragte, eben 53 Jahre alt geworden, wollte in Königsberg zurückbleiben. Es war sein freier Wille. Nicht die vorgesetzten Dienststellen verdammten den Hüter des Bernsteinzimmers zum Ausharren, auch nicht ein siegesgewisser Durchhaltewille oder die Zwangsverpflichtung zum Volkssturm-Einsatz. Rohdes vom Arzt attestierter angegriffener Gesundheitszustand wäre Begründung genug für seine Evakuierung gewesen. Er machte sich nun auch keine Illusionen mehr, dass seine Wahlheimat dem sowjetischen Ansturm standhalten würde. Für ihn war der Krieg verloren, und er wusste, wer schon in absehbarer Zeit über die Schlossruine von Königsberg gebieten würde.

Als sein Sohn Wolfgang Mitte Januar vom Vater für immer Abschied nahm, bevor er selbst mit dem Zug noch nach Danzig entkam, stand Rohdes Entschluss fest: »Mein Vater erklärte, er würde in Königsberg bleiben«, berichtet der Sohn. »Das hatte mehrere Gründe: Einmal wollte er seine Wirkungsstätte und seine Lebensaufgabe nicht verlassen, wobei das Bernsteinzimmer nur ein Teilaspekt war. Es ging ihm mehr um seine gesamten Sammlungen, etwa die Gemälde von Lovis Corinth. Zum anderen war sein eigener Vater noch relativ rüstig am Leben. Der Großvater wollte aber absolut nicht aus Königsberg heraus, weil er keinen Sinn mehr darin sah, an anderer Stelle noch mal neu Fuß zu fassen. Im Übrigen beschwichtigte mein Vater, die Russen würden auch nur mit Wasser kochen und er hätte doch einiges parat, was sie interessieren könnte. Ob er damit die Beutekunst aus Kiew und Minsk meinte, kann ich nicht sagen. Ob in diesem Zusammenhang auch das Bernsteinzimmer eine Rolle spielte, hat er nicht explizit gesagt, aber vielleicht doch andeuten wollen.«

Rohde schien die ihm anvertrauten Güter immer noch in sicherer Obhut zu glauben. So erinnert sich Heinz Stendtke, damals zum Volkssturm eingezogen, an ein Erlebnis, das diesen Eindruck nahe legt: »In meiner Eigenschaft als Lotse von Militär- und Versorgungsfahrten war ich mehrmals auch im Königsberger Schloss. Ich habe dann um den 3. oder 4. Februar 1945 herum ebenfalls eine Versorgungsfahrt in das Schloss unternommen. Bei unserem Eintreffen empfingen uns zwei Herren in Zivil. Da ich als Lotse mit dem Entladevorgang nichts zu tun hatte, sprach ich den Mann an und fragte ihn, wo denn das Bernsteinzimmer hingekommen sei. Er erklärte mir, dass das Bernsteinzimmer in Kisten verpackt in den Gewölbekellern des Schlosses bombensicher untergebracht sei. Der Herr war etwa 55 Jahre alt. Rückblickend bin ich der Meinung, dass es der Museumsdirektor Dr. Rohde war.«

Hoffte Alfred Rohde, dass sein Wissen um den Verbleib des Beuteguts unter sowjetischer Besatzung seine Lebensversicherung war? Jedenfalls schien ihn diese Annahme in seinem Entschluss bestärkt zu haben zu verweilen, für den es eine Reihe nachvollziehbarer Gründe gab. Er blieb nicht allein deshalb, um »seinem« Bernsteinzimmer nahe zu sein. Aber dessen weiterer Verbleib in der Stadt – wenn es denn so war – legte dem Hüter des Schatzes auch nicht unbedingt den eigenen Rückzug nahe.

Während der Direktor freiwillig in der Falle blieb, setzte ausgerechnet der Mann, der die lautesten Durchhalteparolen gepredigt hatte, jede Fluchtvorbereitung

durch Gestapo und Gerichte verfolgen ließ und jeden Zweifel am heroischen Ausharren zum strafwürdigen Verbrechen erklärt hatte, nun alles daran, seine eigene Haut zu retten. Während Goebbels im Tagebuch noch am 24. Januar 1945 seinen Kampfgefährten aus frühen Jahren anerkennend rühmte: »Er ist ein Mann von großer Standfestigkeit. Jedenfalls weigert er sich kategorisch, Königsberg zu verlassen«, setzte sich Erich Koch keine Woche später aus dem Kessel ab.
Am 30. Januar, unmittelbar bevor die Rote Armee den letzten Fluchtweg abschnürte, verließ der oberste Durchhalte-Prediger klammheimlich die von ihm ausgerufene Festung und verschanzte sich mit seinem Stab in dem Fliegerhorst Neutief auf der Frischen Nehrung, unweit des Ostseehafens Pillau. Dort hatte der Gauleiter sich vorbeugend eine bombensichere Bunkeranlage errichten lassen, die ihn vom Kriegsgeschehen, aber auch dem Unmut der eigenen Untertanen fern hielt. Sollten sie ihm dennoch einmal zu nahe kommen, wusste er sich durchaus zu erwehren, wie Kriegsberichterstatter Hanns Joachim Paris beobachtete: »Einmal gab es einen Bombenangriff auf Neutief, ich glaube sogar schon vonseiten der Russen. Da haben sich Frauen mit ihren Kindern in Kochs bombensicheren Bunker flüchten wollen. Die hat er persönlich dann von seiner Leibwache rauswerfen lassen. So ein Mensch war das.« Vom sicheren und unbehelligten Unterstand aus konnte Hitlers Statthalter über sein verbliebenes Herrschaftsgebiet regieren, das bald weitgehend auf die umlagerten Festungen Königsberg und Pillau zusammengeschrumpft war. Um sich stets eine Hintertür nach Westen freizuhalten, standen dem »Reichsverteidigungskommissar für Ostpreußen« ein Schnellboot, ein Eisbrecher und ein Flugzeug zur ständigen Verfügung.
Doch nicht nur um die eigene Haut sorgte sich der Gauleiter. Auch seine noch in Ostpreußen verbliebenen Schätze wollte er jetzt im sicheren Hort wissen. Was Koch dreist als sein persönliches Besitztum erachtete, hatte er in Raubrittermanier aus den ihm unterworfenen Besatzungsgebieten zusammengestohlen: wertvolle Gemälde, hochwertige historische Gobelins, Tafelsilber, Kerzenleuchter und andere kostbare Gegenstände, die der vormalige Reichskommissar für die Ukraine größtenteils aus Museen in Kiew und anderen sowjetischen Städten abgeräumt hatte. Dieses Beutegut hatte Koch bis dahin in seinem Landgut Groß-Friedrichsberg bei Metgethen, nur wenige Kilometer westlich von Königsberg, verstaut. Am 27. und 28. Januar ließ er das Inventar aus diesem Landsitz in Sicherheit bringen, nur zwei Tage bevor Sowjetsoldaten in dem kleinen Vorort einfielen. Wohin Kochs Sammlung geraten war, gehörte lange Zeit in die umfangreiche Abteilung ungelöster Rätsel der Kunstschieberei am Ende des Zweiten Weltkriegs.

Kunst-Reise nach Weimar

Erst Jahrzehnte später förderte ein gebürtiger Königsberger den entscheidenden Hinweis zu Tage, der die Fahnder auf die Fährte des Koch'schen Kunstschatzes brachte. Dieser Mann, Paul Enke, firmierte offiziell als »pensionierter Polizeioffizier des Innenministeriums der DDR«, dessen Leidenschaft unverkennbar der Suche nach dem in seiner Heimatstadt verschollenen Zimmer galt. Erst nach seinem Tod im Jahre 1987 wurde publik, wer der wirkliche Arbeit- und Auftraggeber für Enkes Lebenswerk war: die »Hauptabteilung Untersuchungsorgane« des Ministeriums für Staatssicherheit, kurz Stasi genannt. Wie keine andere Institution hatte Erich Mielkes Schnüffeltruppe sich der Fahndung nach dem verschwundenen Bernsteinzimmer verschrieben. Dem Offizier im besonderen Einsatz (O.i.b.E.), Oberstleutnant Enke, standen in den achtziger Jahren schier unbegrenzte Möglichkeiten zur Verfügung: sachkundiges Personal, Suchgeräte, moderne Technik, Ostmark, aber auch Devisen. Der kleinere deutsche Staat scheute weder Kosten noch Mühen in der Hoffnung, dem »großen Bruder« in Moskau eines Tages das verschollene Museumsstück überreichen zu dürfen. Stasi-Chef Erich Mielke hatte die neuesten Aktenerzeugnisse der »Operation Puschkin«, so die amtsinterne Bezeichnung für das Suchkommando, stets in der Tasche, wenn er nach Moskau beordert wurde.

»Die neuesten Aktenerzeugnisse stets in der Tasche«: Stasi-Chef Erich Mielke hätte seinem Generalsekretär gerne den Fund des Bernsteinzimmers gemeldet

»Genosse Bernstein«: MfS-Offizier Paul Enke (hier im Jahre 1970) hatte sein Leben der Suche nach dem Bernsteinzimmer verschrieben

Im Laufe der gesamten Sucharbeit hatte die Sonderkommission mehr als 130 vermeintliche Fundorte auf dem Boden der DDR unter die Lupe genommen. Enke ließ jedem noch so unverbindlichen Hinweis nachspüren; kaum ein Stollen, Hohlraum oder Bunker, Bergwerksschacht oder Burgkeller, der in Frage kam, blieb unberührt. Ob in Görings ehemaliger Residenz »Karinhall«, dem ehemaligen Granitsteinbruch von Schwarzenberg oder auf dem Gelände des ehemaligen Kriegsgefangenenlagers in Bad Sulza – der Bernstein-Beauftragte ließ, über die gesamte DDR verteilt, den Spaten ansetzen. Besonders Schlösser und Burgen wie Hubertusburg, Reinhardsbrunn, Augustusburg, Hartenstein, Kriebstein, Wechselburg, Lichtenstein, Elsterberg, Schwepnitz oder Burgk standen auf der Fahndungsliste ganz oben. Insgesamt gingen dreißig größere Grabungen auf das Konto der Stasi. Manchmal waren bis zu zweitausend Mann beteiligt, als Zivilschutzübung getarnt. Zweihundert Personen machten die Ermittler ausfindig, von denen sie sich nähere Aufschlüsse erhofften.

»Wenn Sie einmal anfangen, dann können Sie nicht mehr davon lassen, dann wollen Sie es ja auch wissen«, beschreibt Enkes engster Mitarbeiter Uwe Geißler die Stimmung in der »Puschkin«-Truppe. »Die Aufgaben wuchsen ja mit der Arbeit, und manchmal kam es einem unglaublich vor, das jemals zu schaffen, es in einem Leben überhaupt abarbeiten zu können. Man darf ja nicht vergessen: Uns rannte die Zeit davon, das heißt, Augenzeugen oder Tatbeteiligte, die damals selbst noch mit dabei waren, konnten uns täglich wegsterben. Das waren ganz, ganz wichtige Zeugenaussagen, oftmals musste man monatelang nach ihnen suchen. Trotz der verfügbaren polizeilichen Speichermittel war die Suche manchmal vergeblich, weil wir die Namen durch unsere Auskunftspersonen oft nur phonetisch erzählt bekamen, so dass unterschiedliche Schreibweisen möglich waren.«

Auf der Grundlage von aufwendigen Archivrecherchen, Befragungen und Vor-Ort-Besichtigungen wurden komplexe Theorien aufgestellt, nachgeprüft und wieder verworfen. Der Stasi-Spürhund Enke, 1925 in Königsberg geboren, hatte es sich schon unmittelbar nach Kriegseinsatz und Gefangenschaft zur Aufgabe gemacht, das in seiner Heimatstadt verschollene Wandgetäfel wieder ans Tageslicht zu bringen, zuerst in persönlichem Interesse, dann im staatlichen Auftrag. In dieser Hinsicht war er am Ende eines langen Arbeitslebens so klug als wie zuvor. »Wenn ich aus heutiger Sicht urteilen soll«, so resümiert der Lektor Günter Wermusch, der Paul Enkes Arbeit damals begleitete, »dann muss ich sagen: Erfolg hatte die Truppe nicht, weil sich alles in erster Linie auf Enke stützte. Und wenn der sich in etwas verbohrt hatte, dann blieb das dabei. Ein Dickkopf war der schon.«

Doch in über dreißigjähriger Kleinarbeit hatte »Genosse Bernstein«, wie Kollegen ihn spöttisch nannten, auch eine umfangreiche Dokumentation zusammengetragen, von der dreißig Aktenordner mit über 10 000 Seiten bis heute im Archiv verblieben sind. Sie trug entscheidend dazu bei, etwas Licht in das Dunkel der Kunstschieberei am Ende des Zweiten Weltkriegs zu bringen – und eine Portion kriminalistischer Spannung in die Jagd nach dem Bernsteinzimmer. Während seiner Recherchen förderte Enke so manches Dokument zu Tage, das verwischte Spuren wieder sichtbar machte.

Dazu gehörte auch der knappe Vermerk in einem Weimarer Archiv, dass »Gauleiter Koch, Königsberg, eine Kunstsammlung nach Thüringen verlagert hatte«. Das war der erste konkrete Anhaltspunkt über den Verbleib des Königsberger Transports. Beigefügt war ein »Verzeichnis der vom Gauleiter Koch, Königsberg, am 9. Februar 1945 als Museumsgut im Landesmuseum eingestellten Museumsgegenstände«. Die Übersicht über die einzelnen Objekte ließ keinen Zweifel zu: Es war Kochs »private« Kunstraubbeute – besser gesagt, was sich davon nach dem April 1945 noch im Weimarer Museum befand. Denn die Liste hatte der damalige Museumsdirektor Walter Scheidig nach dem Krieg retrospektiv zusammengestellt. Er hatte gleichzeitig dazu vermerkt, dass etwa zwei Drittel der untergestellten Kunstschätze am 9. und 10. April 1945 wieder abgeholt worden waren, zu deren Inhalt und Verbleib er demzufolge keine Angaben machen konnte.

Aber auch der verbliebene Bestand – etwa ein Drittel des Gesamtkonvoluts – war noch bemerkenswert genug: 69 Gemälde russischer, niederländischer, italienischer und deutscher Maler; Meisterwerke neben Fälschungen, Spitzweg neben röhrendem Hirsch, Geflügelstillleben neben Konterfeis prominenter Nazi-Größen, dazu über hundert Radierungen, Stiche und Steindrucke, sechs Gobelins zumeist flämischer Herkunft, kistenweise Silberleuchter, -schalen, -etuis, -kannen, Tafelsilber sowie vergoldete und mit Halbedelsteinen besetzte Kostbarkeiten. Dieses Sammelsurium war also immerhin der Beweis, dass überhaupt Kunstgegenstände aus Kochs Gehege noch zu Beginn des Jahres 1945 aus Ostpreußen in den Westen, konkret nach Thüringen, verfrachtet wurden. Sofort knüpften sich Überlegungen an, ob nicht auch das Bernsteinzimmer im Geleitzug dieses Transports nach Westen gelangt sein könnte. So wurde das Weimarer Verzeichnis zum ersten Anhaltspunkt, zugleich aber auch Ausgangspunkt für eine Fülle von Spekulationen über eine Odyssee des verschollenen Schatzes in der Mitte des Deutschen Reiches.

Nun erhielt dieser Archivfund vermeintliche Brisanz dadurch, dass sich der Kunsträuber a. D. höchstpersönlich wieder einmal aus dem polnischen Gefäng-

»Operation Puschkin«: Aktenzeichen AV 14/79 umfasste gut dreißig Ordner mit mehr als 10 000 Seiten, blieb jedoch ungelöst

nis Barczewo zu Wort gemeldet hatte, diesmal mit einer neuen Variante: »Wenn man mir sagen könnte, wohin meine Sammlung gebracht worden ist«, enthüllte der greise Gefangene polnischen Vernehmern, »dann fällt mir gewiss auch ein, wohin das Bernsteinzimmer gebracht wurde.«

Auch diese neue Folge von Kochs beliebtem Verwirrspiel ließ breiten Raum für Exegeten aller Art: Wollte Koch auf diese Weise lediglich Aufschluss über den Verbleib seiner »Privatsammlung« erheischen? Benötigte er diesen Hinweis vielleicht in der Tat, um seinem Gedächtnis nach all den Jahren auf die Sprünge zu helfen? Oder, was wahrscheinlicher ist, um sich nur wieder einmal in das öffentliche Bewusstsein zu rufen? Denn alles deutet darauf hin, dass Koch selbst gar nicht wissen konnte, was am Ende mit den vielen Kisten geschah, die seinerzeit in Königsberg umgeschlagen wurden. Doch Publizisten und Schatzsucher sinnierten nicht lange, sondern interpretierten seine Aussage im Kurzschlussverfahren so: Wo meine Beute hingeraten ist, muss auch das Bernsteinzimmer zu finden sein!

»Museumsgut von Gauleiter Koch, Königsberg«: Kam im Weimarer Landesmuseum auch das Bernsteinzimmer an?

Leider war nun dieses Objekt auf der Inventurliste im Weimarer Archiv mit keiner Silbe erwähnt. So nahm sich Enke die Liste noch einmal vor und begann zu zählen und zu knobeln: Kerzenleuchter mit zusammengezählt 138 Armen waren in Kochs Silbersammlung registriert. 139 Kerzenarme zählte Enke auch auf alten Fotos aus dem Zarensaal. Welch wundersame Koinzidenz! Das konnte doch nur bedeuten, schloss der Stasi-Detektiv messerscharf, dass die im Archivverzeichnis registrierten Leuchter in Wirklichkeit aus dem Bernsteinzimmer stammten, das gesuchte Getäfel mithin im Zusammenhang mit Kochs Kunstschatz in Thüringen eingetroffen war. Enke unterstellte dabei, dass Koch wohl kaum seine Schätze in den Westen gesandt, das beste Stück aber in den Kriegswirren zurückgelassen hätte. Bestätigt sah er sich durch Aussagen eines angeblichen Transportleiters, der zum Besten gab, einen Konvoi angeführt zu haben. Dieser habe Mitte Januar 1945 im Königsberger Schloss Teile des Bernsteinzimmers aufgeladen mit dem Fahrtziel Schneeberg im Erzgebirge, sei dann aber nach Thüringen umgeleitet worden.

Abgesehen von der kühnen Kombinatorik gab das Zahlenspiel um die Kerzenleuchter immer noch keinen Aufschluss über den Verbleib des eigentlichen Suchobjekts, des Bernsteinzimmers. Denn im Weimarer Arsenal waren von der Königsberger Lieferung nach Kriegs- und Nachkriegswirren keine Restbestände mehr verblieben, schon gar nicht irgendwelche Bernsteinteile. Selbst das im Verzeichnis des Museumsdirektors aufgelistete Konvolut samt den kompletten Aktenbeständen war nach dem Krieg in undurchsichtigen Kanälen der neuen Besatzungsmächte verschwunden.

Aus Akten und Augenzeugenberichten ließ sich lediglich rekonstruieren, dass die Lieferung des Absenders Erich Koch am 9. Februar 1945 auf Lkws und einem Möbelwagen in Weimar eingetroffen war. Das war just zur selben Zeit, als die Hindenburg-Särge im Schacht von Bernterode eingelagert wurden. Möglicherweise wurden also sämtliche schutzbedürftigen Güter in einem gemeinsamen Transport aus Ostpreußen herausgeschleust. Soweit rekonstruierbar, waren sie über Berlin und Potsdam per Bahn in das Konzentrationslager Buchenwald, auf dem Weimar gegenüber gelegenen Ettersberg, verfrachtet und dort auf Lastwagen verladen worden. Ein Teil der Ladung wurde am 9. Februar in das Landesmuseum geliefert. Dort legte der Transportleiter nach Einschätzung von Zeugen ein merkwürdiges Gebaren an den Tag. Er wollte sein Frachtgut so schnell wie möglich los werden. Eine detaillierte Übergabe an den Direktor der Staatlichen Kunstsammlungen in Weimar, Walter Scheidig, habe er abgelehnt und sich mit einer handschriftlichen Quittung begnügt. Auf diesem Schein seien jedoch lediglich die Anzahl und Art der verpackten Stücke, nicht aber ihr Inhalt vermerkt worden. So hatten die Empfänger keine Ahnung von der wahren Beschaffenheit der als »Museumsgut aus Königsberg« deklarierten Sendung – und spätere Schatzsucher ausreichend Raum zu weit reichenden Hypothesen.

Dass Weimar nicht mehr als eine Zwischenstation sein konnte, war vom ersten Moment an offenbar. Das Landesmuseum verfügte nicht einmal über richtige Kellerräume. Die Kisten, Koffer, Truhen und Gestelle aus Königsberg konnten nur vorläufig in ebenerdigen Zimmern abgestellt werden. Als unauffälliges Obdach konnte das Museum auch nicht gerade gelten, lagen doch nur wenige Schritte entfernt die Quartiere der Landesregierung und der Gauleitung. Schon in den Nachtstunden des Liefertages wurde die Unzulänglichkeit des Provisoriums offenbar. Ein schwerer Luftangriff beschädigte das nahe gelegene Nationaltheater und die Goethe-Weihestätten schwer, das Landesmuseum kam mit einigen zerbrochenen Fensterscheiben davon. Schon bald darauf, am 31. März 1945, richtete die Explosion einer Luftmine größere Schäden am Gebäude an, ließ das Kunstdepot jedoch unversehrt.

Zur Erklärung, warum Kochs Trophäen aus dem Raubzug im Osten überhaupt an solch exponiertem Ort gelagert waren, verwiesen die Ermittler auf das Ausweichquartier, das sich der fluchtbereite Gauleiter Koch ja in Thüringen errichten lassen wollte. Die Kisten mussten also noch im Zwischenlager verweilen, so die Vermutung, bis diese Zufluchtsstätte fertig war. Doch dazu kam es nie. So fuhr der Kurier, der die Kisten im Februar angeliefert hatte, zwei Monate später, kurz vor dem Einmarsch der US-Truppen, wieder vor dem Museum vor, um sie wieder abzuholen. Am 9. und 10. April 1945 brachte seine Mannschaft zwei Drittel der Kisten in Sicherheit. Die Bergung der Restbestände kam vermutlich wegen des raschen Vormarsches der US-Truppen nicht mehr zustande. Der größte Teil des Koch'schen Beuteguts verschwand jedoch mit unbekanntem Ziel.

Schlösser-Tour

Doch Stasi-Fahnder Enke ging gar nicht davon aus, dass sich das Bernsteinzimmer unter den in Weimar zwischengelagerten Kisten befand. Auch den Mitarbeitern im Weimarer Museum war davon nichts bekannt. Enke vermutete deshalb, dass die wertvolle Wandvertäfelung Königsberg zwar gemeinsam mit der für Weimar bestimmten Lieferung verlassen hatte, jedoch für ein anderes Zwischenlager bestimmt war. Und diesen Bestimmungsort glaubte der Stasi-Fahnder unweit von Weimar ausfindig gemacht zu haben. Es war ein herzogliches Schloss in der Nähe von Gotha, auf das ebenfalls eine beiläufige Aktennotiz hinwies. 126 Kisten aus Ostpreußen seien im Jagdschloss Reinhardsbrunn eingelagert worden, hieß es reichlich unbestimmt in dem Vermerk. Weiter hellhörig wurde Enke, als er in Erfahrung brachte, dass dieses Schloss seit dem 1. Februar 1945 ausgerechnet an die Reichskanzlei für monatlich 4000 Mark vermietet war, bis Juni 1945 bereits im Voraus bezahlt. Hatte Hitlers Amt hier eine Kunstdeponie gepachtet?

Die Erklärung war viel unspektakulärer. Nicht nur heimatlose Provinzfürsten wie Erich Koch erwogen, den Untergang ihres Reiches im sicheren mitteldeutschen Hort abzusitzen. Die Mittelgebirgsregion im Umkreis des thüringischen Jonastales war als Rückzugsraum für die gesamte Führungsspitze des »Dritten Reichs« fest vorgesehen. Im Städtedreieck zwischen Gotha, Suhl und Saalfeld sollten die obersten Dienststellen und Stäbe an insgesamt 25 Orten Zuflucht finden, wenn die Rote Armee die Hauptstadt stürmen würde. Auch der Jagdsitz des Herzogs Carl-Eduard von Sachsen-Coburg-Gotha war in die Pläne für den künftigen Regierungssitz einbezogen. Hier sollten einmal Führungsstäbe der Reichskanzlei untergebracht werden. SS-Chef Himmler hatte Schloss Reinhardsbrunn bei seinem Besuch im Jonastal daher zusammen mit dem ihm untergebenen Chefplaner des Geheimprojekts, SS-Gruppenführer Hans Kammler, und dem Kommandanten des »Führerhauptquartiers«, Oberst Gustav Streve, im November 1944 einer eingehenden Prüfung unterzogen. Ganz in der Nähe des historischen Bauwerks gab es einen Eisenbahntunnel, der Hitlers Salonwagen Schutz vor Luftangriffen bieten sollte. Mit diesem Zug wäre der Kriegsherr in sein geplantes unterirdisches Hauptquartier in unmittelbarer Reichweite gefahren. Das blieb jedoch ein Planspiel. Einstweilen richtete erst einmal der neu ernannte Oberbefehlshaber West, Generalfeldmarschall Albert Kesselring, einen Gefechtsstand im Bunker neben der Schlosskapelle ein.

»Zertretener Bernstein zwischen den Fugen des Kopfsteinpflasters«: Auch in Reinhardsbrunn wurde das Bernsteinzimmer vermutet

Doch wie die von Enke entdeckte Aktennotiz besagt, traf im Jagdschloss Reinhardsbrunn nicht nur Militärausrüstung ein. Handelte es sich bei den 126 ominösen Kisten aus Ostpreußen um Teile des Koch'schen Kunstschatzes, gar um das verschollene Bernsteinzimmer? Geeignete Augenzeugen konnten Mielkes Männer auch für diese Annahme auftreiben. So berichtete die ehemalige Pförtnersfrau, die selbst in einem Schlossgebäude gewohnt hatte, den Stasi-Ermittlern, dass tatsächlich Kisten im Bogengang unterhalb des Ahnensaals zu ebener Erde abgestellt waren. Sie konnte zwar keine genauen Angaben zum Zeitpunkt der An- und Ablieferung machen, nahm aber eine Aufenthaltsdauer von zwei bis drei Wochen an. Und dann erinnerte sie sich noch an ein Detail: Noch nach dem Krieg sei lange Zeit zertretener Bernstein zwischen den Fugen des Kopfsteinpflasters am Einlagerungsort zu sehen gewesen. Ein früheres Zimmermädchen der Herzogin Amalie meinte auch den Grund dafür zu kennen: Beim Hochhieven der Fracht sei eine Kiste von der Ladefläche eines Lastwagens gestürzt und zerbrochen. Bernsteinplatten und von Soldatenstiefeln zertretener Rohstoff seien im Schlosshof zurückgeblieben, als das Räumkommando abgefahren war. Sie war sich sicher, dass dies Anfang April geschah, nur wenige Tage vor dem Eintreffen der US-Armee.

Eine weitere Zeugenaussage, die sich auf die Nachkriegszeit bezog, schien das Ermittlungsmosaik zum passenden Bild zu ergänzen: Etwa im Jahr 1948 fand in jenem Schloss Reinhardsbrunn ein Feuerwehrlehrgang statt. In ihrer Freizeit stöberten die Schüler auf dem Dachboden des Gebäudes und fanden dabei Bernsteinplättchen mit geschliffener Oberfläche. Weil diese sich so wunderbar dafür eigneten, ließen die Jungs sie über die Wasseroberfläche des Schlossteiches hüpfen. Hatten die ahnungslosen Feuerwehrschüler die im Schloss verbliebenen Relikte des Bernsteinzimmers damals im Teich versenkt? Stasi-Spürnase Enke traf schon Vorkehrungen, den Tümpel auszupumpen, als er erfuhr, dass diese Mühe vergeblich sein würde. Teich samt Erdreich waren bereits einige Jahre zuvor wegen einer chemischen Verseuchung bis in ein Meter Tiefe abgetragen worden.

Eine verwischte Spur? Wohl kaum, denn nach Enkes Tod ergab eine genauere Betrachtung, dass der ehemalige Feuerwehrschüler in seiner Aussage ein nicht unwesentliches Detail erwähnt hatte: In den Bernsteinplättchen, mit denen er seinerzeit gespielt hatte, habe er eingeschlossene Fliegen oder Mücken gesehen. Es handelte sich also um eine Sammlung von Inclusen. Das sind zwar mitunter wertvolle Sammelstücke, solche Bernsteine dienten jedoch niemals zur Wandverzierung im Zarenschloss. In der Tat stammten die Fundstücke im Schloss Reinhardsbrunn, wie sich später erwies, aus der einst weltberühmten Danziger Inclusensammlung. Man hatte zwar tatsächlich Bernstein gelagert, aber offensichtlich handelte es sich dabei nicht um Kunst-Stücke zur Wandgestaltung, sondern eher um Prachtstücke, deren Reiz sich vorwiegend Mineralogen und Biologen zu erschließen pflegt.

Spuren aus dem Kohlenkeller

Von allen Widersprüchen ungebremst, ging die eigenwillige Verfolgungsjagd in die nächste Runde. Stasi-Oberst Enke schloss aus der zeitlichen Parallelität und anderen Übereinstimmungen, dass ein enger Zusammenhang bestand zwischen dem Transport nach Weimar und dem nach Reinhardsbrunn, das er als Zwischenlager für die Bernsteinzimmerkisten identifiziert glaubte. Beide Unterstellplätze sollen im Februar mit Gütern aus Ostpreußen gefüllt, beide Anfang April wieder geleert worden sein. In beiden Fällen wurden für den Abtransport nach Darstellung von Augenzeugen pikanterweise Fahrzeuge des Roten Kreuzes mit Schweizer Kennzeichen verwendet. Also glaubte Enke, den aus Reinhardsbrunn abtransportierten Bernsteinpaneelen auf die Fährte zu kommen, wenn er nähere Einzelheiten über das Lagergut im Weimarer Landesmuseum in Erfahrung brachte.

So nahm der Fahnder sich die Person noch einmal genauer vor, die den Transport nach Weimar geleitet hatte. Es musste derselbe Mann gewesen sein, so seine Schlussfolgerung, der Tage zuvor auch das Schloss in Reinhardsbrunn hatte räumen lassen. Auf der Inventarliste des Landesmuseums war sein Name vermerkt: Popp. Als Vornamen las Enke »A.« aus den Unterlagen heraus, was jedoch einer Überprüfung der Originaldokumente nicht standhält. Außerdem hatte jemand »Verwalter von Gauleiter Koch-Königsberg« zu dem Namen notiert.

Doch in Kochs Entourage fand sich kein Verwalter, der so hieß. In langwierigen Recherchen entdeckte Enke schließlich in Sachsens NS-Apparat einen Träger dieses Namens: Albert Popp, Standartenführer, seit 1944 sogar Führer des sächsischen NS-Fliegerkorps, Parteimitglied seit 1929. Was Enke jedoch noch mehr in Aufregung versetzte: Er war der Neffe von Sachsens Gauleiter Martin Mutschmann. Und dieser Mutschmann wiederum war ja, wie wir wissen, ein spezieller Kumpan seines ostpreußischen Kollegen Koch. So schloss sich für Enke der Kreis. Überdies fanden sich in Archiven Hinweise, dass Albert Popp zum Kriegsende im besonderen Einsatz für Mutschmann war, um in sächsischen und thüringischen Schlössern Kulturgüter zu verstauen.

Nach den Notizen des Museumsdirektors Scheidig war Popp auch derjenige, der Kisten mit Königsberger Kunstschätzen am 9. und 10. April 1945 wieder aus Weimar abgeholt hatte. Ein Augenzeuge aus Weimar meinte sich in der Tat erinnern zu können, dass der Transportleiter Popp geheißen und der Uniform

»Im besonderen Einsatz«: Albert Popp gehörte zur Entourage von Gauleiter Mutschmann und führte für ihn Geheimaufträge aus

nach dem NS-Fliegerkorps angehört habe. Bei genaueren Nachforschungen in Popps damaligem Wohnort hatten die Stasi-Ermittler ein überraschendes Déjà-vue-Erlebnis: Hier hatte, zeitgleich mit Popp, ein höherer SS-Führer gewohnt, den sie bereits aus ihren Unterlagen kannten. Er hieß Gustav Wyst. Durch einen Hinweis von dessen Sohn Rudolf waren ihm Enkes Leute schon 1959 auf die Spur gekommen. In jenem Jahr war in der DDR-Zeitschrift »Freie Welt«, die der ostdeutsch-sowjetischen Freundschaft dienen sollte, ein Artikel über die Suche nach dem Bernsteinzimmer erschienen. Durch die Lektüre dieses Aufsatzes war Rudolf Wyst seinerzeit dazu animiert worden, Erkenntnisse und Vermutungen über seinen Vater zum Besten zu geben, deren Brisanz ihm erst jetzt bewusst geworden sei. Rudolf Wyst stammte aus Königsberg, war dort 1936 zur Welt gekommen. 1944, kurz vor der Demontage des Kunstwerks, hatte der Siebenjährige sogar noch Gelegenheit gehabt, das Bernsteinzimmer im Schloss zu besichtigen, an der Hand seines Vaters, eines Obersturmbannführers der SS. Drei Jahre später, kurz bevor der Vater starb, kam dieser noch einmal auf das damalige Erlebnis zu sprechen und deutete nach der Erinnerung des Sohnes in diesem Zusammenhang an, dass er selbst am Ende des Krieges an der Bergung der Königsberger Kunstschätze beteiligt gewesen sei.

Gustav Wyst, das ergab die Ermittlung seines Lebenslaufs, war schon in den zwanziger Jahren zur SA gestoßen und hatte sich dort vor allem durch die Schlagfertigkeit seiner Faust eine Position verschafft. 1933 erkannte er die Zeichen der Zeit und wechselte zur SS über. Seine berufliche Tätigkeit bei der Post nutzte Wyst, um Angestellte zu bespitzeln und den Postverkehr im Sinne von Himmlers Politischer Polizei zu überwachen. Auch bei antisemitischen Pogromen seiner Truppe war er in vorderster Reihe dabei. Aus dem Kriegseinsatz kam der SS-Mann schon bald mit einem Lungensteckschuss wieder zurück, der eine chronische Lungenerkrankung bei ihm auslöste. Nunmehr vom Kriegsdienst freigestellt, stand Wyst der NS-Gauleitung in Königsberg für Sonderaufgaben zur Verfügung. Offenbar gehörte auch Koch, dessen Amtssitz von Wysts Wohnsitz nicht weit entfernt lag, persönlich zu den Auftraggebern. Sohn Rudolf erinnert sich, wie er seinen Vater einmal zum Besuch auf Kochs Landgut in Metgethen begleitet hatte.

Im November 1944 wurde die Familie des Sonderbeauftragten, mit geheimnisvollen Andeutungen verbrämt, in das kleine sächsische Städtchen Crimmitschau evakuiert, während der Vater vorläufig in Königsberg zurückblieb. Doch drei Monate später, unmittelbar nach der Einschließung der Festung, tauchte er plötzlich im sächsischen Ausweichquartier der Familie wieder auf, wie sein damals achtjähriger Sohn mitbekam: »Er sah leicht mitgenommen

»Aktion ›Bernsteinzimmer‹ ist durchzuführen«: Brachte Gustav Wyst das Bernsteinzimmer aus Königsberg heraus?

»Ich habe diesen Brief an die ›Freie Welt‹ geschrieben, und dann kam alles wie ein Erdrutsch auf mich zu«: Rudi Wyst

aus, hatte eine Gesichtslähmung auf der linken Seite. Er saß da in Zivilkleidung, und auf dem Bett lag eine Maschinenpistole mit einem flachen Magazin. Als ich hereinkam, war er gerade dabei, seine Pistole nachzuladen. Am selben Abend kam irgendein Parteimensch; ich wurde ins Bett gesteckt und weiß deshalb nicht, worüber sie sich unterhalten haben.«

Auf welche Weise und auf welchem Weg der SS-Offizier noch aus dem umkämpften Kessel herausgekommen war, blieb zeitlebens sein Geheimnis. In Crimmitschau meldete Wyst sich umgehend polizeilich an, was auch aktenkundig ist. Danach verschwand er für zehn Tage, so geheimnisvoll wie er erschienen war. Auch im März und April tauchte er jeweils für einige Tage ab. Nach Kriegsende verstand es der Ex-SS-Mann, seine Verstrickung in das Nazi-System weitgehend zu kaschieren. Der gesundheitlich angeschlagene Mann lebte zurückgezogen, alimentiert von einer Invalidenrente und regelmäßigen Geldzahlungen, deren Herkunft im Dunkel blieb. Gleiches gilt für rätselhafte Aufträge, die der Vater seinem Sohn Rudolf erteilte: »In einem Geschäft gab es zu dieser Zeit eine Tauschzentrale, wo man alte Schuhe gegen neue Zylinder oder ein gebrauchtes Auto gegen neue Hufnägel tauschen konnte«, sagt Rudolf Wyst. »Ich musste fast jede Woche dorthin gehen, um für meinen Vater einen Aushang abzugeben und die Briefe dazu wieder abzuholen. Der Aushang hatte fast immer denselben Text: ›Biete Fleisch und Fett, suche Naturalien.‹«

»Unter feuchter Braunkohle lag diese Kartentasche«: Rudi Wyst im Keller seines Elternhauses in Elsterberg

Durchaus merkwürdig, denn Vater Wyst verfügte weder über Fleisch- noch Fettvorräte. Gehörte er auch nach dem Krieg weiter einer Seilschaft an, die mit dem vormaligen Gauleiter Koch in Verbindung stand und über verschlüsselte Botschaften kommunizierte? Wurde er weiterhin von einstigen Kameraden versorgt oder gar mit Schweigegeld ruhig gestellt? Ähnlich dubios erschien dem Sohn der unvermittelte Umzug der Familie nach Oberschlema im Erzgebirge im Februar 1946 und nach Elsterberg im Vogtland ein Jahr darauf. Es sollte Gustav Wysts letzte Station bleiben. Im Oktober 1947 erlag er als Folge seiner Kriegsverletzung einer Lungenentzündung.

Um das Jahr 1949, genau weiß er es selbst nicht mehr, stieß Rudolf Wyst im heimischen Kohlenkeller unter einem Haufen feuchter Braunkohle auf eine lederne Kartentasche, wie sie Offiziere während des Zweiten Weltkriegs bei sich trugen. Die Tasche war bereits angeschimmelt, ihr Inhalt völlig durchfeuchtet. »Die Papiere waren stockfleckig und zusammengeklebt«, erzählt Rudolf Wyst. »Na ja, als Junge ist man neugierig, stochert darin herum und versucht das Zeug auseinander zu nehmen. Da war alles Mögliche dabei: Neben ganzen und zerbrochenen Morphiumampullen und einzelnen Patronen Formulare, Überweisungen, Ausweise mit Passbildern meines Vaters auf verschiedene Namen.«

Da spätestens war klar, wer die Tasche einmal benutzt hatte und warum er sie unter den Kohlehaufen geschoben hatte. SS-Obersturmbannführer Gustav Wyst hatte, im Wortsinn, etwas zu verbergen. Was das war, darüber vermochte der halb vermoderte Papierklumpen nur noch rudimentär Auskunft zu geben. Der Junge nahm das Fundstück mit auf sein Zimmer. Dort versuchte er die durchnässte Hinterlassenschaft seines Vaters zu entschlüsseln. Als jedoch seine Mutter Wind davon bekam, wollte sie die verräterischen Reminiszenzen an die Vergangenheit so schnell wie möglich verschwunden sehen. Das Vorleben ihres Mannes war nicht gerade opportun in der stramm antifaschistisch ausgerichteten Sowjetzone, und Frau Wyst war sorgsam darauf bedacht, den Mantel des Verschweigens darüber zu breiten. So musste der Junge das verfängliche Relikt in den Ofen befördern. Übrig blieb nur noch der beziehungsreiche Metallverschluss der Aktentasche, eine Nachbildung der drei indischen Affen, von denen der eine nichts sieht, der andere nichts hört, der dritte nichts sagt.

Vor der Entsorgungsaktion hatte der mit einem präzisen Gedächtnis ausgestattete Sohn jedoch Gelegenheit gehabt, sich die noch lesbaren Papiere ausgiebig anzusehen: »In einem Dokument hieß es, es sei anzunehmen, dass für Königsberg der Fall ›Grün‹ eintritt und aus diesem Grunde mehrere Transporte stattfinden müssen. Mein Vater wurde beauftragt, die Aktion ›Bernsteinzimmer‹ durchzuführen. Außerdem gab es eine Übergabequittung aus dem Schloss vom 8. oder 9. Januar 1945, etwa 40 Kisten wurden ihm übergeben.«

Neben Gustav Wysts Namen habe diesen Beleg, so meinte der Finder sich erinnern zu können, noch die Unterschrift eines Oberfähnrichs der Luftwaffe geziert. Wie passend! Als Stasi-Detektiv Enke dies erfuhr, war für ihn klar: Diese Signatur war die Verbindungslinie zu dem von ihm identifizierten Albert Popp. Hatten beide nicht auch zeitweise den gleichen sächsischen Wohnort geteilt? Reimte sich somit nicht alles auf wundersame Weise zusammen? Die Lieferung aus Königsberg nach Weimar und Umgebung, die vielfältigen Bezüge zum Urheber Erich Koch, der überraschende Umzug der Familie Wyst nach Thüringen, die geheimnisvollen Bezugsquellen des Vaters nach dem Krieg? Und nun kam durch die Aussage des Sohnes noch das Zauberwort »Bernsteinzimmer« in die ausgeklügelte Rekonstruktion!

Rudolf Wysts Kohlenkeller-Geschichte sorgte somit für reichlich Aufregung in der Bernsteinsucher-Gemeinde. Eine Fülle von Spekulationen beruhte auf seiner Gedächtnisleistung. Dabei wurde oft ein wenig außer Acht gelassen, dass Texte in Tarnsprache, die ein gerade mal dreizehnjähriger Junge ohne besondere Ambition vor Jahren gelesen hatte und zehn Jahre später aus dem Gedächtnis wiedergab, nicht als Bibelstellen betrachtet werden können. Gleichwohl ent-

stand aus Wysts sinngemäßen Erinnerungen ein Wortprotokoll dreier Funksprüche, das damals in folgender Version überliefert wurde:
»1. Befehl an Sturmbannführer Wyst:
Voraussichtlich gilt für Königsberg bald Unternehmen Grün. Deshalb haben Sie die Aktion Bernsteinzimmer durchzuführen und es in das Ihnen bekannte B SCH zu bringen ... Nach Ausführung der Operation sind Zugänge zu tarnen und Gebäude zu sprengen.
2. An Transportführer:
30 Kisten Bernsteintafeln und Kisten der Bernsteinsammlung laut Befehl des RSHA [Reichssicherheitshauptamt] übergeben.
Unterschrift der Wache
Transport empfangen: Gustav Wyst
3. An Reichssicherheitshauptamt
Befehl ausgeführt. Aktion Bernsteinzimmer beendet, Zugänge befehlsgemäß getarnt. Sprengung erfolgt. Opfer durch Feindeinwirkung. Melde mich zurück.
Gustav Wyst«
Sofort nach der Veröffentlichung dieser Aussage begann das muntere Rätselraten. Wieso hatte nun plötzlich das Reichssicherheitshauptamt, die oberste Terror- und Polizeibehörde des Reiches, die Fäden in der Hand? Was sollte da gesprengt worden sein? Was mochte »Opfer durch Feindeinwirkung« bedeuten? Hatte es Kämpfe gegeben? War der Konvoi in einen Luftangriff geraten? Auslegungsmöglichkeiten gab es mehr als genug. Dabei wurde großzügig darüber hinweggesehen, dass authentische Funksprüche über ein geheimes Unternehmen in Wirklichkeit wohl kaum die unverschlüsselte Benennung des zu bergenden Objekts und den vollen Namen des Beteiligten preisgegeben hätten. Alle Aufgeregtheit drehte sich vielmehr um die Frage: Was verbirgt sich hinter der geheimnisvollen Abkürzung »B SCH«? War sie die »Sesam öffne dich«-Formel zur Kammer des verborgenen Schatzes? Wie sich erwies, war »B Sch« jedenfalls eine vielseitig anwendbare Chiffre: Orte wie Bad Schandau, Bad Schussenried oder Bad Schauenburg rückten plötzlich als mögliche Endlagerstätten für das Bernsteinzimmer ins Blickfeld. Andere Dechiffrierspezialisten interpretierten das Kürzel als Tarnbezeichnung für mittelalterliche Gemäuer wie Burg Schwarzenberg, Burg Schlitz, Burg Scharfenberg. Der Fantasie waren kaum Grenzen gesetzt, und an nicht wenigen alten Gemäuern, verlassenen Gruben oder Grüften rückten sogleich überzeugte Entschlüsselungskünstler mit der Spitzhacke an. Das Bernsteinzimmer vermochten auch sie nicht zu Tage zu fördern.
Einer weiteren Interpretation zufolge wies die abgekürzte Ortsbezeichnung gar

»Lagerplatz für Kunstgüter«: Die Brauerei »Schönbusch« im Königsberger Vorort Ponarth

nicht auf eine Verlagerung in den Westen, sondern in unmittelbare Nähe des Königsberger Schlosses hin. Was etwa, wenn der Buchstabe B nicht für Bad, Burg oder Bergwerk, sondern schlicht für Brauerei stand: Könnte sich die Formel nicht auch als Abkürzung der Endlagerstätte »Brauerei Schönbusch« entpuppen? Diese Bierquelle im südlichen Königsberger Vorort Ponarth hatte neben Lagerräumen und mehrgeschossigen Kelleretagen einen direkten Gleisanschluss, was sie als Umschlagplatz für Güter prädestinierte.

Tatsächlich hatte sie Rosenbergs Ostministerium, das die Federführung beim Kunstraub innehatte, zeitweise als Depot für dessen Beute aus dem Osten gedient. Auf die Ponarther Brauerei Schönbusch wies außerdem die Aussage einer ehemaligen Königsbergerin. Diese Frau wollte von einem polnischen Kraftfahrer erfahren haben, dass er beteiligt war, als Anfang Februar 1945 Kisten mit Teilen des Bernsteinzimmers im Königsberger Schloss auf sechs Lastwagen verladen wurden. Kurz vor Elbing im Süden Ostpreußens sei die Kolonne aber von sowjetischen Kampfflugzeugen angegriffen worden und dadurch

154 SPUREN AUS DEM KOHLENKELLER

»Ergebnislose Suche«: Auch im alten Eiskeller der Brauerei wurde das Bernsteinzimmer nicht gefunden

gezwungen gewesen, wieder nach Königsberg zurückzufahren. Am Südrand der Stadt, im Vorort Ponarth, habe sie ein SS-Posten angewiesen, die Kisten in unterirdischen Gewölben einer Brauerei abzuladen. Eine ehemalige Sekretärin in der Verwaltung der Bernsteinsammlungen habe diese Anekdote bestätigt. Eine Meldung der britischen Zeitung »The Sunday Times« vertiefte 1969 die Spur nach Ponarth. Der ehemalige Direktor der Brauerei soll demnach seinem Neffen das Geheimnis des Schatz-Kellers anvertraut haben, der das wiederum einem Korrespondenten der Zeitung steckte. Auch andere Ortskundige steuerten eigene Beobachtungen bei, die auf die Ponarther Brauerei hinwiesen. Grund genug für eine Grabung vor Ort im August 1988, diesmal sogar vor den Kameras des sowjetischen Fernsehens und der »Aktuellen Kamera«, der DDR-»Tagesschau«. Okkultisten hatten zuvor eigens mit einem Pendel über der Karte der Brauerei die »richtige« Stelle markiert, an der gebohrt werden sollte. Doch das Schürfunternehmen in den früheren Schönbusch-Kellern blieb – vom Fund einiger betagter Schreibmaschinen abgesehen – ergebnislos, ebenso wie spätere Grabungen auf dem Gelände einer weiteren ehemaligen Brauerei in Ponarth.

Trotz aller tief schürfenden Bemühungen lieferte das Buchstabenrätsel um »B Sch« also nicht den erhofften Schlüssel zum Bernsteinzimmerversteck. Das ist indes auch nicht verwunderlich, wenn man die Umstände seiner Entstehung näher betrachtet. Unmittelbar nachdem Rudolf Wyst sich mit seiner Familiensaga an die Redaktion der »Freien Welt« gewandt hatte, begann sich auch der sowjetische Geheimdienst KGB, durch einen Hinweis hellhörig gemacht, für den Zeugen und seinen Erlebnisbericht zu interessieren. Kurz darauf erhielt Rudolf Wyst eine Einladung nach Kaliningrad via Moskau. Dort sollte er direkt beim Aufspüren der Kammer vor Ort hilfreich zur Seite stehen, was wie zu erwarten kein greifbares Ergebnis zeitigte. Gleichzeitig wurde Wyst in Kaliningrad gebeten, sein gesamtes Wissen über das Vorleben des Vaters zu Papier zu bringen, auch den Wortlaut der Papiere aus dem Kohlenkeller. Ein Dolmetscher übersetzte diese Erzählungen anschließend ins Russische. Auf Grundlage dieser Aufzeichnungen wurde später wiederum eine Rückübersetzung angefertigt, die den Organen der Staatssicherheit und denen der Presse in der DDR zugänglich wurde. Beim Wechsel zwischen den Sprachen war es jedoch zwischenzeitlich zu einer kleinen, aber folgenschweren Metamorphose gekommen. Denn Wyst hatte bei der Rekonstruktion des Funkspruchs aus seinem Gedächtnis keineswegs die Abkürzung »B Sch« verwendet, sondern vielmehr »B III«. Die Stenotypistin hatte das vermutlich auch korrekt in ihre kyrillische Schreibmaschine getippt. Doch bei der Rückübertragung in die deutsche Sprache geschah die Verwechslung wohl deshalb, weil die römische III dem russischen Buchstaben für »Sch« täuschend ähnlich sieht. So wandelte sich »B III« in »B Sch« . Es war also von Beginn an eine falsche Fährte auf ohnehin mehr als wankendem Grund, die Folge eines Übertragungsfehlers. Korrekt musste die Abkürzung für das angebliche Endlager des Bernsteinzimmers gemäß Gedächtnisprotokoll »B III« lauten.

Wieder eine neue Variante, wiederum reichlich Interpretationsspielraum! Eine mögliche Lesart dieses Kürzels wies abermals nach Königsberg: »Bunker III«. Sollte hier das Bernsteinzimmer verborgen sein? Tatsächlich war die alte Festungsstadt schon seit früheren Zeiten geradezu unterkellert mit Kasematten, Gewölben und Gängen. Diese weitverzweigten unterirdischen Schutzanlagen wurden unter der NS-Herrschaft noch ausgebaut und durch zusätzliche Bunker ergänzt. Ein sachkundiger Kenner der Königsberger Unterwelt seit langer Zeit war Alfred Rohde. Als der junge Kunstwissenschaftler Ende der zwanziger Jahre aus Hamburg in die ostpreußische Hauptstadt übergewechselt war, galt sein erstes größeres Projekt der gründlichen Erforschung der Stadtgeschichte. Bei dieser Gelegenheit hatte er sich auch die Archivquellen vorgenommen, die über die Gewölbe unterhalb des Schlosses, der Kirchen und insbesondere der mittelalterlichen wie auch neuzeitlichen Teile der Festungsanlage Aufschluss gaben, und die Bauten auch selbst in Augenschein genommen. Diese Kenntnisse kamen ihm bei Kriegsende nun zu Gute, als es darum ging, die ihm anvertrauten Kunstschätze auszulagern. Wie aus Rohdes verbliebener Korrespondenz und aus Zeugenaussagen hervorgeht, hatte der Kurator Teile seiner Kunstsammlung in Bunkern und Kellerräumen deponiert. Gehörte dazu auch »Bunker III«? War der während des Krieges so bezeichnete Bunker »B 3«, der nach Aussage von Ortskundigen in der Nähe eines Fuhrparks der Gestapo in der »Langen Reihe« gelegen war, der Aufbewahrungsort für das Bernsteinzimmer? Eine Kommission, die sich nach dem Krieg auf die Suche nach diesem Depot begab, konnte die unterirdischen Räume nicht mehr ausfindig machen.

Endstation Erzgebirge

Stasi-Kundschafter Enkes Nachforschungen kam die Königsberger Variante ohnehin nicht sonderlich zupass. Hatte er nun doch schon eine lange Indizienkette zusammengefügt, die seine Theorie einer etappenreichen Tour des Ostsee-Goldes bis in das Herz Mitteldeutschlands untermauern sollte. Er hatte eine Endlagerstätte im Visier, für die die Abkürzung »B Sch« einfach zu schön gepasst hätte: Bad Schlema, wie das Städtchen Schlema im westsächsischen Erzgebirge bis kurz nach dem Krieg noch hieß, ehe der Uranbergbau dem weithin beliebten Kurbetrieb ein Ende bereitete. Bei seinen Ausgangsüberlegungen knüpfte Enke unverdrossen an der Annahme an, dass das Bernsteinzimmer Anfang April 1945 aus dem Jagdschloss Reinhardsbrunn abgeholt worden war, und zwar unter der Regie von Popp und Wyst. Sogar den klangvollen Namen für dieses Umzugsunternehmen meinte der Stasi-Ermittler erkundet zu haben: Aktion Sonnenuntergang. Aufgrund der errechneten Reichweite der Lkw-Touren und der Umzingelung durch die Alliierten kam für die Transporteure nach

»Er wollte offensichtlich zu seiner Bezugsperson«: Gustav Wyst wohnte bis zu seinem Tod in Popps Heimatort Elsterberg

»Kühnes Rechenexempel«: Auch Schlema im Erzgebirge kam für Enke als mögliches Versteck des Bernsteinzimmers in Frage

Enkes Kalkulation in erster Linie ein Zielgebiet in Frage, das weder von vorrückenden Amerikanern noch von tschechischen Partisanen behelligt war: der westliche Landesteil von Sachsen. Im Bergbaurevier des Erzgebirges gab es tatsächlich genügend Stollen und Schächte, die als Kunstdepots in Frage kamen, wie auch Unterlagen des »Einsatzstabes Reichsleiter Rosenberg« belegten.

Die Straßen, die in diese Gegend führten, so knobelte Enke weiter, waren in jener Zeit wegen der Behinderung durch Flüchtlingstrecks, Wehrmachts- und SS-Fahrzeuge allenfalls mit Tempo 30 passierbar. Wegen drohender Jagdbomberattacken sei die Fahrt aber nur nachts möglich gewesen. So kam in Enkes kühnem Rechenexempel nur ein Fahrtziel in maximal 150 bis 180 Kilometer Entfernung in Frage. Das traf auf Albert Popps Heimatgebiet um Elsterberg, Schlema und Crimmitschau bei Zwickau zu. Hier hatte er seine Freunde und Verwandten, hier kannte er jeden Steg und sicher auch viele Verstecke. Hier wurde Popp am 11. April 1945 nach Zeugenangaben beobachtet, wie er den Ort Elsterberg mit einer Lkw-Kolonne verließ. Es war zugleich jenes Gebiet, in das

»Verschollene Stollen«: Dieses Foto aus den zwanziger Jahren gab Enke und seinen Mitarbeitern Rätsel auf: Wurde hier das Bernsteinzimmer versteckt?

Gustav Wyst seine Familie evakuierte, eine Gegend, die bis zum Ende vom Krieg verschont blieb.

Und wie der Zufall so wollte, war es seit Jahren auch das Urlaubsdomizil der Eheleute Enke. Hier hatten sie auch hin und wieder merkwürdige Beobachtungen zugeraunt bekommen. Da sei eine SS-Einheit gegen Kriegsende in unmittelbarer Nähe stationiert gewesen, die geheimnisvolle Transporte abgewickelt hätte. Ein Denkmal erinnerte an erschossene KZ-Häftlinge. War das nicht ein klarer Hinweis auf Mitwisser, die beseitigt wurden, wie Enke im Jagdfieberwahn mutmaßte? Könnte es nicht diese Bluttat gewesen sein, die Gustav Wyst in seinem angeblichen Funkspruch mit dem Begriff »Opfer durch Feindeinwirkung« umschrieben hatte? Weitere vermeintliche Merkwürdigkeiten gesellten sich zu diesen Fragezeichen. Da seien Stolleneingänge im Lauf der Jahre schlicht verschollen, die noch auf alten Fotos zu erkennen waren. Da gab es ein aufgelassenes Kaolinbergwerk namens »Weiße Erde«, auf dessen Gelände, so munkelten Anwohner, die Partei merkwürdige Aktivitäten entfaltete. Kundschafter Enke setzte seine Mannschaft also auch auf dieses potenzielle Depot an, wie sein Mitarbeiter Uwe Geißler erzählt: »Wir entdeckten im Archiv, dass die NSDAP-Kreisleitung von Aue dort oben einen Bunker hatte. Davon gab es noch eine Skizze und eine Karte. Als wir uns dann dort oben die noch übrig gebliebenen Reste ansahen, stellten wir fest, dass es niemals als Bunker gegolten haben konnte. Außerdem verfügte die Kreisleitung bereits über einen sicheren Bunker unten in den Stollen. Sie hatte also den da oben überhaupt nicht nötig.«

»Kaum einen Hohlraum nicht geprüft«: Wie hier den »Osterlammstollen« bei Schlema ließ die Stasi Hunderte unterirdische Objekte untersuchen

Wozu diente also der ominöse Bunker in Wirklichkeit? Enke beschloss, auch dieser Angelegenheit auf den Grund zu gehen, und ließ, wie schon an vielen vermeintlichen Fundorten zuvor, auch die »Weiße Erde« aufwühlen. Es sollte das teuerste und letzte der zahlreichen Buddelabenteuer der Stasi werden. Für dieses Unternehmen konnten sogar die notwendigen Devisen lockergemacht werden, um für 5000 Mark pro Woche einen speziellen Universalbagger aus der Schweiz anzumieten. Am Ende hatten die Bernsteingräber von 1985 bis 1987 insgesamt zwei Millionen Mark in den Kaolinsand der »Weißen Erde« gesetzt, außer einer Hacke und einem verrotteten Paar Gummistiefel aber nichts zu Tage gefördert. Den Aufwand hätte Enke sich gut und gern sparen können. Er hatte zwar zuvor in Meißen die Akten des vormaligen Kaolinbergwerks studiert, sie aber wohl vor lauter Euphorie nicht richtig zu Ende gelesen. Denn dann hätte er entdeckt, dass die Stollen schon seit Beginn des 20. Jahrhunderts eingebrochen und gar nicht mehr zugänglich waren.

Es war wohl die größte Enttäuschung in Enkes lebenslangem Graben-Kampf. Dennoch gab sich der passionierte Kammer-Jäger bis zuletzt nicht geschlagen. »Schwalbe V, Nordhang überprüfen, reale Möglichkeit«, notierte der Stasi-Oberstleutnant 1987. Er war in den Archiven auf eine weitere Spur gestoßen, die ebenfalls in sein bevorzugtes Zielgebiet zwischen Aue, Crimmitschau und

»Schwalbe V, Nordhang überprüfen, reale Möglichkeit«: Das Stollenlabyrinth aus der NS-Zeit war Enkes letzte heiße Spur
(Foto von 1945)

»Größte unterirdische Baustelle«: Planskizze von »Schwalbe V«

Elsterberg führte. »Schwalbe V« war der Tarnname für eine der größten unterirdischen Baustellen in Hitlers Reich. Bis zu 1800 KZ-Häftlinge aus Buchenwald, 800 Kriegsgefangene und 500 deutsche Bergleute gruben unter Aufsicht der »Organisation Todt« eine Produktionsstätte in das Gestein der Hügellandschaft bei Berga, in der Heizöl zu Flugbenzin verarbeitet werden sollte. Kurz vor der Fertigstellung der gigantischen Untergrund-Raffinerie musste die Baustelle vor den anrückenden US-Truppen geräumt werden. In den folgenden Tagen wurden die Querstollen der Fabrikationsstätte gesprengt. Es war Präzisionsarbeit, die den Zugang zur Innenwelt verschloss. Was sollte die mühsame und gefährliche Sprengung für einen Sinn haben? Was mag sich hinter dem Geröll verbergen? Weder die Amerikaner, die 1945 die Region besetzten, noch die Sowjets, zu deren Besatzungszone sie dann gehörte, hatten das abgeschottete Hydrierwerk jemals systematisch inspiziert. »Schwalbe V« ist bis heute das

»Zugänge gesprengt«: Bis heute ist das Stollensystem von »Schwalbe V« nicht zugänglich

größte unerforschte Geheimnis unter bundesdeutschem Boden. Alle halsbrecherischen Unternehmungen, in das Stollensystem vorzudringen, sind bislang gescheitert.

Dabei wurde der Jagdeifer noch angefacht, als ein Bündel von Frachtbriefen auftauchte, aus denen hervorgeht, dass der Reichsarbeitsdienst am 9. Januar 1945 mehrere Waggons in die unterirdische Baustelle entsandt hatte. Abgefahren waren sie fünf Tage zuvor in – Königsberg. Aus welchem Grund sollte ein Güterzug aus dem kriegsumbrandeten Ostpreußen den weiten Weg bis in die Höhen des Erzgebirges absolviert haben? Nur um Arbeitsgerät zu liefern? In den Frachtbriefen waren Kipploren und kleinere Lokomotiven als Versandgut angegeben. Waren das in Wirklichkeit Tarnbezeichnungen für Teile des Bernsteinzimmers? Außer Fragen und Merkwürdigkeiten existiert auch für diesen Tatort nicht ein einziger fassbarer Hinweis auf die Spur des Bernsteinzimmers. Schatzgräber Paul Enke jedenfalls konnte das Geheimnis im ausgehöhlten Berg nicht mehr ergründen. 1987 erlag er einem Herzinfarkt, kurz bevor der Mauerfall seinem Lebenswerk ohnehin ein unspektakuläres Ende bereitete.

ENDSTATION ERZGEBIRGE 163

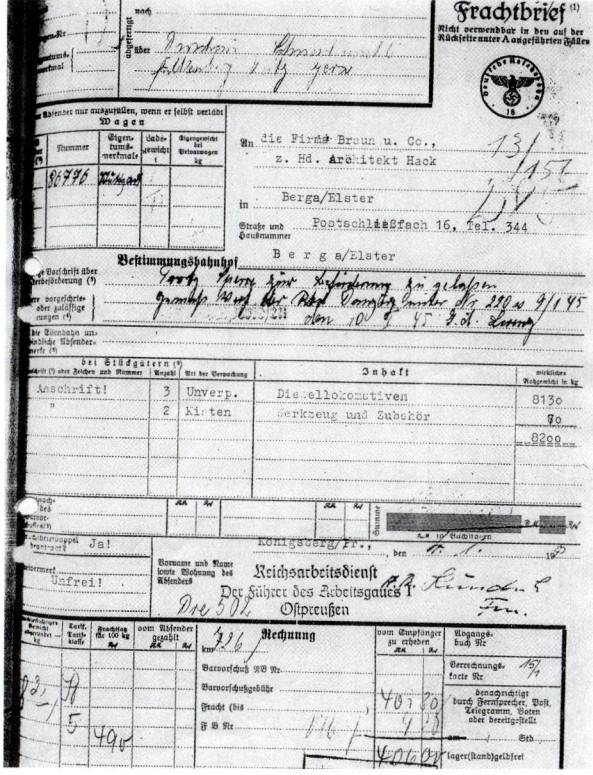
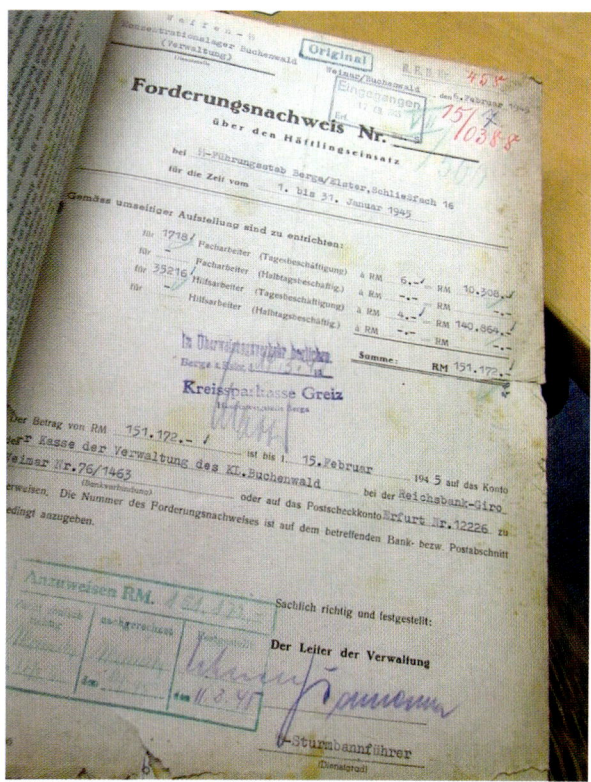

Aber auch mit der Abwicklung der unter dem Strich erfolglosen »Operation Puschkin« flaute die Grabungseuphorie in der mitteldeutschen Mittelgebirgsregion keineswegs ab. Ganz im Gegenteil: Die Wende und das Ende des Kalten Krieges verschafften der Bernsteinzimmersuche neuen Auftrieb. Das Stasi-Monopol für tief schürfende Nachforschungen wurde nach dem Ableben der DDR geradezu eine volkseigene Angelegenheit. Wo immer Gerüchte über potenzielle Lagerstätten für das berühmte Suchobjekt die Runde machten, waren bald auch Schatzsucher und Hobbyarchäologen mit entsprechender Ausrüstung zur Stelle.

Die 1300-Seelen-Gemeinde Deutschneudorf, in den finsteren Wäldern des Erzgebirges an der Grenze zu Tschechien gelegen, hat aus der Begeisterung für die Schatzsuche sogar regelrecht einen Tourismuszweig geformt. Neugier und Abenteuerlust sollen Urlauber aus dem In- und Ausland in diese entlegene Grenzregion locken. »Bernsteinzimmer 1500 m« hat der Bürgermeister auf ein Hinweisschild pinseln lassen. Er zeigt sich felsenfest davon überzeugt, dass im ehemaligen Kupferbergwerk des Ortes das Bernsteinzimmer bei Kriegsende

»Trotz Sperre zur Beförderung zugelassen«: Was wurde im Januar 1945 aus Königsberg nach Berga transportiert?

»Himmelfahrtskommando«: Auch Häftlinge aus Buchenwald wurden beim Bau von »Schwalbe V« eingesetzt

»Schatzsuche als Touristenattraktion«: Heinz-Peter Haustein, Bürgermeister der Erzgebirgsgemeinde Deutschneudorf

sein derzeitiges Grab gefunden hat. Eine Zündschnur der Wehrmacht, ein Gasmaskenbehälter, ein Tresorschlüssel und ein Maschinengewehr, das alles habe man bereits aus den Stollen geborgen, die doch schon seit dem 19. Jahrhundert stillgelegt waren. Wie sollten diese Utensilien dort hineingeraten sein? Von einem geheimnisvollen Militärkonvoi aus Lastwagen und geländegängigen Personenautos wird im Ort erzählt, der am 9. April 1945 vor der Schachtanlage vorgefahren sei. Die Offiziere, so hieß es, trugen schwarze Uniformen, die Mannschaften Tarnanzüge des Afrika-Corps. Sie sperrten das Gelände weitläufig ab und brauchten zwei Tage, bis sie all ihre Kisten unter Tage verstaut hatten. Die Gemeinde lässt weiter nach diesen Behältnissen graben – und schürft dabei auch nach ertragreichen Einnahmequellen in der mit Wirtschaftskraft nicht reich gesegneten Region.

Unterwelten des Hitler-Reichs

1991 war es der russische Präsident leibhaftig, der das Schatzsucherfieber noch weiter anheizte. Während einer Deutschlandvisite überraschte Boris Jelzin am 22. November den Auswärtigen Ausschuss des Bonner Bundestages mit der Mitteilung, er kenne das Versteck des verschwundenen Schatzes. Das Bernsteinzimmer befinde sich sogar auf deutschem Boden. Tatsächlich aber war der Präsident, wie sich herausstellte, offenbar einer Pressemeldung aufgesessen. Die Moskauer Zeitung »Rabotschaja Tribuna« (Arbeitertribüne) hatte in einer eher vagen Kurzmitteilung von Funden in dubiosen Geheimarchiven berichtet. Nach diesen Unterlagen seien 1945 angeblich 126 Kisten aus Königsberg in ein Versteck bei Ohrdruf in Thüringen gelangt, wo sich zu DDR-Zeiten ein sowjetischer Truppenübungsplatz befand. »Bernsteinzimmer gefunden«, lautete der Titel der Meldung. Der Setzer hatte allerdings versäumt, das dazugehörige Fragezeichen dahinter zu setzen.

Nun war ohnehin alles zu spät. Der Mythos des verlorenen Schatzes entfaltete wieder einmal seine Wirkung. Die schmale Straße durch das Jonastal, die von Arnstadt nach Ohrdruf führt, war sogleich von Hunderten Autos verstopft. Ein wahrer Rausch nach dem Gold der Ostsee lockte scharenweise passionierte

»Bernsteinzimmer gefunden«: Im November 1991 ließ Boris Jelzin die deutsche Öffentlichkeit mit dieser Nachricht aufhorchen

»Wahrer Schatzrausch«: Zahlreiche Hobbyforscher machten sich im November 1991 auf den Weg in das Höhlenlabyrinth des Jonastals bei Arnstadt

Schatzsucher in das abgelegene Tal. Westdeutsche, selbst Holländer und Belgier waren angereist, um in die verborgenen Tiefen des etwa 60 Quadratkilometer großen früheren Armeegeländes vorzudringen. Familien mit Kindern, Freizeitkletterer mit Spitzhacken und Hobbyhöhlenforscher ließen sich auf das Abenteuer ein. Auf waghalsigen Wegen versuchten sie, in unterirdische Schächte vorzudringen, stets in der Erwartung, mit dem Lichtkegel ihrer Grubenlampen die Schatzkisten aus Königsberg zu ertasten. Auch an diesem Ort kehrten die Ausflügler mit leeren Händen aus der Unterwelt zurück. Und dennoch blieb er in der Gemeinde der Bernsteinzimmerforscher weiterhin ein Begriff, und dieser Begriff lautete: »Olga«. Denn die noch weitgehend unerschlossenen Gänge und Bunker im Kalkgestein von Ohrdruf hatten mehr mit dem Schlusskapitel des »Dritten Reiches« zu tun, als die meisten Schatztouristen ahnten. Unter den Hängen des Jonastals sollte unter dem Tarnnamen »Olga« Hitlers letztes Führerhauptquartier entstehen.

Wie beschrieben, war der »Trutz- und Rückzugsgau« Thüringen von den Endkampf-Strategen dazu auserkoren, der Führung des umkämpften Reiches eine letzte Herberge zu gewähren. Während die Alliierten aus allen Himmelsrichtungen das einstige Herrschaftsgebiet von ihrer Gewaltherrschaft befreiten, sollte sich die Kamarilla um Hitler wie in eine Wagenburg hierher zurückziehen – in der Hoffnung, mit den Westmächten im letzten Moment noch ein Bündnis gegen die Sowjetunion zu schmieden. Wäre es nach den geheimen Plänen gegangen, hätten etwa Hitlers Reichskanzlei im Oberhofer Golfhotel, Bormanns Parteikanzlei in Stadtroda und Görings Dienststellen in Sitzendorf Quartier bezogen.

Neben sämtlichen Ministerien und den wichtigsten Behörden stand im Frühjahr 1945 auch den militärischen Hauptbefehlsstellen der Umzug in das schwer zugängliche und vom Krieg bis zuletzt verschonte Rückzugsgebiet ins Haus. Vorauskommandos dieser Behörden und einzelne Ämter, wie General Gehlens Geheimdienst »Fremde Heere Ost«, nahmen bereits die Arbeit in neuer Umgebung auf. Auch Familienangehörige von SS-Begleitkommandos wurden hier vorsorglich schon einmal einquartiert. Die Depots waren für einen langen Aufenthalt mit Nahrung, Kleidung, Genussmitteln, Treibstoff, Waffen und Munition reichlich gefüllt. Rüstungsfabriken wurden ebenfalls in den Thüringer Untergrund verlegt. Zehntausende von Sklavenarbeitern wurden dort beim

»Mit modernster Technik«: Der Amerikaner Norman Scott ließ mit einem Radargerät den Erdboden im Jonastal durchleuchten

»Zehntausende Sklavenarbeiter«: KZ-Häftlinge montieren im unterirdischen »Mittelwerk« bei Nordhausen Teile von V2-Raketen, 1944

Bau der so genannten »Wunderwaffen« zu Tode geschunden. Selbst ein geheimes Atomreaktorlabor war bereits seit 1943 in einer alten Mälzerei in Stadtilm in Funktion. Goebbels' Rundfunkbeauftragter Hans Fritzsche bereitete die Verlagerung des »Großdeutschen Rundfunks« in den Gasthof von Luisental bei Oberhof vor. In den letzten Wochen des Krieges wurde in der Nähe von Ohrdruf unbemerkt von den Anwohnern auch das unterirdische Nachrichtenzentrum »Amt 10« mit modernster Ausrüstung und einer Stromversorgung, die für den Bedarf einer Großstadt gereicht hätte, in Betrieb genommen.

Aber nicht nur als Zufluchtsstätte für Führung und Rüstung des untergehenden Reiches war das künftige Zentrum gedacht. Die zahlreichen Höhlen, Schächte, Grotten und Grüfte in der Umgebung des Thüringer Waldes dienten auch als Schatzkammer und Kunstversteck. Schon seit Beginn des Krieges hatten Berliner Museen und Archive ihre Bestände in thüringische Depots ausgelagert. Die Goldreserven und Devisen der Reichsbank fanden in der Nähe der geplanten Ausweichquartiere Tresore, die von der Natur geschaffen waren.

24 Waggons voller Papiergeld, Fremdwährung, ausländischer Aktien, Goldbarren, Uhren und Juwelen rollten im Februar nach Merkers in Westthüringen, wo sie in der Kaligrube Kaiseroda gehortet wurden, als mögliches Faustpfand für kommende Verhandlungen mit den Westalliierten.

Das eigentliche Kernstück des Geheimunternehmens war jedoch das künftige »Führerhauptquartier« im Jonastal, Deckname »Olga«. Das Manövergelände der Wehrmacht bei Ohrdruf bot einige Voraussetzungen, die es als Standort für die militärische Kommandostelle prädestinierten. Es lag an einem Kalksteinberg, in dessen Hang sich bombensichere Stollen hineintreiben ließen und der sich militärisch gut verteidigen ließ. In diesen Felsen sollte Hitlers künftige Befehlszentrale hineingegraben werden, nach der Vorgabe bis zu dessen Geburtstag am 20. April 1945. Es war ein Plan, der über Leichen ging.

Im Oktober 1944 räumten die Wehrmachtssoldaten den Truppenübungsplatz und wurden von SS-Einheiten abgelöst. Wie in den dunkelsten Zeiten der Geschichte trieben diese Zehntausende von Sklaven, die in aller Eile aus verschie-

»Zugänge befehlsgemäß getarnt«: Die verlassene Baustelle des Objekts »Olga« im Frühjahr 1945. Wurde das Bernsteinzimmer hier in geheimen Stollen versteckt?

denen Konzentrationslagern zusammengekarrt wurden, in ein aussichtsloses Unterfangen. In drei Schichten rund um die Uhr mussten die Häftlinge unter Tage den Felsen aushöhlen, ohne Rücksicht auf die Grenzen menschlicher Belastbarkeit. Hinzu kamen katastrophale Unterbringungs- und Versorgungsverhältnisse. Die Ausbeutung der Arbeitssklaven bei der Unterhöhlung von Ohrdruf überstieg selbst das Maß, das in den Lagern des Regimes sonst üblich war. Während man die Leichen zu Beginn noch zweimal wöchentlich in das nicht weit entfernte Lager Buchenwald abtransportierte, wurden sie wegen der großen Menge schon bald in einem nahe gelegenen Wald verbrannt. Nach Schätzungen überlebten etwa 7000 Gefangene die immensen Qualen beim Bau eines Bunkersystems nicht, das nach sieben Monate währenden Arbeiten ungenutzt zurückblieb. Der Kriegsverlauf hatte alle Planungen überholt. Am Ende zog Hitler es vor, doch nicht mehr umzuziehen und sich in der Hauptstadt seines Reiches einzubunkern.

Anwohner und beteiligte Handwerker wollen jedoch gesehen haben, dass unterirdische Schächte des Objekts »Olga« kurz vor Schluss noch mit Teppichen, Möbeln, Parkettfußböden und Gemälden ausstaffiert worden seien. Das edle Interieur war jedoch bei näherer Betrachtung im Wortsinn vom Erdboden verschluckt. Außerdem stimmen die Maße der Gänge nicht mit den Plänen und den Aussagen ehemaliger Zwangsarbeiter überein. So folgern Ortskundige, dass im Grabensystem unter der Erde noch eine verborgene Stollenanlage existiert, deren Zugänge verschüttet sind. Auch in Ohrdruf gibt es keinen Mangel an Augenzeugenberichten, dass bei Kriegsende geheimnisvolle Kisten in die

»Buchstabenrätsel«: Ein Stollen der Anlage »S III« im Jonastal im Jahr 1992 – gefunden wurde hier nichts

Bunkerröhren eingelagert worden sein sollen. Wurden anschließend auch hier die Stollenzugänge gesprengt? Liegen dahinter noch unentdeckte Kunstschätze verborgen, womöglich sogar das bevorzugte Objekt der Schatzgräberbegierde? Nach Ansicht von Kennern der Materie wie Günter Wermusch oder Gerhardt Remdt würde, bezogen auf Hitlers unvollendetes Hauptquartier »Olga«, Gustav Wysts ominöser Funkspruch einen schlüssigen Sinn ergeben. So soll der SS-Obersturmbannführer aus Königsberg ja laut der Überlieferung seines Sohnes an seine Auftraggeber gemeldet haben: »Zugänge befehlsgemäß getarnt« und »Sprengung erfolgt«. All das habe es im Jonastal gegeben, sagen die Verfechter dieser Version. Auch die im Funkspruch genannten »Opfer durch Feindeinwirkung« seien in dieser Gegend nachweisbar. Nicht zuletzt glauben die Anhänger dieser Version nun eine ultimative Erklärung für das dubiose Kürzel »B Sch« beziehungsweise »B III« gefunden zu haben: Auch »B III« sei in

Wirklichkeit Ergebnis einer Verwechslung gewesen. Rudolf Wyst habe sich nämlich getäuscht, auf dem verwitterten Papier habe nicht »B III«, sondern vielmehr »S III« gestanden. Und S III wiederum war die Abkürzung von »Sondermaßnahme III«, der NS-interne Tarnname für das Bauvorhaben des »Führerhauptquartiers« bei Ohrdruf. So lässt sich das Buchstabenrätsel für jeden Zweck passend wenden.

Wo immer in der Region also die Kunde von ominösen Hohlräumen unter der Erde ruchbar wird, ertönt beinahe reflexartig das Zauberwort »Bernsteinzimmer«. Auch der Weimarer Rentner Hans Stadelmann ist fest davon überzeugt, Kochs Schatzkammer geortet zu haben. Auch er hat sich als »Heimatforscher« mit Leidenschaft dem Tiefgang verschrieben. Auch er leitet in kurzem Schluss aus der Möglichkeit einer Einlagerung den Beweis dafür ab. Nur hält Stadelmann nicht viel von komplizierten Verfolgungsfahrten durch die Höhen und Tiefen Mitteldeutschlands. Für ihn liegt die Lösung näher – vor der eigenen Haustür in Weimar.

Warum hätten Kochs Kuriere, so seine Überlegung, ihre wertvollen Kisten in entlegene Bergverliese abtransportieren sollen, wenn es doch in Weimar selbst, nur einen Steinwurf vom Kunstmuseum entfernt, großräumige und bombensichere Katakomben gab? Die seien nur nach dem Krieg unbeachtet geblieben und daher in die Nachforschungen nie einbezogen worden. Tatsächlich wurde in der thüringischen Gauhauptstadt zwischen 1941 und 1945 von einem Groß-

»Verborgene Kellerräume vermutet«: Ein Gebäude des ehemaligen »Gauforums« in Weimar

»Im Untergrund der Goethestadt«: Auf der Suche nach Geheimdepots unter dem Weimarer »Gauforum«, 1992

aufgebot an KZ-Häftlingen die Erde aufgewühlt. Das neu entstehende »Gauforum«, ein Ensemble von trutzigen Parteibauten, wurde bis zu vier Etagen tief mit meterdickem Beton unterkellert. In diesen Tiefen vermutet Stadelmann unzugängliche und zugemauerte Bunkerräume, die seit dem Krieg kein menschlicher Fuß betreten hat. Insgesamt 600 Quadratmeter Bunkerfläche hat Stadelmann nach alten Plänen und persönlichen Untersuchungen errechnet. Nur ein Bruchteil davon ist heute erschlossen. Doch als der Rentner einmal auf eigene Faust eine Kellerwand durchstoßen ließ, brach er lediglich in die Sauna eines angrenzenden Großbetriebs, die zum Glück gerade nicht in Betrieb war. Unverdrossen ist der engagierte Heimatforscher weiterhin überzeugt, dass noch manches Relikt der Vergangenheit im Untergrund der Goethestadt seiner Entdeckung harrt.

Lebenslängliche Leidenschaft

Der Mythos um die Bernsteinzimmersuche scheint bisweilen eine geradezu ansteckende Wirkung zu entfalten. Manche, die ursprünglich aus Neugier oder beruflichem Interesse den Spuren in die Grüfte der Vergangenheit folgten, fanden so schnell nicht wieder heraus aus dem Labyrinth der Spekulationen und Hoffnungen. Ein besonders tragisches Opfer war Georg Stein. Der gebürtige Ostpreuße aus Stelle bei Hamburg war seinem ostdeutschen Pendant Paul Enke in vieler Hinsicht ähnlich. Beide waren in den zwanziger Jahren in Königsberg geboren und ihrer Heimatstadt lebenslang verbunden, beiden wurde die Jugend genommen, sie hatten den Zweiten Weltkrieg an der Front und die Entbehrungen der Kriegsgefangenschaft erlebt, beide hatten ihr Leben der Suche nach dem Bernsteinzimmer verschrieben, mit Leib und Seele. Georg Stein hatte nur nicht das Privileg, vom Staat für diese Leidenschaft subventioniert zu werden. Der Obst- und Gemüsebauer bezahlte mit Haus und Hof, am Ende auch mit seinem Leben.
Am 20. August 1987, wenige Monate vor Enkes Tod, fanden Spaziergänger in einem Waldstück bei Titting im bayerischen Landkreis Eichstätt die übel zugerichtete Leiche des Vierundsechzigjährigen. Auch in diesem Fall schlugen bald schon spektakuläre Mutmaßungen über einen Mordanschlag Wellen. Wollten finstere Mächte einen Mann beseitigen, der kurz vor der Aufklärung des Geheimnisses stand?
Der Obduktionsbericht verweist alle Sensationsberichte ins Reich der Legenden: Auch Georg Stein wurde nicht ermordet, er hatte seinem Leben mit einem grausigen schamanischen Ritus selbst ein Ende gesetzt. Gleichwohl hatte sein Tod mit dem Bernsteinzimmer zu tun, wie auch sein gesamtes Leben. »Die nächsten Wochen werden für mich noch sehr schwer werden«, hatte er kurz zuvor an seinen Förderer, Baron Eduard von Falz-Fein, geschrieben, »da meine nächste Rentenzahlung von 430 DM erst um den 6. September kommt, und ich nun mit 120 DM bis dahin auskommen muss … Von trockenen Semmeln kann man auch leben …! Was später wird, ich weiß es heute noch nicht. Aber die B.Z.-Forschung geht weiter!!! Und das allein ist wichtig!!!«
In diese Forschung hatte Stein sein gesamtes Vermögen gesteckt, für sie hatte der vereinsamte Mann sein Familienglück aufs Spiel gesetzt. Am Ende stand der wirtschaftliche und moralische Ruin mit allein 200 000 Mark Steuerschulden. Je ferner sein eigentliches Ziel rückte, desto verzweifelter und ver-

»Er hatte immer mindestens zwölf Versionen zur gleichen Zeit«: Der Bernsteinzimmersucher Georg Stein

»Dem, der das Bernsteinzimmer in einem guten Zustand findet, eine halbe Million D-Mark versprochen«: Baron Eduard von Falz-Fein

bissener verstrickte sich der Einzelkämpfer in seine Manie, der er schließlich unterlag.

Die Initialzündung geschah nach seinen eigenen Angaben bei den Kämpfen um Königsberg 1945. Als Pioniersoldat will Georg Stein mitbekommen haben, wie Kisten mit der angeblichen Aufschrift »Schlossverwaltung Königsberg B.Z.« während der Gefechte in der Gruft einer Kirche bei Heiligenkreutz nordwestlich der Hauptstadt untergestellt wurden, danach aber unter Trümmern verschüttet waren. Als er später vom vermissten Bernsteinzimmer erfuhr, entschloss er sich, dem Vorfall auf den Grund zu gehen. Es wurde seine Lebensaufgabe.

Tatsächlich blieb dem Hobbyhistoriker in seiner aufreibenden Tätigkeit Erfolg nicht gänzlich versagt. Bei Nachforschungen im Ikonenmuseum von Recklinghausen entdeckte er eine Sammlung, die längst als verschollen galt, den Klosterschatz aus Petschur in Estland, damals eine Sowjetrepublik. Die Kunsträuber des »Einsatzstabes Reichsleiter Rosenberg« hatten die goldenen und edelsteinbesetzten Kruzifixe, die Bischofskronen, kostbaren Gewänder, Gold-, Silberbecher und andere Kultgegenstände, die während des deutschen Vormarsches von der SS »sichergestellt« wurden, 1944 in das Schloss Colmberg bei Ansbach weggeschafft. Nachdem die US-Truppen ihn nach dem Krieg dort gefunden und den deutschen Behörden als herrenloses Gut übergeben hatten, war der Klosterschatz im Magazin des Ikonenmuseums verschwunden. Dank Steins Beharrlichkeit kam er 1973 wieder an seinen Ausgangsort zurück. In der Sowjetunion erntete der Finder deswegen viel Anerkennung und offene Türen, die ihm den Weg zu seinem eigentlichen Ziel, dem Bernsteinzimmer, erleichterten.

In seiner Freizeit und auf eigene Rechnung recherchierte er in Archiven, versuchte ehemals Beteiligten Hinweise zu entlocken und konnte es nicht ertragen, auch nur eine mögliche Spur außer Acht zu lassen. Dreißig Aktenordner zeugen von seinem Lebenswerk. Mit Akribie verfolgte Stein Hunderte von

»Ein Waggon aus Königsberg«: Die Schachtanlage in Volpriehausen im Jahr 1937

»Genügend Staufläche«: In stillgelegten Bergwerkskammern (rechts) wurde in Volpriehausen Munition gelagert – ab 1943 kamen auch Kunstschätze dazu

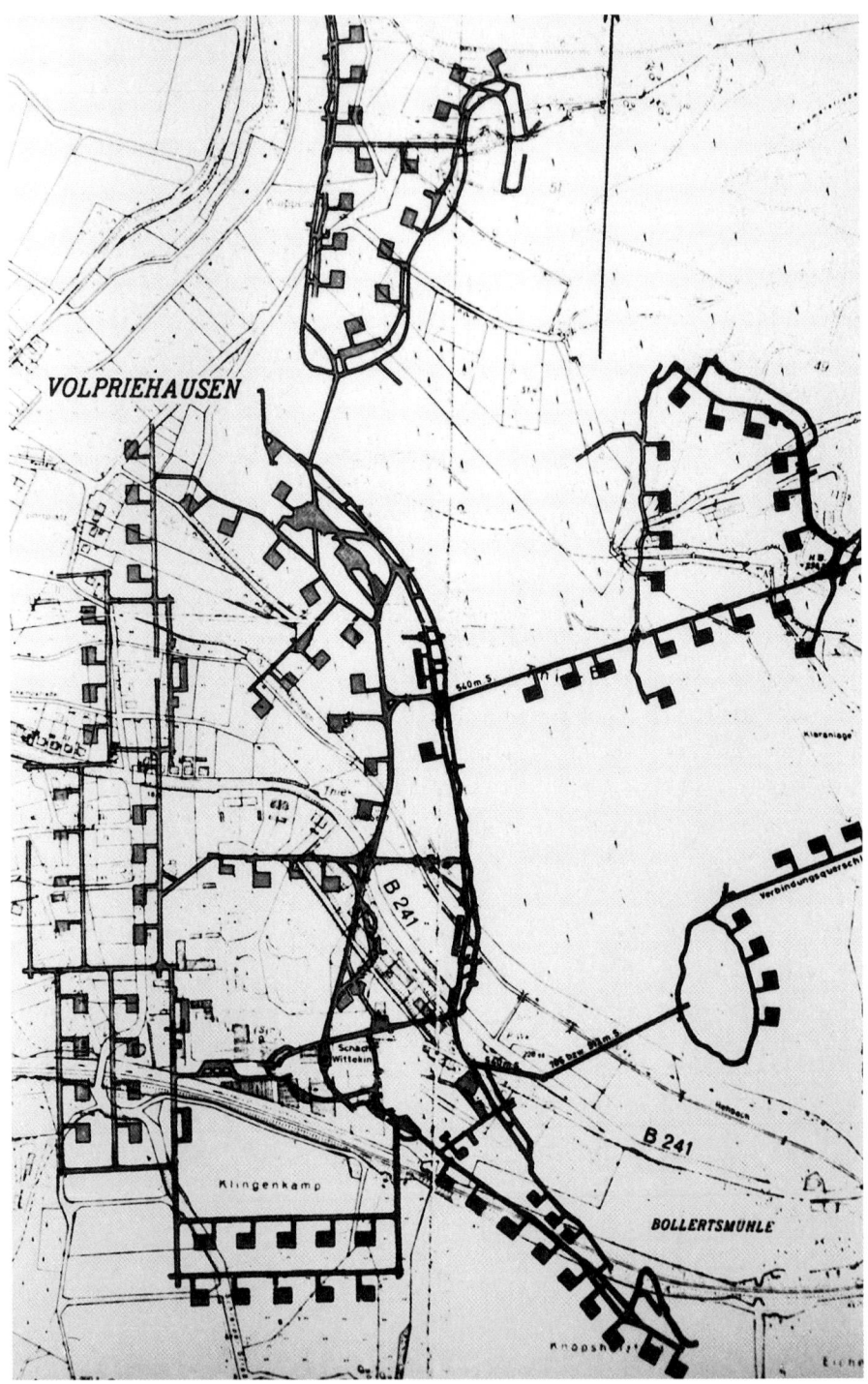

Fährten, verwarf seine Gedankenspiele wieder und stellte neue auf. An einem vermeintlichen Fundort hielt er beinahe bis zum Ende fest. Er gehörte zu seinem Suchwerk fast wie ein Glaubensbekenntnis: das stillgelegte Kalibergwerk Wittekind. Den nördlich von Göttingen bei Volpriehausen gelegenen Schacht hatte die Heeres-Munitionsanstalt seit 1938 für ihre Zwecke umfunktioniert. Auf der ersten Sohle in 540 Meter Tiefe hatte sie etwa 30 000 Tonnen Sprengstoff und Munition eingelagert. Die zweite, dritte und vierte Sohle mit jeweils etwa 5000 Quadratmeter Stellfläche blieben indes ungenutzt. Außerdem standen noch 20 000 Quadratmeter in der benachbarten Grube Hildasglück zu Verfügung, die durch mehrere Stollen mit Wittekind verbunden war.

Einige der leeren Stauflächen boten gegen Ende des Zweiten Weltkriegs ostpreußischem Frachtgut Asyl, darunter waren in der Tat erlesene Bernsteinstücke. Bekannt wurde dies, als 1977 der aus Furcht vor Rückgabeansprüchen lange Zeit verborgen gehaltene Schwarzorter Bernsteinschatz, Teil der berühmten Sammlung der Königsberger Universität, in Göttingen überraschend wieder ans Licht der Öffentlichkeit gelangte. Die dortige Georg-August-Universität hatte im November 1944 zwölf Kisten mit insgesamt 100 000 ausgesuchten Bernsteinstücken von den Kollegen in Königsberg zur Verwahrung übernommen und in den bombensicheren Wittekind-Stollen verstaut, wohin sie auch ihre eigene Bibliothek evakuiert hatte. Außerdem hatten in dem stillgelegten Kalibergwerk, wie erwähnt, noch andere schutzbedürftige Bestände aus Königsberg, der Fundus des Preußischen Staatsarchivs, der Gauleitung und des Regierungspräsidenten, Unterschlupf gefunden.

Wenn also waggonweise Evakuierungsgut aus Königsberg in den geräumigen Stollen Niedersachsens gehortet wurde, darunter auch Bernsteinstücke, so dachte sich Georg Stein, wieso nicht auch das Bernsteinzimmer? Auch er hatte nicht den geringsten Anhaltspunkt für diese Annahme, aber – wie bei derartigen Spekulationen üblich – einen geheimnisvollen Verdacht: Unter den Evakuierungsgütern, die der Zug in der Endphase des Krieges aus Königsberg anlieferte, sollen sich auch zwölf sehr schwere Kisten befunden haben, jede von ihnen etwa 1,5 Meter lang und 80 Zentimeter hoch, verplombt und mit Eisenbändern verschnürt. Sie waren in einem Waggon untergebracht, der unter Geheimhaltung nur von zuverlässigen Packern entladen werden durfte. Die Akten der Göttinger Universitätsbibliothek gaben dazu nur den lapidaren Hinweis preis: »Einlagerung in Volpriehausen: ein Waggon aus Königsberg/Ostpreußen (Bernsteinsammlung).« In den Bestandslisten standen bezüglich des Inhalts der Behältnisse nur Fragezeichen. Stein war überzeugt: Sie enthielten Teile des Bernsteinzimmers. Er berief sich dabei auch auf Aussagen eines Berliners, der als strafgefangener Jugendlicher in dem Munitionsdepot arbeiten musste. Er konnte sich in dem unterirdischen Depot an Hunderte von Bildern erinnern und besonders an eine länglich-ovale Schale aus Bernstein, die rechts und links je von einem Adler verziert war, was sich als das preußische und das russische Wappenzeichen interpretieren ließ. Solche Schalen kennen Fachleute nur von einem Ort der Welt, aus den Zarenschlössern bei Leningrad.

In jüngster Zeit meldete sich auch ein ehemaliger polnischer Zwangsarbeiter. Er berichtet davon, in den letzten Januartagen des Jahres 1945 im Schacht ein daumennagelgroßes Stück Bernstein gefunden zu haben. Er kann sich noch genau an die Form des Fragments erinnern: Es war kunstvoll zu einer Muschel geschnitzt – ein Ornament, wie es auch im Inventar des Bernsteinzimmers zu finden war. Könnte es liegen geblieben sein, als im Stollen mit den Königsberger Kisten manövriert wurde? Kann es nicht auch aus einer ganz anderen Bernsteinsammlung stammen? Oder hatte sich der Augenzeuge schlicht nur getäuscht?

Des Rätsels Lösung liegt unter Tausenden Tonnen Erdreich und Gestein begraben. Gerade als sich nach dem Krieg ein Sonderkommando der britischen 76. Depot Control Company daranmachen wollte, die Stollen zu räumen, erschütterte in der Nacht zum 29. September 1945 eine mächtige Detonation die gesamte Schachtanlage. In Volpriehausen bebte minutenlang die Erde, und aus der Tiefe stieg eine über 100 Meter hohe Stichflamme empor, die den Nachthimmel hell erleuchtete. Kaum hatten die Löscharbeiten begonnen, folgten am

Morgen des 30. September weitere unterirdische Explosionen, die so stark waren, dass Teile der Förderanlage bis zu 400 Meter weit geschleudert wurden. Eine riesige Feuersäule kündete von der Vernichtung der Schutzräume. Etwa 20 000 bis 25 000 Tonnen an unterirdischen Dynamitvorräten waren in die Luft geflogen (oder von Saboteuren in die Luft gejagt worden, wie die britische Militärverwaltung mutmaßte) und hatten eine Überflutung der Stollen ausgelöst. Bergfachleute und Studenten, die im Jahr darauf in den Schacht vordrangen, konnten wenigstens noch Teile der Göttinger Universitätsbibliothek in Sicherheit bringen. Der Rest war verbrannt oder unerreichbar. Wegen des Wassereinbruchs mussten dann alle Versuche abgebrochen werden, die verbliebenen, vermutlich aber weitgehend zerstörten Kulturgüter zu bergen, darunter die ominösen Kisten aus Königsberg. 1955 wurden zudem noch 1000 Kubikmeter Bohrschlamm in das abgesoffene Bergwerk gepumpt und sein Geheimnis damit dauerhaft zubetoniert. Dem Mysterium durch groß angelegte Bohrmanöver auf den Grund zu gehen, wie Georg Stein in mehreren Anläufen forderte, lehnte die Bundesregierung wegen der immensen Kosten und der Aussichtslosigkeit des Unternehmens ab.

In der Tat hatten Georg Stein und die Anhänger seiner Theorie einen zentralen Einwand unbeachtet gelassen: Nach den seinerzeit geltenden Einlagerungskriterien wäre ein Bergwerk wie Wittekind als Aufbewahrungsort für das Bernsteinzimmer wohl gar nicht in Frage gekommen. Für holzgefertigte Wandverkleidungen, Möbelstücke oder Antiquitäten sind Kalischächte eine reichlich ungeeignete Lagerstätte. Die extrem trockene Luft würde dem Holz seine natürliche Feuchtigkeit entziehen und es zum Bersten bringen. Die aufgeklebten Bernsteinplättchen wären bald abgeplatzt. Außerdem passte das geringe Format der angelieferten Kisten nicht zu den Abmessungen der Originalpaneele. In die beschriebenen Kisten hätten bestenfalls weniger bedeutsame Einzelteile des berühmten Zimmers hineingepasst.

Ganz generell kranken all die Spekulationen, die um die unterschiedlichsten rätselhaften Lagerorte zwischen Ostsee und Alpen kreisen, am selben Grunddilemma. Die Hypothesen, von denen hier bei weitem nicht alle nacherzählt sind, führen zwar eine Fülle von Indizien und Merkwürdigkeiten, Beobachtungen und Augenzeugenberichte ins Feld, aber nicht einen einzigen echten Beweis. Schon die Grundannahmen, auf denen diese Konstrukte basieren, ob es um die Verknüpfung der Bernsteinzimmerkisten mit Kochs Frachtgut für Weimar oder um Wysts Rolle geht, sind im Kern pure Vermutungen, bestenfalls Indizienketten. Die wenigen »Dokumente«, in denen das Bernsteinzimmer explizit erwähnt wird, sind lediglich mündlich, wie etwa durch Rudolf Wysts

Erzählungen, überliefert. Die Aussagen stammen nicht von Beteiligten, sondern stets von Randfiguren, die ihr Wissen wiederum oft nur aus zweiter oder dritter Hand beziehen.

Wie kommt es nun aber, dass Zeugen in so großer Zahl beteuern, an so gänzlich unterschiedlichen Schauplätzen die Verladung oder Einlagerung des Bernsteinzimmers mit eigenen Augen beobachtet oder zumindest aus dem Mund zuverlässiger Kontaktpersonen davon erfahren zu haben? Handelt es sich bei all diesen Gewährsleuten ausschließlich um Menschen mit großer Einbildungskraft, um Lügner oder Wichtigtuer? Das kann schon deshalb nicht sein, da die Informanten in vielen Fällen über jeden Zweifel an ihrer Glaubwürdigkeit erhaben sind und sich mehrere Aussagen oft zu einem stimmigen Bild ergänzen.

Nur muss dieses Bild genauer betrachtet werden. Von allen zitierten Beobachtern hat nicht einer das Bernsteinzimmer selbst gesehen. Im besten Fall bekamen die Zaungäste die Anlieferung oder Abholung, Verfrachtung oder Umschichtung von Kisten und Behältnissen zu Gesicht. Solche gab es zum Ende des Krieges allerdings in endlos großer Zahl. Gerade das Königsberger Schloss diente als Zwischenstation für eine Vielzahl von Kunstschätzen und anderen Gütern, darunter auch Bernsteinobjekte, aus den geräumten Ostgebieten, die für den Abtransport in das Reich bestimmt waren. Zwar geben die meisten Informanten an, gewusst oder erfahren zu haben, dass diese Kisten Teile des Bernsteinzimmers enthalten hätten. Doch bei näherer Betrachtung handelte es sich dabei zumeist nur um Gerüchte, Andeutungen, Vermutungen oder Schlussfolgerungen. Oft genügt schon die unbewusst falsche Verknüpfung der eigenen Erinnerung mit einer ganz anderen Person, einem Datum oder historischen Ereignis, um einen unzutreffenden Schluss zu ziehen.

Hinzu kommt ein Phänomen, dass die psychologische Forschung erst in jüngerer Zeit systematisch zu ergründen beginnt. Ereignisse oder Beobachtungen, die nachweislich nicht oder sogar im gegensätzlichen Sinn stattgefunden haben, werden unter bestimmten Voraussetzungen zum festen Bestandteil der eigenen Erinnerung. Zeugen sind felsenfest davon überzeugt, ein Ereignis persönlich gesehen oder erlebt zu haben, obwohl sie es in Wirklichkeit nur von anderen erfahren, selbst vermutet oder nachträglich gelesen hatten. Die Projektion hat das Gedächtnis besetzt, ohne dass der Betroffene selbst es merkt. Das gilt ganz besonders für Ereignisse, die von Mythen, Geheimnissen und Spekulationen umgeben sind. Daher ist der Verweis auf Beobachter noch kein Beweis, bestenfalls ein Indiz. Damit bleibt es bis heute umstritten, ob das wertvolle Versandgut den Königsberger Kessel in jenen Kriegstagen überhaupt verlassen hat.

Eingeschlossen im Kessel

Dort zog sich im Februar 1945 die Schlinge um die Stadt immer enger zu, der Fall der Festung war nur noch eine Frage der Zeit. In der Tat hielt wohl nur ihre Unkenntnis über die tatsächliche Unterlegenheit der Verteidiger die Rote Armee davon ab, die ostpreußische Hauptstadt im Handstreich zu erobern. So konzentrierten sich die sowjetischen Strategen zunächst auf die Besetzung des Samlands nordwestlich der Stadt und auf die Einnahme von Pillau. Solange diese Hafenstadt in deutscher Hand war, verfügten die eingeschlossenen Truppen immerhin noch über ein letztes Schlupfloch über die See. Doch diese Brücke zum Westen gaben die Deutschen nicht preis.
In erbitterten Gefechten kämpfte die Wehrmacht, unterstützt von Volkssturmeinheiten, am 19. Februar sogar die Reichsstraße 1 und die Bahnlinie Königsberg–Pillau in einem zehn Kilometer schmalen Streifen wieder frei. Damit war nach dreiwöchiger Blockade der lebenswichtige Ausweg zum Ostseehafen zumindest durch dieses Nadelöhr noch einmal passierbar. Die Bilder, die sich den Soldaten bei der Rückeroberung deutscher Ortschaften darboten, schienen schlimmste Befürchtungen zu bestätigen. Der russische Rachefeldzug hatte Tod und Zerstörung hinterlassen. Panik vor der gefürchteten Vergeltung war jetzt für viele Soldaten ein Kampfmotiv.
Die Zivilisten in Königsberg, denen die Flucht zuvor unter Strafe verboten war, wurden nun geradezu bedrängt, die Heimat zu verlassen. Niemand konnte absehen, wie lange noch Zeit blieb, bis die Falle wieder zuschnappte. Für fast alle Flüchtlinge sollte es ein Abschied auf Lebenszeit werden. Nur mit dem notwendigsten Hab und Gut versehen, strömten die Menschen durch die freigekämpfte Schneise in Richtung Pillau, in der Hoffnung, doch noch einen Platz auf einem der Schiffe zu ergattern. Wem das nicht gelang, der konnte versuchen, sich über die Frische Nehrung zu Fuß bis in die Danziger Bucht durchzuschlagen. Doch die meisten Menschen waren zum Warten verdammt. In den provisorischen Flüchtlingslagern begannen schon Seuchen zu grassieren. So kehrten viele Königsberger deprimiert wieder nach Hause zurück.
Im Hafen wurden die Wartenden mit jedem Tag nervöser. Helga Bischoff wurde Zeugin des verzweifelten Überlebenskampfes: »Wenn ein Schiff kam, drängte alles nach vorn zum Schiff. Da sind Kinder und alte Leute ins Wasser gefallen. Die konnte keiner mehr retten, die sind zwischen Schiff und Pier zerquetscht worden.« Zur quälenden Angst, im Kessel zurückzubleiben, gesellte

sich die Furcht vor Bomben- und Granateneinschlägen. Zehntausende Menschen, darunter Frauen, Kinder, Alte und verwundete Soldaten, umlagerten die Rettungswege. Ist es vorstellbar, dass in diesem heillosen Chaos mehrere Lastwagen, beladen mit schweren Bernsteinzimmerkisten, zu den Schiffen gelangen konnten, ohne dass die wartende Menge davon Notiz genommen hätte?

Doch es gab auch noch eine direkte Schiffsverbindung über das Haff. So war etwa der Eisbrecher »Ostpreußen« Nacht für Nacht von Pillau nach Königsberg unterwegs. Auf dem Hinweg hatte er Munition an Bord und auf dem Rückweg Flüchtlinge. Tagsüber blieb der Eisbrecher aus Sicherheitsgründen in Königsberg. Mit einem solchen Schiff hätte es für das Bernsteinzimmer durchaus noch ein Entkommen aus der Festungsstadt geben können. Möglicherweise gab es sogar solche Überlegungen. Doch war dabei das Risiko angesichts drohender sowjetischer Bombardements ziemlich groß.

Immer noch hofften die Königsberger, dass die deutsche Armee den Belagerungsring um die Stadt durchbrechen würde. Nachdem sich die Schrecken der Flucht bei eisigen Temperaturen herumgesprochen hatten, weigerten sich immer mehr Bewohner, ihr Heim zu verlassen. Alte und gebrechliche Menschen zogen es vor, eher zu Hause zu sterben, als ins Ungewisse zu fliehen, oder trösteten sich damit, dass es so schlimm schon nicht kommen würde.

Zwar häuften sich seit Ende Februar die Nachtangriffe sowjetischer Flugzeuge auf die Hauptstadt der ostpreußischen Provinz. Doch während der zehn Wochen anhaltenden Belagerung richteten Bomben und Granaten der Roten Armee geringeren Schaden an als die beiden britischen Luftangriffe im Jahr zuvor. Die Zurückhaltung der Sowjets versetzte die Stadt in eine merkwürdige Atmosphäre. Die Infrastruktur hatte keinen essenziellen Schaden genommen. Lebensnotwendige Güter waren vorhanden. Viele Geschäfte hatten geöffnet, die Versorgung blieb weitgehend gesichert. Eingelagerte Lebensmittel gab es noch in ausreichender Menge, nur frisches Fleisch war Mangelware. So wurde verwendet, was verfügbar war. »Pferdefleisch war am Ende unser Hauptnahrungsmittel«, erzählt der damals sechzehnjährige Schiffsjunge Udo Klement, der die von den Flüchtlingen zurückgelassenen Pferdefuhrwerke am Hafen noch deutlich vor sich sieht: »Die Pferde wurden sofort zum Schlachthof gebracht. Ein Glück, dass es sie gab, sonst hätte es für uns schlecht ausgesehen.« Angesichts der Bedrohung wurden Kellerräume zur ständigen Behausung. Ihre Bewohner flüchteten sich in Fatalismus und gaben dennoch die Hoffnung auf ein Wunder nicht auf. Kochs Adlatus, der NSDAP-Kreisleiter Wagner, hatte das Ruder fest in der Hand. In eigener Regie, mitunter ohne Absprache mit der Wehrmacht, ließ er Verteidigungsanlagen und Straßensperren in Königsberg

»Brutales Massaker«: Nahe der Bernsteingrube »Anna« in Palmnicken erschoss die SS am 31. Januar 1945 Tausende KZ-Häftlinge

errichten, was das ohnehin angespannte Verhältnis zwischen Partei und Militär zusätzlich belastete. Noch konnten sich die verbliebenen Parteifunktionäre unantastbar wähnen, noch verdrängten sie die Vorstellung, sich eines Tages auch für Untaten verantworten zu müssen.

Selbst jetzt noch, in der Bedrängnis der Stadt, geschahen unbeschreibliche Verbrechen des Rassenwahns. Während Königsbergs Schicksal bereits besiegelt war, hatten SS-Schergen noch Tausende Häftlinge aus dem Konzentrationslager Stutthof durch die Frontlinien getrieben, damit sie beim Aufbau der Gräben und Befestigungsanlagen eingesetzt werden konnten. Als sich die Lage in der Blockadezeit verschärfte, wollte man sich dieser Elendsgestalten offenbar entledigen – auf kaltblütige Art. Über 8000 Gefangene wurden aus der Stadt in Richtung Ostsee getrieben, bewacht von SS und Volkssturm. In Palmnicken, dem berühmten Bernsteinort an der Ostsee, wurde der damals sechzehnjährige Hitlerjunge Martin Bergau Zeuge einer unerbittlichen Menschenjagd: »Ich nahm in der Dunkelheit nur eine endlose Reihe zerlumpter Gestalten wahr, die an unserem Haus vorbeizogen und immerzu von Schüssen vorwärts getrieben wurden.« Wer nicht weiter konnte, lief Gefahr, auf der Stelle ermordet zu werden. Auch für die anderen gab es kein Entkommen. In der Nacht zum 31. Januar sollen die Häftlinge nach Augenzeugenberichten in Gruppen zu 50 Personen geteilt und am Strand von Palmnicken mit Maschinengewehrsalven in die eisige Ostsee getrieben worden sein. Hitlerjungen wie Martin Bergau, der das Massaker später bekannt machte, mussten dabei Wache schieben. »Man hat uns zu Handlangern von Mördern gemacht«, sagt er heute. Die Verteidiger der Festung hielten auch Verbrechern den Rücken frei.

Das durch Brand und Bomben beschädigte Königsberger Schloss erlebte in den letzten Kriegswochen eine ungewöhnliche Betriebsamkeit. In den legendären Weinstuben des »Blutgerichts«, die sich im westlichen Keller des Nordflügels befanden, arbeiteten Handwerker an der Wiederherstellung der ausgebrannten Gasträume. Unter dem Vorwand, im Schloss einen Gefechtsstand einzurichten, beanspruchte die Gauleitung die wieder hergerichteten Wirtsräume für sich. Der benachbarte Weinkeller, dessen üppige Bestände die Bombardierung der Alliierten im Sommer 1944 auf wundersame Weise unversehrt überstanden hatten, schien dabei eine nicht unbedeutende Rolle zu spielen. Da für die Pächterin die zunehmenden Alkoholexzesse unkontrollierbar wurden, verkaufte sie ihren gesamten Weinbestand an die Parteiführung, die das Angebot dankend annahm. Bei Schönbucher Bier und edlen Weinen saßen die Führungskräfte der Nazis inmitten der Blockade an den alten Eichentischen und sangen völkische Lieder.

»Zunehmende Alkoholexzesse«: Die Weinschenke »Blutgericht« im Königsberger Schloss

Seit Beginn der sowjetischen Offensiven war das Schloss mehr denn je Umschlagplatz für Kisten mit Kunstschätzen, die sich mit dem Rückzug der Deutschen anhäuften. Die Lagerstätten in und um Königsberg waren allerdings bereits restlos ausgelastet. Seit Ende Januar stand Alfred Rohde, der Hauptverantwortliche für die Kunsttransporte, vor unlösbaren Aufgaben. Da die sowjetischen Truppen überraschend schnell vorgerückt waren, war keine Zeit mehr für geordnete Evakuierungsmaßnahmen geblieben. Angriffe von Jagdbombern auf Lastkraftwagen gehörten längst zum Alltag. Auf den vereisten und verschneiten Straßen waren Transporte ohnehin ein unkalkulierbares Risiko. Selbst der Seeweg war spätestens seit dem Untergang der »Wilhelm Gustloff« keine gefahrlose Alternative mehr. Rohde hatte also Argumente gegen eine Entsendung des Bernsteinzimmers auf seiner Seite. Nach der Darstellung des Kunsthistorikers Gerhard Strauß habe der Museumsdirektor ihm gegenüber schon 1942 behauptet, dass sich Koch das alleinige Verfügungsrecht über jene Kunstwerke, die nach Königsberg geraten seien, gesichert hätte. Später glaubte Strauß, aus dieser Äußerung den Plan herauslesen zu können, dass diese Kunstschätze vorausschauend als politisches Faustpfand für den Fall einer Kapitulation vorgesehen waren. Dies war jedoch eher Vermutung als Erkenntnis.

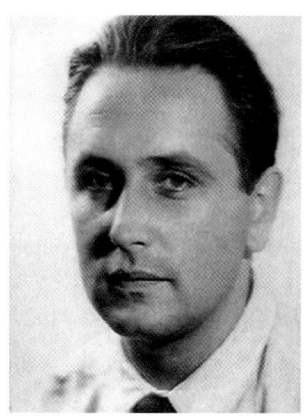

»Kunstschätze als politisches Faustpfand«: Dr. Gerhard Strauß, der später in der DDR Karriere machte

Ein anderer Gesprächspartner Rohdes, der ehemalige Oberbürgermeister von Königsberg, Hellmuth Will, betrachtete es nachträglich als ausgeschlossen, dass der Direktor das Zimmer weggeschickt hätte, ohne ihn zu informieren. Ihm gegenüber habe Rohde den Eindruck erweckt, als habe man ihn mit den Bernsteintafeln im Stich gelassen, einen Abtransport wegen der Bombardierungsgefahr gleichwohl abgelehnt. »Der Bernstein und das Bernsteinzimmer waren für Rohde das Wichtigste auf der Welt«, behauptete Hellmuth Will nach dem Krieg. »Wenn es fortgebracht worden wäre, wer anders als Rohde hätte es begleitet?« Je mehr Zeit verstrich, desto stärker wurde der militärische Druck der Roten Armee auf die Stadt. Für den Soldaten Kurt Blech ein untrügliches Zeichen, dass der Belagerungszustand bald vorbei sein würde. »Von März an ging alles rückwärts. Da waren wir so gut wie aufgerieben. Der russische Ring wurde immer enger, und man hörte Tag und Nacht die Granateinschläge, das Feuerwerk der Bomber.«
Ende März erschien der Kreisleiter Wagner im Schloss und verkündete, das Gebäude sei doch »zu exponiert« für einen Gefechtsstand. Er würde lieber in seinem Bunker im Haus der Arbeit bleiben. Außerdem erklärte er nach einer Besichtigungstour durch das halbfertige Tunnelsystem dem Oberbaurat Gerlach gegenüber, dass ihn keine zehn Pferde in diese Unterwelt brächten. Damit war der Ausbau der tiefen Keller unter dem »Blutgericht« eigentlich hinfällig

geworden. Warum hielt der Parteifunktionär dennoch beharrlich an dem Vorhaben fest, zwei Fluchttunnel vom Schlosskeller zum unterirdischen Kanalnetz der Altstadt und zum Hauptkanal am Steindamm zu graben?

Ist es denkbar, dass in Wirklichkeit diese Gänge gemeint waren, wenn in mehreren Überlieferungen von »tiefen Kellern« unter dem Schloss die Rede war, in denen das Bernsteinzimmer verstaut sei? Wurden die Kisten in einem dieser unvollendeten Geheimgänge zwischen den Kellern der Gaststätte »Blutgericht« und dem Hauptkanal auf dem Münzplatz oder zwischen dem Heizkeller des Schlüterbaus und der Altstädter Langgasse deponiert? Oder waren diese neu geschaffenen Geheimgänge gar Fluchtwege für Güter aus dem Schloss in andere Bunker oder unterirdische Lagerstätten?

Der 1. April 1945 war ein ausgesprochen frühlingshafter und milder Ostersonntag. Schneeglöckchen und Veilchen blühten. Kein Gefechtslärm störte die unwirkliche Stille. Die Menschen wagten sich wieder auf die Straße und gaben sich der trügerischen Hoffnung hin, die Sowjets würden nach ergebnisloser Belagerung wieder abziehen. Auch der Rundfunk fabulierte von der bevorstehenden Wende. Doch es war nur die Ruhe vor dem Sturm. Unbemerkt von den Eingeschlossenen bereiteten sich mehr als 250 000 Soldaten der 3. Weißrussischen Front auf den finalen Schlag gegen Königsberg vor. Schwere Artillerie und Granatwerfer, Stalinorgeln genannt, wurden rund um die Stadt in Stellung gebracht. Massive Luftangriffe sollten den Boden bereiten. Sowjetmarschall Aleksandr Wassilewskij rechnete mit starkem Widerstand. Die Festungsstadt mit ihren zwölf Forts hatte den sowjetischen General offensichtlich schwer beeindruckt. Er hatte nicht einkalkuliert, dass die jüngsten Befestigungen aus dem 19. Jahrhundert stammten und einem Sturm mit modernen Waffen kaum standhalten konnten.

Tatsächlich fehlte es der deutschen Seite an allem: Soldaten, Geschützen, Munition und Treibstoff. 35 000 Verteidiger standen mehr als 250 000 Angreifern gegenüber. Wer noch einen Überblick bewahrte, dem musste klar sein, dass die Festung einem Angriff der zahlen- und rüstungsmäßig weit überlegenen Armee höchstens zwei oder drei Tage widerstehen konnte. Es gab nichts mehr zu gewinnen, aber alles zu verlieren. Verstärkung von außen war nicht zu erwarten. Doch die wenigsten wollten die Wirklichkeit wahrhaben. Wie zum Hohn forderten Transparente an den Häuserwänden mit Sprüchen wie »Uns geht die Sonne nicht unter« oder »Wir kapitulieren nie« zum Durchhalten auf.

Der Urheber dieser Parolen verließ am Nachmittag des 5. April seinen sicheren Unterstand an der Küste, um mit seinem »Fieseler Storch« in die Festungsstadt zu fliegen. In Begleitung seines gesamten Stabes besichtigte Gauleiter Erich Koch dabei auch die Baumaßnahmen im Schlosskeller. Oberbaurat Gerlach, der Koch bei seinem Kontrollgang begleitete, hat die Stippvisite in einem späteren Bericht beschrieben: »Koch, dick und aufgeschwemmt, erklärt, von keinerlei Sachkenntnis getrübt, in unverschämtestem Ton sämtliche Maßnahmen als unzureichend, ordnet die Aufstellung von Geschützen im Schlossturm an.« Ein reichlich unsinniger Befehl, der auch nicht mehr zur Ausführung kam. Nach dem Genuss von mehreren Flaschen Wein im »Blutgericht« machte sich die angeheiterte Delegation wieder auf den Heimweg in den Schutz des Bunkers vor der Stadt.

Auf Gerlachs Frage, wann der Angriff der Russen zu erwarten sei, habe einer der Koch-Begleiter gelassen geantwortet, »es sei jede Stunde damit zu rechnen«. Was hatte den keineswegs besonders wagemutigen Gauleiter veranlasst, sich in so brenzliger Lage freiwillig in Gefahr zu begeben? Er selbst hatte vorgegeben, sich ein Bild von den Zuständen vor Ort machen zu wollen. Dazu kam es jedoch nicht, denn für die eingeschlossenen Menschen interessierte sich der Besucher nicht. »Der hat sich überhaupt nicht darum gekümmert, was mit seinen Leuten passiert«, mokiert sich Udo Klement, der damals auf Kochs Eisbrecher »Ostpreußen« als Besatzungsmitglied diente. Hatte den scheidenden Provinzfürsten die Sorge um »seine Güter«, auch um das Bernsteinzimmer, umgetrieben?

Auch für die Endzeit in der Festungsstadt gibt es Zeugen, die die Kisten noch zu Gesicht bekommen haben wollen. Der Kriegsberichterstatter Hanns Joachim Paris war gerade auf dem Weg vom Schlosshof zum »Blutgericht«, um ein paar Weinflaschen für seinen Geburtstag zu »organisieren«, als seine Aufmerksamkeit auf mehrere große Holzkisten gelenkt wurde. Zwei Arbeiter hatten die etwa zwei Meter fünfzig langen und sehr flachen Kisten aus dem Keller geholt und neben einige gleichartige Kästen gestapelt, die alle auffällig mit roter Farbe nummeriert waren. Neugierig erkundigte er sich nach dem Inhalt der Behälter. Der Antwort, dass sich Teile des Bernsteinzimmers darin befänden, wollte er damals keinen rechten Glauben schenken. Die Arbeiter erzählten ihm freimütig, dass die Kisten noch am selben Tag abtransportiert werden sollten. »Doch im Grunde genommen hat mich damals das Bernsteinzimmer nicht so stark interessiert wie das Schicksal von Königsberg.« Erst später wurde ihm die Bedeutung dieser Begegnung bewusst.

Ganz abwegig muss die Beobachtung des Kriegsberichterstatters nicht sein. Tatsächlich ist vorstellbar, dass es Kisten aus dem Bernsteinzimmer waren, die er zu Gesicht bekommen hatte, wenn man die damals geltenden Richtlinien für die Lagerung von Kunstschätzen bedenkt: Danach war es üblich, wertvolle

Konvolute nicht zusammen an einem einzigen Ort aufzubewahren, sondern in verschiedene Partitionen zu zerlegen, die räumlich getrennt voneinander gelagert wurden. Auf diese Weise sollte vermieden werden, dass bei einem Brand oder Bombenangriff eine komplette Sammlung oder ein reichhaltiges Kunstwerk unwiederbringlich zerstört wurde.

Es ist also durchaus denkbar, dass der passionierte Bernsteinexperte Rohde die aus seiner Sicht wertvollsten Teile längst in Sicherheit gebracht hatte, während die unbedeutenderen Elemente weiter im Schloss gelagert waren. Warum sonst hätten die Arbeiter, die der Kriegsberichterstatter befragt hatte, ausdrücklich betont, dass sie nur Teile des Gesamtkunstwerks umsortieren würden? Die Aufteilung des Konvoluts wäre auch die Erklärung für einige widersprüchliche Aussagen zum Schicksal des Bernsteinzimmers: Die Augenzeugen hatten jeweils den Transport nicht der gesamten Bestandteile, sondern nur eines Teilbestandes mitbekommen.

Hanns Joachim Paris geriet am 5. April bei der Rückfahrt auf der alten Pillauer Landstraße bei Metgethen mit seinem Fahrzeug in sowjetisches Geschützfeuer, konnte aber unbeschadet seinen Stützpunkt in Pillau erreichen. Auf demselben Weg hätten theoretisch auch Kisten mit Teilen des Bernsteinzimmers aus der Stadt gebracht werden können. In der Tat gibt es Zeugenaussagen, die diese Annahme nahe legen. Eine davon hat Günther Gall von seinem Vater, dem damaligen Direktor der preußischen Schlösser- und Gärtenverwaltung, erfahren. Nach dessen Überlieferung habe Rohde noch in der Belagerungszeit den Versuch unternommen, das Bernsteinzimmer auf dem Seeweg in den Westen schaffen zu lassen. Im Hafen von Pillau habe sich jedoch herausgestellt, dass keine Schiffe mehr auslaufen konnten, und so habe man die Kisten wieder nach Königsberg zurücktransportieren müssen. Dies ist allerdings das Zeugnis eines Verantwortlichen, der, wohlgemerkt, zu jener Zeit Hunderte Kilometer entfernt in Potsdam weilte. Oberbaurat Gerlach, der sich nach eigenem Bekunden am Vormittag des 5. April im Schlosshof aufhielt, versicherte nach dem Krieg, die Kisten an diesem Tag nicht gesehen zu haben. Für etwa eineinhalb Stunden hatte er sich jedoch aus dem Schloss entfernt, um in der Innenstadt Besorgungen zu erledigen. Dennoch ging Gerlach davon aus, dass es ihm nicht hätte verborgen bleiben können, wäre ein so aufwendiger Transport vonstatten gegangen. Was auch immer später mit den Kisten passiert sein mag, es spricht einiges dafür, dass sich zumindest Teile des Bernsteinzimmers am 5. April 1945 noch in Königsberg befanden und vermutlich auch im Umfeld des Schlosses aufbewahrt wurden. Von nun an war jeder Abtransport unmöglich. Denn nach diesem Tag sollte in der Stadt nichts mehr so bleiben, wie es vorher war.

Königsbergs Untergang

Am Morgen des 6. April begann der sowjetische Sturmangriff auf die ostpreußische Provinzhauptstadt. Das ohrenbetäubende Heulen der Stalinorgeln läutete ein dreißig Stunden dauerndes Inferno ein. Fast ununterbrochen wurde die Stadt von schwerer Artillerie beschossen. Sowjetische Bomber warfen ihre tödliche Fracht über der Stadt ab. Brandbomben entfachten in Minuten großflächige Feuersbrünste, Sprengbomben ließen die Erde erzittern. Das Haus der Familie Rohde wurde dabei vollkommen zerstört. Der Kustos des Bernsteinzimmers überlebte den Bombenhagel im Keller eines benachbarten Miethauses. Auch das Schloss blieb nicht von schweren Einschlägen verschont. Nach einem verheerenden Treffer, der die Grundmauern erzittern ließ, stürzte die Hofseite des Nordflügels ein und verschüttete die Eingänge zu den Keller-

»Unbeschreibliches Chaos«: Die Rote Armee marschiert in Königsberg ein

stuben des »Blutgerichts«, in denen der Stab des Volkssturms und viele Flüchtlinge Unterschlupf gefunden hatten. Mühsam wurden die Eingänge wieder freigeräumt. Nach Stunden der Todesangst konnten die Verschütteten befreit werden.

Nachdem die Sowjettruppen das Feuer eingestellt hatten, stürmten sie das brennende Königsberg, in dem sich noch etwa 130 000 Menschen befanden, darunter auch französische und russische Kriegsgefangene. Die Verbindung nach Pillau war endgültig abgeschnitten. Jetzt gab es kein Entrinnen mehr. In der Stadt herrschte heilloses Chaos. Wohin man auch sah, lagen Tote und Verletzte in den Straßen. Es war ein Kampf auf Leben und Tod. Viele Zivilisten, die sich geweigert hatten, Königsberg rechtzeitig zu verlassen, bereuten ihre Entscheidung nun bitter. In ihrer Verzweiflung nahmen sich manche das Leben. Das Gift dazu hatten sie sich noch zuvor in der Apotheke besorgt. Im Luftschutzkeller des Schlosses wurde ein Truppenverbandsplatz eingerichtet, der bald schon überfüllt war. Soldaten und Anwohner stürmten den Weinkeller und rissen die Flaschen aus den Regalen, um sich sinnlos zu betrinken. Sie glaubten, dem Tod so leichter entgegensehen zu können. Am Ende des ersten Kampftages vermerkte Festungskommandant Otto Lasch im Tagesbericht illusionslos: »Der russische Großangriff am 6. April begann mit einer Wucht, wie ich sie trotz reichlicher Erfahrungen im Osten und Westen bisher noch nicht erlebt hatte.«

Am 7. April hatten die Soldaten der Roten Armee, unter ihnen auch alte Stalingradkämpfer, weite Teile von Königsberg erobert. Doch selbst jetzt, nach hohen Verlusten in der Zivilbevölkerung, waren die Deutschen nicht zur Kapitulation bereit. Sie folgten Hitlers Weisung, die Festung bis zum letzten Mann zu verteidigen, koste es, was es wolle. Ein pseudoheroischer Untergang war dem Diktator lieber als die freiwillige Aufgabe der Stadt.

Zum letzten Mal machte sich der Kriegsberichterstatter Hanns Joachim Paris am 8. April auf den Weg vom Rundfunkhaus über den Königsberger Steindamm zum Hauptquartier von General Lasch. Dort gab sich niemand mehr die Mühe, die Aussichtslosigkeit der Lage zu kaschieren.

Als die Niederlage für alle Beteiligten unübersehbar war, beschloss der Festungskommandant, entgegen Hitlers Verbot einen Ausbruchsversuch nach Westen zu wagen. In seinen Erinnerungen schreibt er die Urheberschaft für diesen Plan anderen zu: »Jetzt ist auch dem stellvertretenden Gauleiter und seinen Getreuen der Schreck in die Glieder gefahren. Es dämmert ihnen die Erkenntnis, dass Königsberg verloren ist. Sie erscheinen auf meinem Gefechtsstand und bitten von hier aus den Gauleiter fernmündlich um die Erlaubnis zum Ausbruch aus der Festung …« Laschs Antrag, den Durchbruch mit allen verfügbaren Mitteln zu versuchen, lehnte die Armeeführung kategorisch ab. Die Festung sollte auch weiterhin gehalten werden, so wie Hitler es forderte. Für einen Durchbruchsversuch zugunsten von Zivilisten und Parteiangehörigen wurden nur »schwache Kräfte« freigegeben. Den Soldaten schlossen sich gegen ein Uhr morgens zahlreiche Ausbruchswillige an, darunter auch Kreisleiter Wagner persönlich. Als Ortskundiger wurde Kurt Blech vom ersten Infanterieregiment dazu auserkoren, das denkwürdige Häuflein anzuführen. Mit Schaudern denkt er an das Himmelfahrtskommando zurück: »Am Zaun des Friedhofs stand eine russische Patrouille, die uns in der Vollmondnacht längst gesehen hatte. Sie schoss sofort. Vor meinen Augen fiel der Kreisleiter Wagner tot um. Ich sprang von einem Grab zum anderen. Es war furchtbar. Nach zwei Stunden war ich der Letzte, der übrig war.« Mit allen verfügbaren Waffen feuerten die Soldaten der Roten Armee auf das gegnerische Aufgebot, kaum einer entging dem blutigen Gegenschlag. Der misslungene Ausbruchsversuch war symptomatisch für die Aussichtslosigkeit bewaffneten Widerstands.

In den Straßen kämpften nur noch einzelne versprengte Einheiten, die kaum Kontakt untereinander hatten. Mit Lautsprechern forderte die Rote Armee zur Kapitulation auf. In den Redepausen dröhnte Tanzmusik, was der Atmosphäre eine gespenstische Anmutung verlieh. Im Schutz der Häusermauern spielten sich unvorstellbare Dramen ab. Die Schwächsten hatten den höchsten Preis zu zahlen. Kurt Blech, der in der Königsberger Innenstadt einen Nahkampf mit Soldaten der Roten Armee überstanden hatte, war über die Gleichgültigkeit seiner Mitmenschen erschüttert: »Als wir uns vom Landgraben zurückzogen, kamen wir an einem Heim für Taubstumme vorbei. Da bin ich runtergegangen, um nachzusehen. Niemand hatte daran gedacht, diese armen Leute beizeiten zu evakuieren. Nun saßen sie da unten ohne Verpflegung. Taubstumme können ja nicht reden und nicht hören. Das war für mich ein so furchtbarer Eindruck.« Wie sollten sie das Inferno überstehen? Auch Kurt Blech, der auf dem Weg zu seinem Befehlsstand war, musste die Taubstummen sich selbst überlassen.

Während sich viele Menschen apathisch in ihr Schicksal fügten, suchte Hanns Joachim Paris verzweifelt nach einem Ausweg. »Ich hatte die Pistole in der Hand und sagte, wenn ein Russe kommt, den kannst du umlegen. Sind es aber mehrere, dann musst du die Pistole umdrehen und sie gegen dich selbst richten.« Doch der Kriegsberichterstatter wollte nicht sterben. Entschlossen trat er die Flucht nach vorn an und entkam seinen Verfolgern auf abenteuerliche Weise durch die Kanalisation.

Rechte Seite:
»Heimstätte der deutschen Militärclique«: Sowjetische Panzer vor dem Königsberger Schloss im April 1945

Unterdessen wurde das Schloss am 9. April noch einmal mit schwerer Artillerie beschossen. Oberbaurat Hans Gerlach musste mit ansehen, wie das Gebäude, für dessen Erhalt er über Jahrzehnte verantwortlich war, systematisch zerstört wurde. »Hauptsächlich scheinen es die Russen, deren Batterien schon in der Vorstadt stehen, auf den Schlossturm abgesehen zu haben«, schreibt der Chronist in einem späteren Bericht. »Er erhielt Treffer auf Treffer, und jedes Mal stiegen riesige rote Ziegelstein-Wolken auf. Die Ostseite war in der Mitte ganz umgeschossen, aber der Turm stand eisern.« Einen Sturmangriff auf das Schloss unterließen die Soldaten der Roten Armee aber, wohl aus Furcht vor verborgenen Heckenschützen und Minenfallen.

Angesichts der aussichtslosen Lage entschloss sich General Otto Lasch am Mittag schließlich doch zur Aufgabe der Stadt: »So stand ich am 9. April vor der unumstößlichen Gewissheit, dass ich mit meinen Soldaten und der gesamten Zivilbevölkerung von Königsberg von der höheren Führung aufgegeben worden war. Von außen her konnte ich Hilfe nicht mehr erwarten«, rechtfertigte er sich später. Nun, da alles zu spät war, rückte der Festungskommandant vom todbringenden Wahn des heroischen Endkampfes ab. Doch immer noch gab es fanatische Nazis in der Stadt, die verbissen weiterkämpfen ließen und eine Kapitulation mit aller Gewalt zu verhindern suchten. Sie wussten, dass sie nun nichts mehr zu verlieren hatten. Aus dem Hinterhalt schossen sie auf die eigenen Kameraden, die sich im Auftrag des Generals als Unterhändler auf den Weg zu den Sowjets machten. Die Kapitulation war jedoch unausweichlich.

Ungetrübt von historischer Einsicht, warfen »alte Kameraden« dem Festungskommandanten gleichwohl noch Jahrzehnte später Befehlsverweigerung vor. Zu seiner Rechtfertigung entgegnete der ehemalige General in üblicher Apologetik: »Ausschlaggebend für mich war für meinen nunmehr gefassten Entschluss die Erkenntnis, dass ich bei weiterer Kampfführung nur noch Tausende meiner Soldaten und Zivilisten sinnlos würde opfern müssen. Eine solche Verantwortung aber konnte ich vor Gott und meinem Gewissen nicht mehr tragen. So entschloss ich mich, den Kampf einzustellen und dem Grauen ein Ende zu machen. Ich war mir bewusst, dass die Übergabe der Festung an einen brutalen Feind erfolgen musste, der keine Gnade kannte, aber im Gegensatz zu der Gewissheit, dass bei weiterem Kampf alles zugrunde ging, bestand dann wenigstens noch Aussicht auf Rettung des größten Teils der Menschenleben.« Nicht zuletzt ging es dabei auch um die eigene Rettung. Dass die Verantwortlichen des Kesselkampfes in all den Wochen zuvor scharenweise begeisterungsfähige Jugendliche und alte Männer in einen nicht weniger sinnlosen Abwehr-

»Übergabe der Festung an den Feind«: Der ehemalige Befehlsbunker von General Lasch ist heute Museum

kampf geschickt hatten, fand keinen Eingang in die Nachbetrachtungen des Veteranen.

Die im Schloss verschanzten Volkssturmeinheiten, inzwischen führungslos geworden, erfuhren erst in der Nacht zum 10. April von der Kapitulation. Kampflos verließen die alten Männer die Kellerräume des Schlosses, um über einen granatendurchpflügten Hof den schweren Gang in die sowjetische Kriegsgefangenschaft anzutreten.

Unter ihnen war der Volkssturm-Mann Hans Gerlach. Später, nach seiner Befreiung, gab er zu Protokoll, dass zum Zeitpunkt der Kapitulation nach seiner Beobachtung die meisten Keller noch intakt waren – auch der gewölbte Teil des Südflügel-Erdgeschosses, in dem er nach wie vor die Kisten mit dem Bernsteinzimmer wähnte. Als er zwei Jahre nach dem Ende der Kämpfe als Gefangener durch Zufall noch einmal in den Schlosshof gelangte, waren die Kellereingänge dagegen rauchgeschwärzt und verschüttet – darunter auch der besagte Teil des Südflügels. Daraus schloss er, dass die Soldaten der Roten Armee im ersten Siegestaumel alles mutwillig gesprengt und anschließend die Eingänge verschüttet hätten, ohne sich darum zu kümmern, was möglicherweise noch in den Gewölbekellern untergebracht war. Tatsächlich liegt die Annahme nahe, dass die Eroberer der Festung alles darangesetzt hatten, das Wahrzeichen der Stadt, das zugleich auch uraltes Symbol für die Unterwerfung slawischer Gebiete durch die Ordensritter war, in Schutt und Asche zu legen. Doch ist es fraglich, ob die

Soldaten, die nachweislich auf Beute aus waren, nicht zuvor alle zugänglichen Gewölbe durchforstet hatten.

Als Erich Koch im sicheren Domizil vom Fall seiner Gauhauptstadt erfuhr, schickte er einen perfiden Funkspruch nach Berlin: »Der Befehlshaber von Königsberg, Lasch, hat einen Augenblick meiner Abwesenheit aus der Festung benützt, um feige zu kapitulieren. Ich kämpfe im Samland und auf der Nehrung weiter.« Prompt ließ Hitler den Festungskommandanten Lasch »wegen feiger Übergabe an den Feind« zum Tode durch den Strang verurteilen. Doch dieser blindwütige Vergeltungsakt erreichte seinen Adressaten nicht mehr. Der General befand sich längst in sowjetischer Kriegsgefangenschaft, aus der er erst zehn Jahre später zurückkehren sollte.

Für die Königsberger brach nach dem Einmarsch der Roten Armee eine Zeit des Schreckens und der Entrechtung an. Tagelang ließen Soldaten der Roten Armee ganze Häuserzüge niederbrennen, nachdem sie alle Wertgegenstände geplündert hatten. Die Einwohner, die sich in ihren Kellern versteckt gehalten hatten, wurden von den Eroberern ausgeraubt und durch die Straßen gejagt. Im Siegesrausch suchten Soldaten in den Unterschlüpfen nach Frauen, um sie brutal zu vergewaltigen. Jedes Mädchen und jede Frau zwischen zwölf und siebzig Jahren war Freiwild für sie. Selbst katholische Ordensschwestern und junge Mütter kurz nach der Entbindung blieben nicht verschont. Mit rücksichtsloser Gewalt entlud sich der Hass der Sieger über die Besiegten. Er kannte keine Unterscheidung und keine Gerechtigkeit. Der sechzehnjährige Michael Wieck, der als Sohn einer jüdischen Mutter den Krieg in Königsberg überlebte, erinnert sich mit Grauen an jene Tage: »Das Chaos war natürlich unbeschreiblich von dem Moment an, als die ersten Russen in den Keller kamen, zum größten Teil betrunken und mit ihren Maschinenpistolen rumfuchtelnd, Uhren verlangend. Dann zogen sie wieder weiter, und wir harrten aus, bis wir irgendwann aus dem Keller geholt wurden, um uns irgendwo aufzustellen. Vor allem das Rausholen der Mädchen, ihre Schreie, die man nachts hörte und denen man nicht helfen konnte – das zu beschreiben, ist ein Ding der Unmöglichkeit.«

Während in Königsberg Unrecht mit neuem Unrecht vergolten wurde, gingen im Westen und Norden der Stadt die Kämpfe weiter. Noch Mitte April 1945 waren das Samland und die Hafenstadt Pillau in deutscher Hand. Tausende von Flüchtlingen, die auf die Seerettung warteten, wurden wegen des sowjetischen Vordringens auf immer engerem Raum zusammengedrängt. In einem verlustreichen Kraftakt gelang es den verbliebenen Einheiten der Wehrmacht gemeinsam mit Marinesoldaten und Volkssturm, die Rote Armee noch zehn

»Umschlagplatz für zahllose Güter«: Der Hafen von Pillau im April 1945

Tage lang fern zu halten. So konnten Zivilisten und Verwundete noch bis zum 24. April über die Ostsee evakuiert werden. Danach brach auch im Samland der Widerstand zusammen. Bis zuletzt hatte Koch auf Verstärkung von außen gebaut. Nun musste er einsehen, dass damit nicht mehr zu rechnen war. Meldungen aus Pillau brachten die Gewissheit, dass der Hafen nicht mehr zu halten war.

Also rückte nun die eigene Rettung auf der Prioritätenliste des Gauleiters ganz nach oben. Wie langfristig vorausgeplant, beorderte Koch die beiden Boote »Ostpreußen« und »Pregel«, die er seit Anfang April für sich beschlagnahmt hatte, aus dem Hafen in Pillau an die Anlegestelle bei seinem Bunker, wo er an Bord gehen wollte. Die Besatzungen der Schiffe hatten dreieinhalb Wochen untätig im Hafen abgewartet, ohne bei der Evakuierung der Flüchtlinge helfen zu dürfen. Frauen, Kinder und Verwundete mussten, oft vergeblich, auf ihre Abholung warten. Doch ihnen galt das Interesse des Gauleiters nicht mehr. Koch wollte sein dickes Fell retten. Udo Klement, der damals zur Besatzung der »Ostpreußen« zählte, hat für seinen damaligen Befehlsgeber nur Verachtung übrig: »Das war der Unterschied zwischen Partei und Wehrmacht. Da haben die höheren Offiziere noch gedacht, entweder gehst du mit in Gefangenschaft, oder du verreckst hier. Aber das war Koch wahrscheinlich zu profan. Das Hemd war ihm näher als der Rock.«

Da die Besatzungen der Eisbrecher an der Küste vor Neutief U-Boot-Angriffe fürchteten, lotste Koch die Schiffe zur Halbinsel Hela bei Danzig. Mit einer gehörigen Portion Durchsetzungskraft dirigierte er seinen Dienstwagen über die Frische Nehrung mitten durch den Flüchtlingsstrom Richtung Westen. Doch als ein Trupp sowjetischer Soldaten in der Nähe der Straße in Sichtweite kam, geriet der Flüchtling in Panik, verließ das Fahrzeug und schlug sich in Begleitung seiner SS-Leibwache zu Fuß durch. Im Küstenort Schievenhorst kaperten seine SS-Männer ein Flugsicherungsboot und zwangen die erschöpfte Mannschaft, den Gauleiter samt Entourage noch in derselben Nacht nach Hela überzusetzen. Dort bestiegen sie den mit Flakgeschützen und Maschinengewehren ausgestatteten Eisbrecher »Ostpreußen«, um sich über die Ostsee nach Norddeutschland abzusetzen. Noch von Bord aus schickte Koch Funksprüche mit Meldungen vom heldenhaften Widerstand der Hafenstadt Pillau ins Führerhauptquartier.

Während der Fahrt legte der alte Haudegen der Partei die braune Uniform ab, die ihn zu seinem Amt als Provinzherrscher verholfen hatte, und zog eine Wehrmachtsuniform an. Ein gefälschter Ausweis verlieh ihm eine neue Identität. Wie nach einer Wiedergeburt ging er am 7. Mai 1945 in Flensburg als Major

Rolf Berger unbehelligt an Land. In Haasenmoor bei Hamburg gelang es Hitlers Paladin, vier Jahre lang unterzutauchen, bis er nach einem gezielten Hinweis von britischen Nazi-Jägern aufgespürt wurde. 1950 wurde er an den polnischen Staat ausgeliefert, in dessen Grenzen ein Teil von Kochs früherem Reich lag. Das Gericht verhängte 1959 das Todesurteil über ihn, das jedoch, wie erwähnt, nie vollstreckt wurde. Bis zu seinem Tod im hohen Alter von 90 Jahren verstand es der Häftling geschickt, die Gemeinde der Bernsteinzimmersucher mit immer neuen Hinweisen aufzuschrecken, die jedoch zu keinem Ergebnis führten.

Wojciech Zenderowski, jahrzehntelang Kochs Gefängniswärter im polnischen Barczewo, glaubt Kochs Motiv dafür erkannt zu haben: »Das Bernsteinzimmer sah er als seine Lebensversicherung an, so kann man das beurteilen. Doch er hat mit allen ein Spiel gespielt. Die Notizen und Unterstreichungen in Pressepublikationen, die er gesammelt hatte, und die Ausleihe eines Buches über das Bernsteinzimmer legen die Vermutung nahe: Er hat es selbst gesucht. Zu irgendeiner Zeit seiner Flucht aus Ostpreußen hat er wohl dessen Verbleib aus den Augen verloren. Denn er wollte ja damals vor allem sein Leben retten.« Dieses Recht war vielen nicht vergönnt, die den vom Gauleiter mit verantworteten Verbrechen zum Opfer fielen. Dass Koch am Ende das Wissen über den Aufbewahrungsort des Bernsteinzimmers tatsächlich mit in sein Grab nahm, ist eher zweifelhaft.

»Bernsteinzimmer als Lebensversicherung«: Erich Koch erging sich in polnischer Haft in dunklen Andeutungen über den Verbleib des Kunstwerks

Verschollene Schätze

Als sich die Kunstschutzoffiziere der Roten Armee in der Ruine des Königsberger Schlosses auf die Suche nach dem Bernsteinzimmer machten, war es spurlos verschwunden. Es hatte überhaupt eine Weile gedauert, bis sie den Beweis dafür in Händen hielten, dass sich der Zarenschatz während des Krieges tatsächlich im Schloss befunden hatte. Durch Zufall entdeckte die erste Suchkommission aus Moskau unter Leitung von Dmitrij Iwanenko am 25. April 1945 in den zerstörten Räumen das Einlieferungsbuch der Königsberger Museen. Unter Nummer 200 der Eingangsliste war im Dezember 1941 das Eintreffen von 143 Teilen des Bernsteinzimmers aus dem Zarenschloss verzeichnet worden, darunter Paneele, Konsolen, Spiegel und drei Kisten Bernstein. Aus unerfindlichen Gründen blieb diese wichtige Information mehrere Wochen lang unbeachtet. Das Nächstliegende wäre gewesen, die Museumslei-

»Zufällige Entdeckungen«: In den ersten Wochen war die Suche der Sowjets nach Kunstschätzen in Königsberg wenig koordiniert

»Bernsteinzimmer nicht auf der Prioritätenliste«: Sowjetische Kunstschutzoffiziere im Frühjahr 1945 in Ostpreußen

tung des Katharinenpalais in Puschkin auf den sensationellen Fund hinzuweisen, doch nichts dergleichen geschah. Selbst als zwanzig bis dreißig Sessel aus einem der Zarenschlösser in Königsberg zum Vorschein kamen, lief das Suchunternehmen noch nicht an. Offensichtlich stand zu dieser Zeit die Wiederbeschaffung des Bernsteinzimmers nicht auf der sowjetischen Prioritätenliste. Dabei lebte mit Alfred Rohde einer der letzten unmittelbar Beteiligten vor Ort, der den sowjetischen Kunstschutzoffizieren Auskunft über das Prachtstück hätte geben können. Die Kunst hatte sein ganzes Leben bestimmt. Nun stand er vor dem Scherbenhaufen seines Lebenswerks. Nicht nur seine Sammlungen, auch sein gesamtes wissenschaftliches Werk, seine Aufzeichnungen, Unterlagen und Bücher waren fast vollständig zerstört. Was hatte er noch zu verlieren? Nach Aussagen sowjetischer Kunstbeauftragter zeigte sich Rohde von Beginn an durchaus kooperativ, wenn es darum ging, Kunstwerken, die in den Kriegswirren verschollen waren, nachzuspüren. Er gab bereitwillig Auskunft, wo dieses oder jenes gesucht werden könnte. Doch das Bernsteinzimmer erwähnte er von sich aus mit keinem Wort. Gab es durch Schweigen für ihn noch etwas zu retten?

Das alte Königsberg, das den Hanseaten einst nach Ostpreußen gezogen hatte, existierte nicht mehr – auch durch deutsche Schuld. Was der Kampf um die eisern verteidigte Festung von der Stadt noch übrig gelassen hatte, wurde mitunter von den triumphierenden Eroberern nachträglich niedergerissen. Die ehedem stolze Krönungsstätte der preußischen Könige glich über weite Strecken einer Trümmerwüste. Für die neuen Besatzungsherren, die in der Anfangszeit wie die Wilden wüteten, hatte der Kunsthistoriker vor allem Verachtung übrig. Plünderungen, Brandschatzungen und Vergewaltigungen gehörten zum Alltag in der Stadt. Kein Einrichtungsgegenstand, wenn nicht niet- und nagelfest angebracht, war vor willkürlichen Raubzügen sicher. Es war Beutezeit, beinahe unbeschränkt. Selbst wenn die Plünderer etwas nicht gebrauchen konnten, verschonten sie es häufig nicht. Sie zertrampelten oder verbrannten – aus purer Lust an der Zerstörung und der Siegerpose. Jeder konnte mitnehmen, was er gerade transportieren konnte.

In diesem Chaos aus Raub und Schieberei wäre es vermutlich nicht weiter aufgefallen, wenn jemand die Kisten mit dem Bernsteinzimmer beiseite geschafft hätte. Der sechzehnjährige Michael Wieck, ein Verfolgter des Nazi-Regimes, erinnert sich an die Endzeitstimmung in der Stunde des Überlebens: »Lebendig diesen Krieg überstanden zu haben, das war schon mehr, als man erwarten konnte. Aber jetzt war man plötzlich von einer neuen Gefahr bedroht: den marodierenden Soldaten, die von Keller zu Keller zogen, um sich Frauen herauszuholen, und nach Belieben Zivilisten erschossen, wenn sie ihnen ihre Uhren nicht ablieferten. Und nun von neuem zu denen zu gehören, die vom Tode bedroht waren, das war für mich kaum zu ertragen.«

Zur fortwährenden Angst kam die Mühsal, das eigene Überleben zu sichern. Da die gesamte Infrastruktur der Stadt lahmgelegt war, standen die Einwohner Königsbergs vor schier unlösbaren Problemen. Nahrungsmittel, fließendes Wasser oder Medikamente wurden zur Mangelware. Um den Ausbruch von Seuchen zu verhindern, mussten so schnell wie möglich die Leichen der Gefallenen auf den Straßen geborgen werden. Dazu wurden junge Männer wie Michael Wieck rekrutiert. »Immerfort diese Menschen zu sehen, die schon acht Tage lang tot waren und zu verwesen begannen, das war für einen Sechzehnjährigen wie mich doch eine starke Belastung. Erst haben wir sie rausgetragen. Doch das ging den Russen zu langsam. So mussten wir sie mit Seilen an den Füßen hinter uns herziehen. Wir haben sie in die Bombentrichter geschmissen, die in der Nähe waren, und Erde darauf geschaufelt.« Diese Notmaßnahmen konnten jedoch nicht verhindern, dass bald Krankheiten ausbrachen. Die schlechte Ernährungslage, die körperlichen und seelischen Belastungen brachten schwere Darminfektionen mit sich, die nicht richtig behandelt werden konnten. Niemand wusste, wie lange der Zustand der Entrechtung andauern würde. Nachrichten aus dem Westen drangen nur sporadisch durch. Dass die Siegermächte Ostpreußen der Sowjetunion zugeschlagen hatten und Königs-

»Unglückliche Entscheidung«: Alexander J. Brjussow (Foto von 1941) war Archäologe und kein Experte für Bernsteinkunst

berg fortan nach einem Bolschewisten-Führer Kaliningrad heißen sollte, hatte sich allerdings schon herumgesprochen.

Im Auftrag der neuen Machthaber traf am 26. Mai 1945 eine Kommission sowjetischer Kunstwissenschaftler in der Stadt ein, die die Suche nach verschleppten Kunstschätzen gezielt in Angriff nehmen und der alleinigen Zuständigkeit der Armee entziehen sollten. Zu diesem Zeitpunkt hatten aber marodierende Plünderer schon sechs Wochen lang ausgiebig Gelegenheit gehabt, nach Beute Ausschau zu halten. Die Leitung des Suchkommandos oblag Alexander Jakowlewitsch Brjussow, einem neunundfünfzigjährigen Archäologen aus Moskau. Von dort hatte er eine Liste mit auf den Weg bekommen, in der kurioserweise das Bernsteinzimmer nicht explizit aufgeführt war.

In seinem Tagebuch aus dem Jahre 1945, einem alten Kalender mit handschriftlichen Eintragungen, der heute in der Moskauer Lenin-Bibliothek verwahrt wird, beschreibt Brjussow sein schwieriges Unterfangen, unter Trümmern Kunstschatzsuche zu betreiben. Zu Beginn ordnete er an, das zerbombte Schloss von Schutt freizuräumen, um nach verschütteten Hinterlassenschaften Ausschau zu halten. Ganz abgesehen davon, dass der Archäologe keine Fachkenntnisse der bildenden Kunst vorzuweisen hatte, standen ihm nur spärliche Informationen bezüglich des Königsberger Museumsbestandes zur Verfügung. Es schien ihm aber auch nicht zu gelingen, vom Kenntnisreichtum des ehemaligen Museumsdirektors Alfred Rohde zu profitieren. Abschätzig notierte Brjussow in seinen Kalender: »Rohde sieht aus wie ein alter Mann. Unordentlich gekleidet. Kunsthistoriker. Hat eine Reihe wissenschaftlicher Arbeiten geschrieben. (Alkoholiker?)« Offenbar war es ihm vollkommen entgangen, dass er es mit einem der versiertesten Bernsteinkenner in Europa zu tun hatte.

Vordergründig zeigte Rohde sich bemüht, den sowjetischen Kunstfahndern behilflich zu sein, doch in Wirklichkeit spielte er wohl ein eigenes Spiel. Hatte er nicht vor Kriegsende noch selbstbewusst verkündet, ihm könne nichts geschehen, da er doch über wichtige Informationen für die Russen verfüge? Dieses Wissen offenbarte er in kleinen Portionen. Nur häppchenweise ließ er Brjussow an seinen Kenntnissen über die verschiedenen Auslagerungsorte teilhaben. Oft gab er auch irreführende Auskünfte.

Bald wandte sich die Suche auch dem vermissten Bernsteinzimmer zu. Der frühere Betreiber des Weinkellers »Blutgericht«, Paul Feyerabend, hatte unbedarft einen Hinweis auf den möglichen Verbleib der Kisten in der Stadt gegeben. Leutselig hatte der Wirt nämlich ausgeplaudert, dass Koch dem Museumsdirektor kurz vor der Kapitulation vorgeworfen hätte, die Evakuierung des Bernsteinzimmers unterlassen zu haben. Im Verhör durch sowjetische Offiziere hatte auch Rohde zugeben müssen, dass die betreffenden Kisten sich am 5. April noch in Königsberg befunden hätten.

Jetzt stellte er zunächst die Behauptung auf, dass das wertvolle Zimmer in unzerstörten Räumen im Südflügel des Schlosses untergebracht sei. Doch die Freilegung dieser Lagerstätte blieb ohne Erfolg. Kein Wunder – erwiesen sich diese Räume doch als viel zu klein für das edle Getäfel. Als Brjussow ihn auf diesen Widerspruch aufmerksam machte, änderte Rohde die Marschrichtung und verwies auf den so genannten Ordenssaal in einem anderen Flügel des Schlosses. Nachdem Soldaten der Roten Armee dort Feuer gelegt hätten, sei der Zarenschatz leider verbrannt. Bei Untersuchungen im Saal fand man tatsächlich Spuren eines schweren Brands. Unter einer Ascheschicht entdeckte Brjussow Metallteile verbrannter Möbel, die vormals der baltischen Adelsfamilie Keyserling gehört hatten, ein verkohltes Stück Goldverzierung und Metallscharniere, von denen er annahm, dass sie von den Türen des Bernsteinzimmers stammten – eine kühne Schlussfolgerung. In seinem Tagebuch heißt es weiter, dass »irgendein Oberst« ins Schloss gekommen sei, der bestätigte, dass er nach der Einnahme des Schlosses im Ordenssaal mehrere große Kisten gesehen hätte. Die vorderen Behältnisse seien zerbrochen gewesen und darin Möbel zum Vorschein gekommen. Damit schien der Fall für Brjussow klar. Wie er seinem Tagebuch anvertraute, war er zu der festen Überzeugung gelangt, dass der Zarenschatz im Zuge des Kampfes um Königsberg verbrannt war: »Eine Besichtigung des großen Saals ergab, dass leider sowohl das Bernsteinzimmer als auch die Keyserling-Möbel verbrannt waren.«

Nach dieser niederschmetternden Erkenntnis forschte Brjussow mit Rohdes Hilfe noch einige Wochen weiter nach verschollenen Kunstschätzen sowjetischer Herkunft. Aus unerfindlichen Gründen änderte Rohde seine Strategie und setzte die Fahnder auf eine neue Fährte. Ohne Not behauptete er nun auf einmal, eine Mitarbeiterin des Kiewer Museums, Frau Kulschenko, die als Betreuerin mit den ukrainischen Kunstwerken 1941 nach Ostpreußen gekommen war, hätte womöglich das Bernsteinzimmer zusammen mit der Gemäldesammlung in das Schloss Wildenhoff bei Zinten verlagern lassen. In einem Bericht aus dem Jahre 1955 räumte Brjusssow ein, dass Rohde »mit großem Hass« über Frau Kulschenko gesprochen hatte, die gezwungenermaßen aus Kochs ukrainischem Kommissariat in dessen Gau mitkommen musste. Laut Brjussow hätte Rohde der Kunstbetreuerin wirklichkeitsentstellend gute Kontakte zur Führungselite in Berlin unterstellt. Das waren schwer wiegende Behauptungen, die der Frau nach der Rückkehr in die Sowjetunion erheblich schaden sollten. Als Brjussow sie später noch einmal kontaktieren wollte, war sie verhaftet und wegen antisowjetischer Tätigkeit zu mehreren Jahren Gulag verurteilt worden. Da er offensichtlich Rohdes Verdacht ungefiltert nach Moskau weitergemeldet hatte, war Brjussow nicht ganz unschuldig an ihrem Schicksal. Offensichtlich war auch Rohdes Hinweis auf die Auslagerung des Bernsteinzimmers in das Gut Wildenhoff durch Frau Kulschenko pure Denunziation. Untersuchungen vor Ort belegten, dass das Getäfel nie dort gewesen sein konnte.

Während der weiteren Ausgrabungen in den Schlossruinen entdeckte die Brjussow-Kommission im Juni 1945 verschiedene Schriftstücke, die über wichtige Vorgänge der Museumsarbeit Aufschluss gaben. Sie bildeten die Grundlage für die weitere Suche. Allerdings beging die Suchtruppe den Fehler – wie Brjussow nachträglich selbst einräumte –, sich allzu lange weitgehend auf Rohdes irreführende Aussagen zu verlassen. Aus einem Briefwechsel des Museumsdirektors, den man unter den noch vorhandenen Dokumenten fand, ging eindeutig hervor, dass er Gemälde aus Museumsbeständen in einem unterirdischen Bunker in Königsberg gelagert hatte. Die Tatsache, dass er ihm die Existenz dieses Bunkers verschwiegen hatte, weckte Brjussows Misstrauen. »Mir scheint, er weiß mehr, als er zugibt«, notierte der Befrager verbittert. «Wenn er redet, lügt er nicht selten.«

Im Verhör konnte Rohde dann nicht länger Versteck spielen. Er musste zugeben, dass es diesen unterirdischen Bunker in der Nähe der »Langen Reihe« gab und dass er als Kunstdepot gedient hatte. Wie es darin aussah, berichtete Brjussow im Rückblick: »Wir gingen vier oder fünf Stockwerke hinab und fanden einen großen, gut eingerichteten Bunker, in dem es ein Schlafzimmer, Kinderzimmer, Küche, Toiletten und so weiter gab. In einem Zimmer lagen einige wertvolle Museumsgegenstände herum – alte Bücher, schlechte Bilder, Relieftafeln aus Bronze und Ähnliches. Wir haben etwas ausgesucht und mitgenommen.« Was mit dem Bunker und den darin vorgefundenen Kunstwerken weiter geschah, ließ der Archäologe allerdings offen. Immerhin vermochte er sich mit dem Abstand von einigen Jahren noch an Rohdes merkwürdiges Verhalten zu erinnern. Bei der Durchsuchung der Räume sei der ehemalige Museumsdirektor auf einmal für längere Zeit im unterirdischen Labyrinth verschwunden gewesen, um erst wieder aufzutauchen, als die Suchaktion praktisch beendet war. Was hatte Rohde so lange im Bunker gemacht? Gab es einen geheimen Raum, den nur er kannte und in dem womöglich auch das Bernsteinzimmer gelagert war?

Das ganze Unternehmen unterlag strenger Geheimhaltung, zu der man offensichtlich auch Rohde verpflichtet hatte – selbst gegenüber den Verbündeten

»Nicht immer mit genügender Kompetenz ausgestattet«: Ein Suchtrupp im Raum Kaliningrad in den ersten Nachkriegsjahren

von gestern. Als am 20. Juli 1945 amerikanische Kollegen vom »Foreign Office and Ministry of Economic Warfare« nach Königsberg kamen, um Informationen über den Verbleib geraubter Kunstgüter zu erhalten, hielten die Gastgeber sich sehr bedeckt.

Auch in den Monaten nach Abreise der US-Kunstraubforscher wurde Rohde von den Sowjets weiter verhört, wovon aber keine Protokolle mehr auffindbar sind. Der Befragte gab vor, sich an vieles nicht mehr erinnern zu können. Dabei muss aber auch bedacht werden, dass der Dreiundfünfzigjährige laut ärztlichem Attest an »Schüttellähmung« (Parkinsonscher Krankheit) litt und durch die unzureichende Versorgungslage bereits in bedenklicher Verfassung war. Als man den Geheimnisträger im Dezember 1945 in seinem Arbeitszimmer beim Verbrennen irgendwelcher Unterlagen überraschte, war das Vertrauen Brjussows vollends dahin. Der Kunstforscher verfügte einen mehrtägigen Arrest, als Rohde sich hartnäckig weigerte, Auskunft über den Inhalt der Dokumente zu geben. Brjussow ließ die Strafe zwar umgehend wieder aufheben, legte jedoch vorerst keinen sonderlichen Wert darauf, Rohde zu empfangen. Er wollte ihn erst einmal schmoren lassen. Zwei Tage später war Rohde tot.

Es scheint der gesamten Bernstein-Materie anzuhaften, dass sich um nicht restlos dokumentierte Einzelheiten sogleich Legenden zu ranken beginnen. Das gilt in besonderem Maß für diesen Todesfall. In der Tat sind nicht mehr alle Details restlos nachvollziehbar. Nicht einmal Rohdes genaues Todesdatum – laut Totenschein der 7. Dezember 1945 – ist unumstritten, da der Arzt Dr. Erdmann, der den Schein ausgestellt hatte, kurz darauf in der Versenkung verschwand. Angeblich habe es in Königsberg einen Arzt dieses Namens nie gegeben. War der Totenschein am Ende gefälscht? Als Todesursache wird Typhus angegeben, ebenso bei Rohdes Gattin Ilse, die kurz nach ihm verstarb. Doch Nachbarn der Familie behaupteten, das Ehepaar noch am 6. Dezember 1945 bei guter Gesundheit angetroffen zu haben.

So entstanden bald die wildesten Gerüchte. Sowjetische Quellen wollten wissen, dass der Museumsdirektor von eigenen Landsleuten vergiftet worden sei, und zwar von den so genannten Werwölfen, einer mehr als Phantom denn wirklich operierenden Nazi-Partisanenorganisation. Mit dem Mord hätte man Rohde daran hindern wollen, das Geheimnis um das Bernsteinzimmer auszuplaudern. Ex-KGB-Mann Andrej Prschesdomskij gibt sich noch heute als überzeugter Vertreter dieser Verschwörungstheorie: »Was den tragischen Tod von Dr. Rohde angeht, so glaube ich, dass die Ursache für seinen Tod bei den deutschen, Hitler'schen Geheimdiensten auf dem Gebiet von Kaliningrad zu suchen ist.«

Andere gaben den Sowjets Schuld an Rohdes Tod oder vermuteten einen Selbstmord des Ehepaars.

In einem Interview mit der Ostberliner Zeitung »Freie Welt« bestätigte Brjussow 1959, Rohde sei irgendwie ängstlich gewesen und hätte das Gespräch unter vier Augen gesucht. Andere Zeugen sprechen davon, dass Rohde in den Verhören von den Offizieren der Roten Armee misshandelt wurde, um ihn zum Sprechen zu bringen. Ein Gerücht ergab das andere: Aufgrund ernsthafter Zweifel an der attestierten Todesursache hätten die Verantwortlichen veranlasst, die Leichen zu exhumieren, das Grab dabei aber leer vorgefunden. Eine viel kolportierte Pointe der Gruselgeschichten um den Tod des Bernsteinkenners.

Dabei ist die Erklärung für Ungereimtheiten viel profaner. In Königsberg existierte damals keine geordnete Zivilverwaltung. Die Möglichkeit, Todesumstände bürokratisch genau beurkundet vorzufinden, sind daher sehr eingeschränkt. Viele Menschen starben einen anonymen Tod, andere verschwanden von einem Tag auf den anderen in Straf- und Arbeitslagern der Besatzungsmacht, oder ihnen gelang die Flucht. Auch den Arzt, der den Totenschein ausstellte, mochte so ein Schicksal ereilt haben. Es bleiben somit als Quelle die Aussagen von Anwesenden, die das Geschehen oft nur am Rande mitbekommen hatten und in der Drangsal anderer Sorgen vereinnahmt waren.

Naturgemäß gibt es mit dem Abstand von vielen Jahren Unterschiede in ihren Überlieferungen. Doch die Bezirkskrankenschwester Martha Brennekam, die das Ehepaar Rohde zuletzt betreut hatte, ließ gegenüber den hinterbliebenen Kindern nicht den geringsten Zweifel am Grund für das überraschende Ableben des Vaters: »Bezüglich der Diagnose zur Todesursache kann ich Ihnen mitteilen, dass es etwa der allgemein herrschende, schon chronische Hungertyphus, mit Dystrophie und Enteritis, gewesen ist, zu deutsch: Den unmenschlichen Lebensumständen mit den unschilderbaren Verhältnissen waren Ihre sehr verehrten Eltern und der Länge der Zeit, die dort abgesessen und verbracht werden musste, nicht mehr gewachsen.«

Typhus war eine Seuche, die in jenen Tagen ein regelrechtes Massensterben verursachte. Die Lebensmittelrationen waren derart gering, dass gerade bei Älteren und Kranken die Widerstandskräfte schwanden. Allein zwischen April 1945 und Frühjahr 1947 gingen in Königsberg mindestens 2600 Menschen an Typhus, Ruhr oder Fleckfieber zugrunde. Rohdes Tod war kein Ausnahmeereignis.

Auch für die Legende vom verschwundenen Leichnam bietet sich eine mögliche Erklärung an, die der Kaliningrader Schriftsteller Jurij Iwanow überliefert hat. Freunde der Familie Rohde hätten 1950 auf dem Kaliningrader Luisenfriedhof symbolisch ein Grab für Alfred und Ilse Rohde erworben und dort eine Gedenkfeier zu Ehren des an unbekanntem Ort verscharrten Ehepaars abgehalten. Möglicherweise blieb deshalb eine Exhumierung, so es sie denn gegeben hatte, ohne Ergebnis.

Brandheiße Spuren

> Ich vermute, dass das Bernsteinzimmer erhalten geblieben ist, weil a) am Ort, wo es nach der Aussage von Rohde angeblich stand und angeblich verbrannt wurde (Ordenssaal), nur Teile der verbrannten Türen und keine Bronzeteile gefunden wurden; b) weil andere Museumsmitarbeiter nichts davon wussten, dass es verbrannt ist, was fraglich scheint; c) weil Rohde kurz vor seinem Tod behauptete, das Bernsteinzimmer sei erhalten geblieben.
>
> *Alexander J. Brjussow, Bericht vom 25. Dezember 1949*

Für Kunstfahnder Brjussow war Rohdes Tod ein herber Verlust, da er mit dem früheren Museumsdirektor den einzigen Auskunftgeber verlor, der zuverlässig wusste, was aus dem Zarenschatz geworden war. Nun bereute er es, nicht stärker insistiert zu haben. Einige Wochen nach seiner Rückkehr nach Moskau, so Brjussow, habe ihn die Direktorin des Schlossmuseums von Puschkin aufgesucht und ihn davon überzeugt, dass das Bernsteinzimmer gar nicht verbrannt sein konnte. Denn die Spiegel, die ursprünglich zum Zimmer gehört hatten, waren von schweren feuerresistenten Bronzerahmen umgeben, die nach einem Brand in der Asche zurückgeblieben wären. Brjussow beichtete der Direktorin, dass er weder von der Beschaffenheit des Bernsteinzimmers noch von Rohdes Kennerschaft auf dem Gebiet der Bernsteinkunst irgendeine Ahnung gehabt hätte. Die Möglichkeit, dass der Zarenschatz in Kaliningrad noch irgendwo in der Verborgenheit existierte, war nach Brjussows neu gewonnener Einsicht relativ groß. So ließ er es auch in seinem Bericht an das Komitee für Kultur- und Aufklärungsangelegenheiten vom Dezember 1949 und in einem Memorandum vom 9. September 1955 verlauten. Aufgrund seiner Erfahrungen mit Rohde hielt er es für denkbar, dass das Bernsteinzimmer in jenem Bunker in der Nähe der »Langen Reihe« zu finden war, zu dem Rohde ihn 1945 geführt hatte. Allerdings wurde dieser Lagerort bei späteren Expeditionen nicht mehr wiedergefunden – eine der vielen Merkwürdigkeiten der Bernsteinzimmersuche.

Natürlich konnte es nicht ausbleiben, dass Brjussows späte Erkenntnis seines Irrtums über die Verbrennung des Zimmers nachträglich als Ergebnis einer Verschwörung gebrandmarkt wurde. Man verstieg sich sogar zu der Mutmaßung, der jüdische Professor sei von Stalins Handlangern genötigt worden,

»Ich vermute, dass das Bernsteinzimmer erhalten geblieben ist«: In Berichten von 1949 und 1955 revidierte Brjussow seine Meinung, das Zimmer sei verbrannt (Dienstausweis von 1954)

»Er kannte die Wahrheit«: Alexander Kutschumow (links) entdeckte im Königsberger Schloss Überreste der Florentiner Steinmosaike

seine Verbrennungsthese zu widerrufen, um die Fabel vom Kunstraub der Nazis aufrechterhalten zu können. Brjussows Witwe weist solche Unterstellungen weit von sich. Niemand habe Druck auf ihren Mann ausgeübt. Vielmehr habe er seinen Fehler eingesehen und seine Meinung freiwillig revidiert. Überdies stellt sich die Frage: Warum hätten Russen, Polen, Tschechen und Ostdeutsche ein halbes Jahrhundert lang für Unsummen dem Bernsteinzimmer nachforschen sollen, wenn sie in Wahrheit überzeugt gewesen wären, dass jede Suche vergeblich sei? Umgekehrt hätten die Sowjets viel effektiver argumentieren können: Der Klassenfeind hat uns das größte Kunstwerk, das je aus Bernstein gefertigt wurde, geraubt und hält es bis heute unter Verschluss!

Doch Brjussow war nicht der einzige Kunstfachmann, der in Kaliningrad auf Spurensuche ging. Um Aufschluss über das Schicksal des Wandschmucks aus dem von ihm betreuten Zarenschloss zu gewinnen, nahm Alexander Kutschumow, Kustos der Schlösser von Puschkin, 1946 den Ordenssaal noch einmal penibel unter die Lupe. Dabei entdeckte er Reste der verloren geglaubten florentinischen Steinmosaike, die einst das Bernsteinzimmer schmückten. Mit seinen sensiblen Händen hatte er die Bronzerahmen der Mosaike in der dichten Ascheschicht ertastet: »Es gab kaum Licht, aber die Maße, die Konturen, die Motive, ich erkannte die Ruine, Figuren, alles in winzigen, von der Hitze farblos gewordenen Fragmenten, die noch aufgeklebt waren«, erklärte er damals. Da Kutschumow darüber hinaus aber keine Reste der Vertäfelung, der 24 Stützpfeiler aus dickem Spiegelglas, der 24 bronzenen Wandleuchter sowie der vier

Ich glaube, dass das Bernsteinzimmer nicht verloren gegangen ist und sich am ehesten im Bunker in der Langen Reihe in Kaliningrad (Königsberg) befindet.
Alexander J. Brjussow, Bericht vom 9. September 1955

Zierspiegel aus Facettenglas fand, gelangte er gleichfalls zu der Überzeugung, dass es für eine Brandzerstörung des Hauptbestands aus dem Zarenschloss keine Anhaltspunkte gab. Rohde hatte den gutgläubigen Brjussow, so mutmaßte Kutschumow, mit dieser Behauptung schlicht in die Irre geleitet.

Von 1946 bis 1949 stagnierte die Suche nach dem Bernsteinzimmer. Die neuen Stadtväter hatten andere Prioritäten. Die meisten Deutschen hatten die Heimat verlassen müssen, die wenigen, die zurückblieben, versuchten sich, soweit es ging, in den neuen Verhältnissen einzurichten. Die Trümmer des Krieges mussten beseitigt, eine halbwegs funktionierende Infrastruktur musste geschaffen werden. Neu in die Gegend umgesiedelte Bewohner brauchten dringend Wohnraum, doch fehlte es an Baumaterial. Bald reifte der Entschluss, die verbliebenen Ruinen des Schlosses gänzlich einzureißen, um diese Steine für den Bau neuer Häuser zu verwenden. Einer der letzten noch lebenden Angehörigen der damaligen Nomenklatura, der fünfundneunzigjährige Weniamin Dmitrijewitsch Krolewskij, damals Sekretär der KPdSU in Kaliningrad, gibt sich heute geläutert: »Das Schloss war sehr massiv gebaut. Selbst wenn das Gebäude ramponiert war, so freute man sich doch, es zu sehen. Es erweckte in mir irgendwie das Gefühl, zu Hause zu sein. Es war ein Denkmal von historischem Wert, warum sollte man es nicht erhalten?« Doch nach dem Krieg war das keine mehrheitsfähige Meinung im Politbüro. Auch für das verschollene Bernsteinzimmer mochten sich die amtierenden Stadtväter nicht erwärmen. Der KGB-Chef winkte ab mit dem Verweis, dass das Bernsteinzimmer längst verbrannt sei.

Doch solche Ansichten lassen sich leicht ändern, wenn der Diktator sich persönlich einschaltet. »Der erste Sekretär des Gebietskomitees Scherbakow rief mich zu sich und sagte, dass Molotow sich nach dem Bernsteinzimmer erkundigt habe«, erzählt Krolewskij. »Stalin hatte sich zuvor an Molotow gewandt und ihn gefragt, wo eigentlich das Bernsteinzimmer sei. Molotow wusste es aber nicht. Er war ganz aufgelöst. In Leningrad erfuhr er, dass man es aus dem Katharinenpalast abtransportiert hatte. Deshalb wandte er sich an Scherbakow, der sofort anordnete, dass man das Bernsteinzimmer suchen müsse, weil Stalin sich dafür interessiere. Damit ging das Ganze los.«

Umgehend wurde nun eine Suchkommission ins Leben gerufen, deren Leitung Krolewskij übernahm. Dank der Intervention Stalins lief plötzlich alles viel reibungsloser. »Nachdem die Kommission eingerichtet war, reichte ein Anruf aus, um einen Bagger für den nächsten Tag zu bestellen.« So führte der Wille des Diktators die Hauptdirigenten der Zimmersuche, Brjussow, Kutschumow und den aus der DDR angereisten Kunsthistoriker Gerhard Strauß, der mit Rohde befreundet gewesen war, 1949 noch einmal gemeinsam nach Kaliningrad. In

»Wo ist eigentlich das Bernsteinzimmer?«: Die Frage Stalins an Molotow führte 1949 zu erneuten Suchaktivitäten in Kaliningrad

»Sie gingen hin und her und zuckten mit den Schultern«: Auch die Grabungen im Königsberger Schloss in den sechziger Jahren brachten keine Ergebnisse

seinem Bericht über den zweiten Aufenthalt in Kaliningrad ließ Brjussow durchblicken, dass er mit der Arbeit der Armeetrupps unzufrieden war und dass es »an entsprechender Beaufsichtigung« gemangelt hätte. Im Klartext hieß das: Einige der Sucher hatten offenbar lange Finger bekommen.

Als der Archäologe den Bunker in der »Langen Reihe« zusammen mit Strauß noch einmal aufsuchen wollte, fand er ihn nicht mehr wieder. Er gab an, die Hausnummer vergessen zu haben und die Umgebung nicht wiederzuerkennen, wie es im offiziellen Bericht der Kommission hieß. In der Tat hatte sich das Straßenbild in der vom Krieg gezeichneten Stadt grundlegend verändert. An manchen Stellen war nach massiven Kahlschlägen kaum mehr ein Stein auf dem anderen geblieben, was die Orientierung erheblich erschwerte.

Leider erstarb mit Stalins Tod in den fünfziger Jahren das Interesse der vorgesetzten Behörden an der Fortsetzung der Suche fast vollständig. Nur Parteisekretär Krolewskij hatte Blut geleckt und fahndete im gesamten Königsberger Raum weiter nach neuen Spuren. Seine Kollegen belächelten ihn deswegen.

Erst 1959 traf in Kaliningrad wieder eine Delegation ein, die sich ernsthaft um Aufklärung bemüht zeigte. Im Schlepptau hatte sie, wie erwähnt, den Sohn des ominösen Koch-Beauftragten Gustav Wyst, der in der DDR mit Hinweisen auf verräterische Funksprüche seines Vaters auf sich aufmerksam gemacht hatte.

Rudolf Wysts heutiger Rückblick auf die Reise in seine Geburtsstadt ist allerdings nicht unbedingt von Hochachtung für die Akribie seiner Gastgeber durchdrungen: »Die Russen haben mich 1959 nach Moskau geholt und von da aus nach Königsberg geschafft. Sie sind mit mir durch Königsberg gelaufen, haben angefangen zu buddeln, aber nach zwei Tagen wurde das plötzlich ohne jede Erklärung wieder eingestellt.«

Hauptproblem sämtlicher Suchunternehmen waren die äußerst begrenzten technischen und finanziellen Möglichkeiten. Alexander Maximow, Mitglied einer Kommission während der sechziger Jahre, konstatierte frustriert, dass während der Grabungen mehr zerstört als gerettet worden sei: »Man forderte von der Abteilung Kommunalwirtschaft der Stadtverwaltung einen Grabenbagger an. Der hob dann haufenweise Schotter aus, ohne auf festen Grund vorzustoßen. Regie bei den Grabungen führten Angestellte der Stadtverwaltung, die dem Baggerführer ihre Kommandos per Daumen gaben. Sie gingen hin und her und zuckten mit den Schultern, ruderten mit den Armen und ordneten an, hier und dort flache Gräben auszuheben. Das war das Ende für das an sich notwendige Unternehmen Bernsteinzimmersuche.« Auch in den folgenden Jahren gab es immer wieder Ausgrabungen im Königsberger Raum – Erfolg blieb ihnen versagt.

»Wenn ich das Bernsteinzimmer finde, ist das der glücklichste Tag in meinem Leben«: Awenir P. Owsjanow

War das der Beweis, dass das Bernsteinzimmer doch endgültig verschollen war? Keineswegs. Selbst führende Köpfe des ehemaligen sowjetischen Geheimdienstes KGB, wie der Vizechef Bobkow, gehen davon aus, dass der Zarenschatz zumindest in Teilen erhalten geblieben sei. Awenir Petrowitsch Owsjanow koordiniert nunmehr seit über drei Jahrzehnten in offiziellem Auftrag die Sucharbeiten nach dem Bernsteinzimmer. Er ist fest davon überzeugt, dass es noch irgendwo in oder um Kaliningrad verborgen ist. Seit 1968 ist das Bernsteinzimmer auch für ihn Lebensaufgabe.

Als Angehöriger einer Pioniereinheit war er 1957 an den Abbrucharbeiten der Schlossruine beteiligt. Parteifunktionäre hatten den Pionieren zuvor erklärt, dass es gelte, die »Heimstätte des Faschismus und Militarismus« dem Erdboden gleichzumachen. Owsjanow war damals sogar der Überzeugung, eine Heldentat zu begehen: »Ich war stolz darauf, dies tun zu dürfen, unsere Kollegen waren sogar neidisch auf uns, dass wir an dieser wichtigen Sache beteiligt waren.« Mit Sprengstoff und Bulldozern zertrümmerten die jungen Pioniersoldaten die Ruinen des Königsberger Schlosses. Erst später ging ihm auf, dass er seinerzeit im Irrtum war: »Sehr viele Jahre danach habe ich begriffen, dass es sinnlos ist, sich an der Kultur zu rächen, an irgendwelchen Gebäuden.« Seine nachträglichen Skrupel an dieser Art von Vergangenheitsbewältigung mit der Abrissbirne waren für ihn ein Motiv, nach verbliebenen Spuren zu forschen. So kam es, dass

»Gähnende Leere«: Das ehemalige Stadtzentrum von Königsberg im Jahr 1967

»Wo war das Schloss?«: Eine Suchkommission bei der Arbeit im Zentrum von Königsberg/Kaliningrad, sechziger Jahre

»Noch nicht intensiv genug gesucht«: Andrej S. Prschesdomskij bei Grabungsarbeiten in Groß-Friedrichsberg

»Denkmal von historischem Wert«: Überreste des Königsberger Schlosses nach der Sprengung

der ehemalige Oberst der Sowjetarmee die nunmehr dritte Suchkommission anführte, die 1967 ins Leben gerufen wurde.

Als frisch ernannter Kunstschutzoffizier verschaffte sich Owsjanow erst einmal einen Überblick über die bisher geleisteten Vorarbeiten: »Viele Expeditionen hatten einfach nur die Feststellung getroffen, dass Kunstschätze vorgefunden wurden, aber sie nicht im Einzelnen registriert. Das öffnete natürlich dem heimlichen Klau von Kulturschätzen Tür und Tor.« Besonders bedauerlich findet er die Tatsache, dass so viele Jahre ungenutzt verstrichen sind.

In Owsjanows Amtszeit fielen die geschilderten Grabungen in der Ponarther Brauerei und der Lochstädter Ordensburg. Doch in dieser Burgruine gelang es dem Leiter der Kommission immerhin, Exponate aus Königsberger Museen zu Tage zu fördern, wie Owsjanow überhaupt in seiner Arbeit ständig auf Relikte der Königsberger Geschichte stößt – nur eben nicht auf das Bernsteinzimmer. Seinen bislang größten Fund erlebte der Grabungschef, als er kurz vor Weihnachten 1999 den verschollenen Prussia-Schatz mit über 16 000 Exponaten aus dem Untergrund hervorholte. Gelungen war ihm diese Entdeckung in den Kasematten der Königsberger Festung, im so genannten Fort III, auch »König Friedrich III.« genannt. Die historische Festungsanlage, die bis vor kurzem der Sowjetarmee noch als Munitionslager gedient hatte, ist durchzogen von inzwischen zugewachsenen Schächten und Brunnen, die in die Tiefe ragen. Ziegelsteintreppen führen in dunkle Gänge, die einem Labyrinth gleichen. So nimmt

»Besonderes Augenmerk«: Befindet sich das Bernsteinzimmer unter diesem unscheinbaren Mietshaus in der ehemaligen »Langen Reihe«?

»Die Archäologen haben gearbeitet, ohne auf die Uhr zu schauen«: In den Überresten von Fort III wurde 1999 der Prussia-Schatz entdeckt

es nicht Wunder, dass hier sechzig Jahre zuvor wertvolle Kunstschätze eingelagert wurden. Es ist nicht ausgeschlossen, dass hier oder in einem der 16 weiteren Forts aus dem 17. bis 19. Jahrhundert auch die Kisten mit dem Bernsteinzimmer vergraben sind. Insgesamt kommen nach Aussage des Kunstschutzbeauftragten Owsjanow allein im Stadtgebiet 1242 Hohlräume als Aufbewahrungsstätten in Frage: Grufte, Gewölbe, Kasematten der alten Befestigungsanlagen und eine Reihe von Nazi-Bunkern. Besonderes Augenmerk gilt dabei dem ehemaligen Bunker in der Nähe der »Langen Reihe«, zu dem Brjussow Rohde seinerzeit geführt hatte, den er Jahre danach jedoch nicht mehr wiederzufinden vermochte. Owsjanow glaubt auf der Grundlage geoanalytischer Messungen, die er veranlasst hatte, den Standort wiederentdeckt zu haben. Grabungen vor Ort waren jedoch bislang noch nicht möglich. Verbirgt sich hier die lange gesuchte Schatzkammer?
Jeder der passionierten Bernsteinzimmersucher scheint aus dieser Vielzahl einen persönlichen Lieblingsfundort auserkoren zu haben. Irina Kurilowa, eine Kollegin Owsjanows aus Kaliningrad, glaubt fest an die Möglichkeit, in Met-

»Im Fokus der Suche«: Noch heute graben Suchteams in der Nähe des ehemaligen Königsberger Schlosses nach dem Bernsteinzimmer

gethen fündig zu werden, wo Gauleiter Koch einst hochherrschaftlich auf seinem Gut Groß-Friedrichsberg residierte. Ein Zeuge will gesehen haben, wie Mitte Februar 1945 ein SS-Kommando im Park der Wellerschen Mühle, eines Anwesens Kochs, den Befehl erteilt hatte, eine Grube auszuheben. Auf zwei Lastwagen wären daraufhin Kisten mit der Aufschrift »Bernsteinzimmer« angeliefert worden. 1994 wurde das Gelände unter großer medialer Anteilnahme von einem russisch-amerikanischen Grabungsteam untersucht, ohne das gewünschte Ergebnis zu erzielen. Irina Kurilowa beharrt dennoch darauf, dass an diesem Ort nur noch nicht intensiv genug geforscht worden sei. Auch Andrej Prschesdomskij von der staatlichen Suchkommission plädiert für den an der Straße Richtung Pillau gelegenen Vorort Metgethen. Nach seiner Version sollten die Kisten noch kurz vor der Besetzung durch die Rote Armee nach Pillau gebracht werden. Wegen der Bombardierung und der heranrückenden Roten Armee hätte man aber Zuflucht in Metgethen gesucht, wo es mehrere Bunker gab.

»Persönlicher Lieblingsfundort«: Irina Kurilowa (hier bei Sucharbeiten in den sechziger Jahren in Kaliningrad) glaubt, dass das Bernsteinzimmer in Metgethen zu suchen ist

Das Ende des Kalten Krieges und die Öffnung des Eisernen Vorhangs gaben dem Bernsteinzimmer-Fieber einen neuen Impuls. Neue technische Möglichkeiten, Sponsoren aus dem Westen, vor allem aber die Öffnung des zuvor hermetisch abgeriegelten Kaliningrader Gebiets sorgten für eine Intensivierung der Grabungsaktivitäten. Im Fokus dieser Suchkampagne steht nach wie vor das Areal rund um das geschleifte Königsberger Schloss. An seiner Statt befindet sich heute eine Leer-Stelle von bizarrer Hässlichkeit, als sollte der Verlust gewachsener Stadtgeschichte augenscheinlich demonstriert werden. Wie um diesen Eindruck noch zu verstärken, ragt daneben ein Beton-Ungetüm mit zwanzig Stockwerken auf, das als »Haus der Räte« errichtet, aber nie bezogen wurde, weil nach dem Bau die Fundamente abzusacken begannen. Vom Königsberger Wahrzeichen ist also nichts mehr zu sehen, doch darunter liegen weiterhin Kellerräume und unterirdische Gänge, die bei Kriegsende, wie beschrieben, als Fluchtwege angelegt worden waren. Bis heute ist diese Unterwelt nicht annähernd gründlich erforscht. Nach wie vor kommen die Hohlräume

»Leer-Stelle von bizarrer Hässlichkeit«: Dort, wo in Königsberg einst das Schloss stand, befindet sich heute die Bauruine des »Hauses der Räte«

»1242 mögliche Aufbewahrungsorte allein in Kaliningrad«: Die Arbeit von Awenir P. Owsjanow ist noch lange nicht abgeschlossen

als Fundort für die Kisten mit dem Bernsteinzimmer in Frage. Zu Owsjanows Genugtuung, der selbst nur über ein spärliches Budget verfügt, wird die Suche dank großzügiger Unterstützung aus dem Westen jetzt mit modernster Technik systematisch vorangetrieben. Vor allem das Hamburger Nachrichtenmagazin »Der Spiegel« hat die Grabungen jahrelang gefördert – und tut es noch.

Allerdings könnte es durchaus sein, dass ein Erfolg des Grabungsunternehmens ein böses Erwachen bedeuten würde. Denn es ist nicht zu erwarten, dass das Bernsteinzimmer nach annähernd sechzig Jahren in der feuchten Tiefe wie Phönix aus der Asche eine glanzvolle Wiedergeburt erlebt. Viel wahrscheinlicher ist es, dass in den Resten der Behältnisse ein unübersehbarer Haufen von teilweise zerbrochenen und bröselnden Bernsteinplättchen inmitten verwitterter Holzteile zum Vorschein kommen würde. Ohne eine aufwendige Restauration wäre der Fund nicht mehr zu verwenden. Aber immerhin wären es Originalteile, Relikte einer langen bewegten Geschichte – die noch immer nicht beendet ist.

Phantome aus der Verborgenheit

»Gutgläubig ersessen«: Im Mai 1997 tauchte eines der Florentiner Steinmosaike aus dem Nachlass eines deutschen Soldaten auf

»Das Bernsteinzimmer – Gefunden!« titelte im Mai 1997 eine große deutsche Boulevardzeitung. Bei näherer Betrachtung schrumpfte die Krönung jahrzehntelanger Sucharbeit auf ein 55 mal 70 Zentimeter großes Bild zusammen. Es handelte sich um eines der vier Steinmosaike, die beinahe zweihundertfünfzig Jahre zuvor in Florenz gefertigt und später auf Veranlassung Katharinas der Großen als erlesene Schmuckstücke in ihr Bernsteinzimmer eingebaut wurden. Das aus Marmorstückchen und kleinsten Halbedelsteinen wie Achat, Amethyst, Jaspis oder Lapislazuli zusammengefügte Bild zeigt zwei Liebespaare vor einer italienischen Gartenlandschaft, die auf allegorische Weise den menschlichen Tast- und Geruchssinn verkörpern sollen. Schon zu Lebzeiten der Zarin war es eine kunstgeschichtliche Rarität, wie sie ausschließlich spezialisierte florentinische Werkstätten zu erschaffen verstanden. So fein und kunstvoll ist das Mosaik zusammengesetzt, dass es auf den ersten Blick wie ein Gemälde erscheint. Bei eingehender Betrachtung erschließt sich jedoch seine besondere Leuchtkraft.

Als ein Bremer Rechtsanwalt das Bildnis 1997 aus dem Dunkel der Geschichte hervorholte, um von vermeintlichen Kaufinteressenten 2,5 Millionen Dollar dafür zu erhandeln, schlug die deutsche Polizei, informiert durch das Nachrichtenmagazin »Der Spiegel«, zu und beschlagnahmte das Meisterwerk. Komplizierte naturwissenschaftliche Prüfverfahren wie Atomabsorptions-, Röntgenfluoreszenz- oder Infrarotspektralanalysen, mithin eine der aufwendigsten Untersuchungen, die je einem Kunstwerk angediehen, ergaben zweifelsfrei, dass das Bildnis authentisch war. War dies nun der Schlüssel zu einer sich vorsichtig öffnenden Geheimkammer, in der in der Folgezeit auch die übrigen Teile des Bernsteinzimmers zum Vorschein kommen würden, wie viele hofften? Der Verdacht schien sich zunächst noch zu erhärten, als herauskam, dass die Polizei in Bremen den entscheidenden Tipp von ehemaligen Mitarbeitern des DDR-Devisenbeschaffers Alexander Schalck-Golodkowski erhalten hatte, die zudem vor Wendezeiten für dessen Kunst- und Antiquitäten-Abteilung zuständig waren.

Zusätzlichen Zündstoff erhielt der Fall, als just zur selben Zeit aus dem Halbschatten des Kunstmarkts ein weiteres spektakuläres Angebot auftauchte. Es handelte sich um eine Empire-Kommode, die diesmal ein Berliner Rechtsanwalt vermittelte. Auch dieses erlesene Möbelstück, so ergab eine sorgfältige

»Devisen für die klamme Staatsschatulle«: Alexander Schalck-Golodkowski, Chef des Bereichs »Kommerzielle Koordinierung«

»1 Stück Kommode, Empire«: Ende der siebziger Jahre wurde sie in der DDR entdeckt, restauriert und von Schalcks Firma in den Westen verschoben

Überprüfung, hatte seit dem 18. Jahrhundert zur Einrichtung des Bernsteinzimmers gehört. Die Frau eines Westberliner Geschäftsmannes, der im Osthandel tätig war, hatte es 1978 zusammen mit einer ganzen Ladung Kunst in der damaligen DDR rechtmäßig erworben. Anbieter war wiederum eine einschlägig bekannte Firma: das Konsortium »Kommerzielle Koordination« des DDR-Schiebers Schalck-Golodkowski.

Ein dritter Fall wurde zur selben Zeit publik, obwohl er sich bereits drei Jahre zuvor zugetragen hatte. In gewohnter Diskretion hatte das Londoner Auktionshaus Christie's eine 15 Zentimeter hohe Bernsteinskulptur aus dem frühen 18. Jahrhundert feilgeboten. Es war die Nachbildung eines Kopfes, die Maske eines toten Kriegers. In Fachkreisen firmiert dieses aus Bernstein geschnitzte Miniaturprachtstück unter der Bezeichnung Schlüter-Kopf. Wegen der frappierenden Ähnlichkeit zu den 22 Krieger-Masken, die der preußische Hofarchitekt und -bildhauer Andreas Schlüter im Berliner Zeughaus geschaffen hatte, betrachten Experten den Meister auch als Urheber für die Fertigung dieses Bernsteinkopfes. Acht dieser kunstvollen Schnitzereien hatten das Bernsteinzimmer von Beginn an geziert. Auch die Londoner Auktionäre hielten den von ihnen angebotenen Schlüter-Kopf für authentisch. Qualität, handwerkliche

»Unter dem Hammer«: Einer der so genannten Schlüter-Köpfe im Bernsteinzimmer in Zarskoje Selo (Foto von 1942)

Ausführung und Zustand deuteten darauf hin, dass das Kleinod tatsächlich ein reifes Alter vorzuweisen hat. Einen Käufer hatte Christie's immerhin gefunden – in Deutschland und für stolze 9000 Pfund. Mehr mochte das verschwiegene Auktionshaus dazu nicht sagen.

Konnte das alles Zufall sein? Im Mai 1997 mochte es fast den Anschein haben, als würde nach und nach das gesamte Inventar der verschollenen Kammer wieder zum Vorschein kommen. Dazu die Spuren, die in das Gefüge des real nicht mehr existierenden sozialistischen Staates wiesen: War es Geheimdienstmitarbeitern der einstigen DDR am Ende doch noch gelungen, das Bernsteinzimmer aufzustöbern? Wollten sie jetzt darangehen – so die abenteuerliche Annahme – den gehobenen Schatz Stück für Stück zu versilbern? Waren die angebotenen Einzelteile vielleicht nur Versuchsballons für künftige größere Transaktionen? Die Erklärung, die der Anwalt des Bremer Mosaikanbieters den Polizeibeamten gab, klang um einiges prosaischer. Er habe im Auftrag eines Mandanten gehandelt, dessen Vater als Wehrmachtsoffizier den Transport des Bernsteinzimmers 1941 von Puschkin nach Königsberg begleitet habe. Unterwegs hätten Sowjets den Konvoi beschossen, der daraufhin aufgelöst worden sei. Bei dieser Gelegenheit habe der Vater das handliche Bild unauffällig beiseite geschafft und später als Kriegstrophäe mit nach Deutschland gebracht. Der Mandant gab an, erst nach dem Tod des Vaters das Mitbringsel von der Front auf dem heimischen Dachboden entdeckt zu haben. Weil es ihm gefiel, hängte er sich das wertvolle Bild arglos über das Sofa. Erst 1992 habe er vom wahren Wert des Kunstwerks erfahren. Rein zufällig war das nach Ablauf der Frist, in der man nach deutschem Recht unrechtmäßig erworbenes Eigentum gutgläubig ersitzen kann. Diese unschuldsselige Darstellung des Mandanten wurde allerdings von dessen Exgemahlin ramponiert. Wie sie der Polizei mitteilte, habe ihr vormaliger Ehemann ihr die Familienbeute schon früher im vollen Bewusstsein ihres Wertes gezeigt und verboten, darüber zu sprechen. So geriet der Anbieter des Kunstwerks in Untersuchungshaft – über seiner Bettstatt war nun kein florentinisches Mosaik mehr zu sehen, sondern nur die Zeichnung eines Vorgängers: ein Galgen.

Auf welche Weise auch immer der Vater sich das Original seinerzeit angeeignet hatte – es geschah lange vor der Zeit, als das komplette Bernsteinzimmer im ewigen Arkanum verschwand. Das florentinische Steinmosaik war nie bis Königsberg gelangt. Es gehörte zu den Bestandteilen, die bereits geplündert wurden, als die Wehrmacht das Zimmer noch unter ihrer Obhut hatte. Seine Entdeckung vermochte daher auch keinen Aufschluss über den Verbleib der später verschollenen Kisten zu geben.

»Geruch und Tastsinn«: Das Steinmosaik wurde an seinen rechtmäßigen Eigentümer, das Museum in Zarskoje Selo, zurückgegeben

Gleiches galt auch für die in Berlin aufgetauchte Kommode, wenngleich ihr verschlungener Weg aus dem Osten bis in das Imperium des DDR-Staatsbetriebes nicht mehr vollständig nachzuvollziehen war. Tatsache ist, dass Schalcks Unterabteilung für Kunst und Antiquitäten, die mit dem Verkauf von Liebhaberstücken aus Museen und Haushalten der DDR auf dem internationalen Markt Devisen für Honeckers klamme Staatsschatulle erwirtschaftete, die Kommode zwanzig Jahre zuvor hatte restaurieren lassen. Ein Leipziger Tischlermeister konnte ohne jeden Zweifel rekonstruieren, dass er das reichlich ramponierte Möbelstück im Auftrag der Staatsfirma auf Hochglanz gebracht hatte. Er konnte sich sogar genau an die russische Registriernummer erinnern. Nach der Verschönerungskur boten die Devisenbeschaffer die Kommode auf dem

Kunstmarkt an. Gefunden hatten Schalcks Leute das Kleinod aus Erle in reichlich beklagenswertem Zustand offenbar in irgendeinem privaten Schuppen. Der Besitzer bekam nicht mehr als 200 Ost-Mark dafür. Wie die mit Intarsien aus Ebenholz, Buchsbaum und Rosenholz verzierte Empire-Kommode in den Unterstand geraten war, ließ sich nicht mehr nachvollziehen. Anzunehmen ist jedoch, dass auch dieses gute Stück als Kriegsbeute von Wehrmachtssoldaten in den Westen geschmuggelt wurde. Entwendet wurde es jedoch, noch bevor das Bernsteinzimmer in Königsberg wieder aufgebaut wurde.

Dies dürfte vermutlich auch auf das dritte Rudiment, den Schlüter-Kopf, zutreffen. Augenzeugen auf deutscher Seite hatten bekanntlich davon berichtet, dass unmittelbar nach der Eroberung des Zarenschlosses Teile der Bernsteinverzierung Plünderern aus den Reihen der Wehrmacht zum Opfer fielen. Jahrzehnte später erbrachte das geraubte »Souvenir« unter dem Hammer noch eine erkleckliche Summe für den anonymen Verkäufer. Als Wegweiser zu einem möglichen Versteck des Bernsteinzimmers eignet sich der Schlüter-Kopf indes ebenso wenig wie das Steinmosaik oder die Kommode. Alle drei Relikte hatten auf dem verschlungenen Transportweg des Bernsteinzimmers gewissermaßen schon eine frühere Ausfahrt genommen.

Gleichwohl hatten die unerwarteten Funde einen gewissen Wiederbelebungscharakter. Zum ersten Mal nach dem Ende des Zweiten Weltkriegs gab es Originalbestandteile des Bernsteinzimmers zu bestaunen. Aus dem Phantom wurde,

»Aus dem Dunkel der Geschichte«: »Spiegel«-Chefredakteur Stefan Aust (rechts) bei der Präsentation des Steinmosaiks

wenn auch nur in einem winzigen Ausschnitt, wieder ein greifbares Kunstwerk. Besser als jedes Schwarz-Weiß-Foto aus längst vergangenen Tagen vermochte etwa das florentinische Steinmosaik mit seinem Seltenheitswert eine Ahnung von der einstigen Ausstrahlung des gesamten Zimmers zu vermitteln.

Nicht zuletzt hatten die Wiederentdeckungen hohen Symbolcharakter. Auf dem Höhepunkt der schwierigen deutsch-russischen Verhandlungen um die Beutekunst – diesmal bezogen auf den Raub, den die Rote Armee 1945 an deutschen Kulturgütern angerichtet hatte – kamen diese Entdeckungen durchaus gelegen. Wenngleich die späten Nachlassverwalter Hitlers nicht in der Lage waren, die Zerstörung und Verschleppung hochwertiger Kulturgüter in der Sowjetunion während des Krieges wieder gut zu machen, so konnten sie doch zumindest durch die Rückgabe dieser kleinen Relikte symbolträchtig guten Willen beweisen. »Das sind Tränen, Tränen unserer Vorfahren«, hatte der russische Premierminister Wiktor Tschernomyrdin die Bedeutung der Funde für sein Land umrissen. Diese solchermaßen veredelten Rudimente des »achten Weltwunders«, das florentinische Mosaik und die Empire-Kommode, gab eine hochrangige Delegation der Bundesrepublik im April 2000 den einstigen Kriegsgegnern im Kreml feierlich wieder zurück, nachdem zuvor gutwillige Sponsoren die zwischenzeitlichen Besitzer ausgezahlt hatten, um jedem Rechtsstreit vorzubeugen. Das Gastgeschenk war eine Wiedergutmachung im Kleinen. Prompt rückten die Russen im Gegenzug 45 Zeichnungen und 56 Druckgrafiken – unter anderem von Albrecht Dürer und Jan Bruegel dem Älteren – wieder heraus, die ein Angehöriger der Roten Armee bei Kriegsende in Brandenburg erbeutet hatte.

Wiedergeburt eines Wunderwerks

Das Mitbringsel aus Deutschland für das Schlossmuseum von Puschkin hatte aber auch einen konkreten Nutzwert. Es war die erste authentische Vorlage für ein Unterfangen, das auf seine Art einzigartig war: die originalgetreue Wiederherstellung des Bernsteinzimmers im Katharinenpalais. Je mehr die Aussichten schwanden, den leer geräumten Saal im Zarenschloss mit den wiedergefundenen Originalvertäfelungen verkleiden zu können, desto deutlicher war der Erwartungsdruck gestiegen, einen gleichwertigen Ersatz zu schaffen. »Der Beschluss des Ministerrates aus dem Jahr 1979, das Bernsteinzimmer nachzubilden, war eine politische Entscheidung«, erläutert Iwan Petrowitsch Sautow, Direktor des Staatlichen Museums von Puschkin. »Man wollte vor aller Welt beweisen, dass es möglich ist, das absolut einzigartige Interieur des Katharinenpalais wieder herzustellen.« Beinahe ein Vierteljahrhundert war eine Gruppe von etwa dreißig Künstlern, Architekten, Skulpteuren, Juwelieren und Restauratoren damit beschäftigt, das preußisch-russisch-italienische Gesamtkunstwerk bis ins Detail nachzubilden. Aus mehr als einer halben Million Bernsteinstückchen erweckten die russischen Spezialisten die verlorene Pracht des Barock und Rokoko zu neuem Leben. Zu Beginn ein schier aussichtsloses Unterfangen, wie

»Längst vergessene Techniken neu erschlossen«: Arbeiten am neuen Bernsteinzimmer in Zarskoje Selo

»Unglaublich aufwendige Arbeiten«: Mehr als zwanzig Jahre wurde an der Wiederherstellung des Bernsteinzimmers gearbeitet

sich Restaurator Aleksandr Kedrinskij erinnert: »Dass es möglich sein würde, das Bernsteinzimmer wieder neu aufzubauen, daran haben wir am Anfang selbst nicht geglaubt. Es erschien uns einfach unmöglich. Es war eine unglaubliche Arbeit, eine unglaublich aufwendige Suche in Archiven, der Versuch, das Zimmer aus Fotos, Dokumenten und Augenzeugenaussagen wieder zu rekonstruieren.«

So mussten sich die modernen Meister längst vergessene Techniken aus dem 18. Jahrhundert wieder neu erschließen. Jahrelang hatten sie weltweit Archive durchforstet, Juwelier-Traktate aus dem 18. Jahrhundert studiert und praktische Erfahrungen gesammelt. Restauratoren zerlegten die noch im Schloss verbliebenen Tabakdosen oder Schatullen, um die Feinheiten ihrer Verarbeitung zu ergründen. Wissenschaftler analysierten mit modernen Methoden die Zusammensetzung des alten Mastix, mit dem die Barockmeister den Bernstein an die Holztafeln geklebt hatten. Nach zahlreichen Experimenten kamen sie auch dem Geheimnis der unterschiedlichen Farbschattierungen auf die Spur: Der durchsichtige Bernstein musste langsam erhitzt, der milchige mit einer Mixtur aus Pflanzenextrakten und Ölen behandelt werden. Alte Weisheiten wurden wieder neu entdeckt: Kirschrot etwa färbt sich der Rohstoff, wenn er in Honig gekocht wird.

Die Herausforderung glich der Arbeit eines Altertumsforschers, der mit dem Fund eines urzeitlichen Holzpfeilers die Technik des Hüttenbaus rekonstruieren soll. Ausgangspunkt für die gesamte Rekonstruktion waren ganze 87 Bernsteinplättchen, die einst abgebröckelt und so dem Museum erhalten geblieben waren. Nach der Entfernung von Lackschichten, die in früheren Jahren dem Bernstein größeren Glanz verleihen sollten, konnten die Fachleute mit ihrer Hilfe die Palette der originalen Farbschattierungen ergründen. Als Vorlage für die Gestaltung des Wandschmucks dienten den Restauratoren lediglich ausgeblichene Aquarelle aus dem 19. Jahrhundert, die Abbildung eines Monogramms von König Friedrich, ein mattes Farbdia und Schwarz-Weiß-Fotos, die 1941 für die damals geplante Restaurierung aufgenommen worden waren. Zu Postern in der Dimension eines Bettvorlegers vergrößert, vermittelten sie zumindest eine Vorstellung von der ausgeklügelten Zusammensetzung der Originalmosaike.

Eine willkommene Probe aufs Exempel lieferte daher das wiederentdeckte Steinmosaik aus Bremen. Zum ersten Mal hatten die Restauratoren die Gelegenheit, ihre Rekonstruktion mit einem authentischen Vorbild zu vergleichen. Der Vergleich konnte sich sehen lassen. In mancher Hinsicht hatten die russischen Nachahmer die florentinische Vorlage noch übertroffen. Die Farbtöne

»Schritt für Schritt«:
Ein fertiges Bernsteinpaneel
wird an der Wand befestigt

der Nachbildung hatten eine etwas wärmere Ausstrahlung als das Original. Da sie keine Farbaufnahmen des ursprünglichen Mosaiks zur Hand hatten, hatten sich die Steinschleifer bei der Farbgestaltung der Rekonstruktion auf ihren Instinkt verlassen. Dabei hatten sie keinen Aufwand gescheut. Um die passenden Schattierungen zusammenzubringen, wurde das ganze russische Riesenreich durchstöbert. Der weiße Nephrit etwa stammt aus den Bergen hinter dem Baikalsee, die Flintsteine aus dem Ural.

Und doch waren es nicht in erster Linie technische Hemmnisse, die die Wiederherstellung des Bernsteinzimmers viele Jahre hinauszögerte. Wegen der chronischen Haushaltskrise des Landes ging den Künstlern immer wieder ihr Rohstoff aus. Bei einem Preis von rund 500 Dollar pro Kilo schlug allein der Materialbedarf mit einigen Millionen Dollar zu Buche. Zeitweise hatten sich die Restauratoren nur durch die Herstellung von Touristensouvenirs über Wasser halten können. Da kam 1999 eine von Bernsteinfreunden vermittelte Finanzierungshilfe der Essener Ruhrgas AG, Hauptimporteur für russisches Erdgas, in Höhe von 3,5 Millionen Dollar gerade recht, um die Fertigstellung des restaurierten Bernsteinzimmers bis zum dreihundertsten Geburtstag von Sankt Petersburg sicherzustellen. »Es war ein politischer Schritt, eine genau bedachte, gelungene Geste des Konzerns, als er sich zur Unterstützung unserer Arbeit entschloss«, lobt Museumsdirektor Sautow, »dreihundert Jahre nach dem Preußenkönig wiederum ein Geschenk Deutschlands an Sankt Petersburg, an Russland, in Gestalt des vollendeten Bernsteinzimmers: Das war eine schöne diplomatische Geste.«

Die großzügige Finanzhilfe aus Deutschland hatte eine Symbolkraft, die weit über ihren materiellen Wert hinausreichte: Aus Deutschland stammt der Ursprung des Bernsteinzimmers, nach Russland ging es als Geschenk im Zeichen der Freundschaft, aus der Sowjetunion wurde das Weltwunder von deutschen Kunsträubern auf Nimmerwiedersehen abtransportiert, zuletzt vermochten es russische Kunsthandwerker mit deutscher Unterstützung wiederherzustellen. So gesehen, ist die Geschichte dieser Schatz-Kammer eine über dreihundertjährige Chronik deutsch-russischer Wechselwirkungen. Und der Zustand des Bernsteinzimmers gleicht einem Seismographen der nachbarschaftlichen Beziehungen. Das Original mag auf dem Kehrichthaufen der Geschichte modern; die Rekonstruktion zeigt sich am Ende frischer, strahlender und schöner, als es das ursprüngliche Vorbild je war.

Literatur

- *Blockade. Leningrad 1941–1944. Dokumente und Essays von Russen und Deutschen.* Reinbek 1992.
- Brunzel, Ulrich: *Hitlers Geheimobjekte in Thüringen.* Zella-Mehlis, Meiningen 2002.
- Enke, Paul: *Bernsteinzimmer-Report. Raub, Verschleppung und Suche eines weltbekannten Kunstwerkes.* Berlin 1987.
- Iwanow, Jurij N: *Von Kaliningrad nach Königsberg. Auf der Suche nach verschollenen Schätzen.* Leer 1991.
- Kurz, Jakob: *Kunstraub in Europa 1938–1945.* Hamburg 1989.
- Lasch, Otto: *So fiel Königsberg.* Stuttgart 2002.
- Lenze, Ulrich/Steinhauser, Nina: *Die Jagd nach dem Bernsteinzimmer.* In: Huf, Hans-Christian (Hg.): Sphinx. Geheimnisse der Geschichte. Bergisch Gladbach 1997.
- Owsjanow, Awenir: *Jantarnaja Komnata.* Kaliningrad 2002.
- Reimann, Dietmar B.: *Bernsteinzimmer-Komplott. Die Enttarnung eines Mythos.* Berlin, Fürstenwalde 1997.
- Remdt, Gerhardt/Wermusch, Günter: *Rätsel Jonastal. Die Geschichte des letzten »Führerhauptquartiers«.* Zella-Mehlis, Meiningen 2000.
- Reuth, Ralf-Georg: *Auf der Spur des Bernsteinzimmers. Puschkin – Königsberg – Weimar – Coburg.* Berlin 1998.
- Rohde, Alfred: *Bernstein. Ein deutscher Werkstoff. Seine künstlerische Verarbeitung vom Mittelalter bis zum 18. Jahrhundert.* Berlin 1937.
- Rudat, Klaus: *Bernstein. Ein Schatz an unseren Küsten. Entstehung – Gewinnung – Verarbeitung.* Husum 1989.
- Schön, Heinz: *Das Geheimnis des Bernsteinzimmers. Das Ende der Legenden um den in Königsberg verschollenen Zarenschatz.* Stuttgart 2002.
- Wermusch, Günter: *Die Bernsteinzimmer-Saga. Spuren, Irrwege, Rätsel.* Berlin 1991.

Personenregister

Alexander I., Zar von Russland 77
Alexander III., Zar von Russland 47
Alexandrowa, Anna Michajlowna 77
Alexej, Sohn von Nikolaus II. 43
Alexej, Sohn von Peter I. 26
Alexejewna, Katharina 32
Amm, Elisabeth 98-100
Andrejewna, Marija 64
Anhalt-Zerbst, Sophie Auguste Friederike von 37, 47 (→ Katharina II.)
Anna, Tochter von Peter I. 46
Aust, Stefan 229

B., Heinrich 85
Bayreuth, Wilhelmine Friederike Sophie von 23f.
Belskij, Iwan Iwanowitsch 35
Bergau, Martin 185f.
Berger, Rolf 200
Bischoff, Helga 86, 98, 183
Bismarck, Otto von 45
Blech, Kurt 97, 187, 193
Bormann, Martin 60f., 74, 115, 167
Bremer, Walter 123
Brennekam, Martha 209
Brjussow, Alexander J. 8, 204-207, 210-212, 214, 219
Brockdorff-Rantzau, Ulrich Graf von 44
Busse, Fritz 133

Corinth, Lovis 80, 82, 105, 136

Dohna-Schlobitten, Alexander Fürst zu 104, 113
Dönitz, Karl 122
Dürer, Albrecht 59

Eichstaedt, Harry 93f., 96
Elisabeth, Zarin von Russland 29, 31f., 34, 38, 77
Enke, Paul 138-140, 142, 147-149, 151, 156-158, 160, 162, 175

Falz-Fein, Baron Eduard von 175f.
Feyerabend, Paul 204
Friedrich II., der Große, König von Preußen 31, 107
Friedrich III., König von Preußen 17, 36
Friedrich Wilhelm I., König von Preußen 7, 18, 20, 22-24, 31, 45, 55, 79f.
Friesen, Helmut 107f.
Fritzsche, Hans 168

Gall, Ernst 74, 79f., 101, 190
Gehlen, Reinhard 167
Geißler, Uwe 139, 159
Gerlach, Hans 87, 93, 101, 187, 189, 194, 196
Goebbels, Joseph 70, 91f., 137, 168
Göring, Hermann 59f., 66, 70, 113, 139, 167
Graefe 107
Grönling, Heinz 118

Hals, Frans 57
Haustein, Heinz-Peter 164
Himmler, Heinrich 58, 115, 145, 149
Hindenburg, Oskar von 125
Hindenburg, Paul von 124f.
Hitler, Adolf 47, 56-62, 70f., 74, 85, 102, 104, 115, 128, 137, 145, 171f., 192f., 197, 200, 230

Hollstein-Gottorp, Karl Peter Ullrich, Herzog von (Peter III., Zar von Russland) 46
Holst, Niels von 60f.
Honecker, Erich 228
Hundsdörfer, Hans 52f., 86

Iwan VI., Zar von Russland 29
Iwanenko, Dmitrij 201
Iwanow, Jurij 115, 209
Iwanowna, Anna 29

Jelzin, Boris 165

Kammler, Hans 145
Kant, Immanuel 95
Karl XII., König von Schweden 23
Katharina I., Zarin von Russland 28f.
Katharina II., die Große, Zarin von Russland 38f., 41, 47, 49, 77, 224
Kesselring, Albert 145
Keyserling, Familie 205
Klement, Udo 184, 189
Koch, Erich 66f., 70f., 73-76, 86, 90-92, 95, 99, 102f., 106-108, 112, 114, 118, 120, 123, 128, 137f., 140-143, 148-151, 173, 181, 184, 188f., 197, 199f., 204f., 214, 220
Kredinskij, Aleksandr 20, 36, 50, 53, 88
Krolewskij, Weniamin Dmitrijewitsch 212, 214
Krüger, Ida 94, 100
Krüger, Lotte 94
Küchler, Georg von 71, 73, 86f.
Kulschenko 205f.
Künsberg, Eberhard von 58, 66
Kurilowa, Irina 219-221
Kutschumow, Alexander 211f.

Lasch, Otto 124, 192-194, 196f.
Lehndorf, Graf 107
Leopoldowna, Anna 29
Liebermann, Max 82
Loen, Johann Michael von 22

Mann 115
Martelli, Alessandro 30f.
Mattern, Albert 119
Maximow, Alexander 215
Menschikow, Aleksandr 28
Mielke, Erich 138, 146
Miquel, Pierre 47
Modersohn-Becker, Paula 82
Molotow, Wjatscheslaw M. 212f.
Morosow, Fjodor 50
Mühlmann, Kajetan 59
Mutschmann, Martin 106-108, 112, 148

Nikolaus II., Zar von Russland 42f., 47

Orlow, Grigorij 38
Ostertag, Paul 62
Owsjanow, Awenir P. 216, 218f., 223

Paris, Hanns Joachim 103, 119, 137, 189f., 192f.
Pelka, Otto 43
Peresinotti, Antonio 36
Peter I., der Große, Zar von Russland 7, 22-26, 28, 32, 38, 45, 49, 80, 85
Peter II., Zar von Russland 29
Peter III., Zar von Russland 38, 46, 107
Poensgen, Georg 75, 79
Popowa, Wera 64f.
Popp, Albert 148, 151, 156f.
Posse, Hans 60f.

Powilleit, Rudi 121, 132
Prschesdomskij, Andrej 208, 217, 220
Puschkin, Alexander S. 25, 49

Rastrelli, Francesco Bartolomeo 29-32, 34, 36, 44, 83
Rediwanow, Schwerid 24
Reich, Anton 31
Rembrandt 57
Remdt, Gerhardt 172
Ribbentrop, Joachim von 46, 58, 66, 76, 107
Roggenbuch, Friedrich 37, 39
Rohde, Alfred 7-10, 72-75, 79f., 82-84, 93, 96, 99-101, 104f., 107f., 111-115, 135f., 155, 187, 190f., 202, 204-210, 212
Rohde, Ilse 7, 208f.
Rohde, Lotti 98, 135
Rohde, Wolfgang 114, 116, 136, 210
Romanow, Nikolaj 42
Rosenberg, Alfred 58, 66, 78, 105, 114, 153, 157, 177
Rothschild, Familie 66
Rubens, Peter Paul 70

Sachsen-Coburg-Gotha, Carl Eduard Herzog von 145
Sautow, Iwan 231, 235
Schacht, Ernst 19
Schalck-Golodkowski, Alexander 225f., 228f.
Scheidig, Walter 140, 142, 148
Scherbakow 212
Schickedanz, Arno 66
Schlegge, Alfred 87
Schliemann, Heinrich 45
Schlüter, Andreas 18, 26, 225
Schukow, Georgij 48
Schwerin, Graf von 105, 113

Scott, Norman 167
Siries, Cosimo und Luigi 40
Skrjabina, Jelena 63
Solms-Laubach, Ernstotto Graf zu 55, 75f., 79, 113
Stadelmann, Hans 173f.
Stalin, Josef 46, 48, 62, 210, 212-214
Stein, Georg 175-177, 180f.
Stendtke, Hans 85f., 136
Stolzke, Wilhelm 104
Strauß, Gerhard 101, 116, 187, 212, 214
Streve, Gustav 145

Tschernomyrdin, Wiktor 230
Turau, Gottfried 19f.

Uljanow, Wladimir Iljitsch (Lenin) 47

Valeriani, Giuseppe 36
Vermeer, Jan 57

Wassilewskij, Aleksandr 188
Weiß 115
Wermusch, Günter 139, 172
Wieck, Michael 197, 203
Wilkowskij, Sergej N. 10, 41
Will, Hellmuth 187
Wolffram, Gottfried 18
Wyst, Gustav 149-151, 156, 159, 215
Wyst, Rudolf 149-152, 154, 181, 215

Zenderowski, Wojciech 200
Ziegler, Irmela 122
Zin, Georgij 64
Zocchi, Giuseppe 39

Ortsregister

Alexanderpalais 42, 49, 77, 88
»Anna« 185
Ansbach 177
Aue 160
Augustusburg 108, 111, 139

B III 154f., 173 (→ S III)
B SCH 152, 154f., 173
Bad Schandau 152
Bad Schlema 156
Bad Schussenried 152
Bad Sulza 139
Barczewo 141
Berga 161, 153
Berlin 17f., 24, 28, 45, 58, 66, 80, 85, 96, 98, 142, 226, 228
Berliner Stadtschloss 20, 36
Bernterode 126, 142
Boyen 66
Bremen 225f., 229
Breslau 66
Brest 48
Buchenwald 142, 171
Burg Scharfenberg 152
Burg Schlitz 152
Burgk 139

Charkow 70
Chemnitz 108
Colmberg 177
Crimmitschau 149f., 157, 160

Danzig 127, 129, 136, 147, 199
Demmin 113
Deutschneudorf 163f.
Djetskoje Selo 42, 44, 49 (→ Zarskoje Selo)

Döbeln 108
Dresden 14, 57, 96, 107f.
– Gemäldegalerie 57, 109
– Staatliche Sammlungen für Kunst und Wissenschaft 111f.

Eichstätt 175
Elberfeld 70
Elbing 104, 121, 153
Elsterberg 139, 150, 156f., 161
Erle 229

Falkenburg 113
Florenz 39f., 56f., 224
Friedland 118

Gatschina 49, 76f.
Gdynia → Gotenhafen
Glauchau-Schönberg 109
Goldap 121
Gotenhafen (Gdynia) 127, 129
Gotha 145
Göttingen 113, 179
Groß-Friedrichsberg 70, 137, 220
Großgarbe 108f.
Gumbinnen 93, 102

Haasenmoor 200
Hartenstein 111, 139
Heiligenkreutz 176
Hela 199
Henkensiefen 94
Hildasglück 179
Hubertusburg 139

Insterburg 96

Johannisburg 121
Jonastal 145, 165-167, 169, 172

Kaiser-Friedrich-Museum (Berlin) 96, 101, 105
Kaiseroda 169
Kaliningrad 14f., 154, 204, 207, 209f., 211f., 214, 221, 223 (→ Königsberg)
Kamenz 108
Karinhall 59, 139
Katharinenpalais (in → Zarskoje Selo) 9, 32-34, 40, 42f., 49-52, 61, 76f., 80, 83, 86, 88f., 202, 212
Katharinenpalast 9, 40
Kiel 127
Kiew 63, 70, 136, 137, 205
»König Friedrich III.« 219
Königsberg 7-9, 14f., 17f., 39, 66, 70, 73, 79f, 86, 88, 93, 95-97, 102-104, 107f., 110, 112f-114, 121-123, 126-130, 135, 137, 139-141, 143, 145, 148f., 151f., 156, 162f., 165, 172, 175-177, 180, 184f., 192, 197, 202f., 205, 207, 209, 215f., 228f. (→ Kaliningrad)
– Albertina-Universität 67, 113, 179
– Bernsteinmuseum 68
– Bunker III 155
– Lange Reihe 206, 210f., 214, 218f.
– Städtische Kunstsammlung 111f.
Königsberger Schloss 8, 67, 81-83, 93, 98-100, 116, 130f., 136, 142, 153, 176, 182, 194, 201, 214, 217, 219, 221
– »Blutgericht« 186, 188f., 191f., 204
– Haus der Räte 221f.
– Prussia-Museum 104, 113, 115
Kriebstein 108, 110-112, 139
Kurland 27

Leningrad 48f., 52, 55, 60-65, 73f., 79, 88, 99, 212
– Isaakskathedrale 50
Lesnoje 64
Lichtenstein 139
Lietzenburg 18
Linz, Führermuseum 56f., 59, 61, 85
Lochstädt 104f., 107, 218
Lötzen 66
Luisental 168

Meißen 108
Memel (Klaipeda) 27
Merkers 169
Metgethen 70, 137, 149, 219-221
Minsk 136
»Mittelwerke« 168
Molsdorf 113
Moskau 25, 48, 60, 62f., 154, 215

Nemmersdorf 102f.
Neutief 137, 199
Nordhausen 113, 126, 168

Ohrdruf 165f., 168-171, 173
»Olga« 166, 169-172
Oranienbaum 61
»Osterlammstollen« 159

Pagankin-Palast 77
Palmnicken 69, 131, 185
Pawlowsk 42, 49f., 77
Peterhof 49, 61, 77f., 88
Petersburg → Sankt Petersburg
Petrograd 47
Petschur 176
Pillau 122f., 126f., 130, 135, 137, 183f., 190, 192, 197-199, 220
Pleskau (Pskow) 77
Ponarth 153f., 218

Potsdam 142
Puschkin 49-55, 67, 77, 79f., 83, 88, 101, 113, 202, 211, 227, 231 (→ Zarskoje Selo)

Rapallo 47
Rastenburg 104
Recklinghausen, Ikonenmuseum 176
Reinhardsbrunn 139, 145-147f., 156
Reval 60f.
Richau 70
Riga 27
Rochlitz 109, 116
Rominte 102, 113
Rowno 70

S III 172f. (→ B III)
Saalfeld 145
Saari Moijs 32
Saarskoje Selo 32 (→ Zarskoje Selo)
Sachsenburg 108
Sankt Petersburg 8f., 25f., 28, 45, 48, 50, 63, 65, 235 (→ Leningrad; Petrograd)
Schievenhorst 199
Schlema 157, 159
Schlobitten 105
Schneeberg 142
Schönbusch, Brauerei 153
»Schwalbe V« 160-162
Schwarzenberg 139
Schwarzort 179
Schwepnitz 139
Sitzendorf 167
Smolnyj-Kloster 30
Stadtroda 167
Stalingrad 88
Stelle 175
Stroganow-Palast 30

Suhl 145
Swinemünde 126

Tannenberg 124f.
Tilsit 93, 121

Usedom 24

Volpriehausen 113, 177-180

»W. Gustloff« 128-130
Wechselburg 109, 116, 139
Weimar 141-143, 151, 173, 181
– Gauforum 173f.
– Landesmuseum 148
Wellersche Mühle 220
Wildenhof 70, 105, 113, 205
»Wilhelm Gustloff« 7, 127, 129, 187
Wilhelmshöhe, Kassel 95
Winterpalast (St. Petersburg) 25, 29f.
Wittekind 113, 179, 181
Wolfsschanze 104
Wollin 24

Zarskoje Selo 32-34, 38, 40, 42, 49, 52, 79, 84, 226, 228, 231 (→ Djetskoje Selo; Puschkin)
Zinten 114, 205
Zschopau 110-112
Zwickau 157

Bildquellenverzeichnis

action press: 224, 232 o.
AKG-images: 17, 20 u., 33, 40 l., 40 r., 65 l., 65 r., 89, 90, 123, 134, 191, 195
Archiv des Katharinenpalais: 53 o.
Archiv Lars-Broder Keil: 9, 54, 175
Bergbaumuseum Volpriehausen: 177, 178, 179
Bernsteinzimmerarchiv Heinz Schön: 53 u., 75 o., 75 u., 201
Bildarchiv Foto Marburg: 69 o., 69 u., 82, 104, 105, 109 l., 185
Bilderberg/Eberhard Grames: 16
Bilderberg/Georg Fischer: 166 r., 167
BPK: 19 l., 19 r., 20 o., 44, 91, 132, 133, 198
BStU: 138 r., 161, 163 l.
Bundesarchiv, 101/209/90/26: 49
Bundesarchiv, 101/212/206/39: 51
Bundesarchiv, 146/94/6/28A: 57
Bundesarchiv, 181/B11673: 52
Bundesarchiv, 183/H29050: 74
Bundesarchiv, 183/R77 440: 118
Bundesarchiv, 183/R98401: 119
Corbis: 29 r., 38 r., Nachsatz 2/3
DHM, Berlin: 24
DPA: 83, 84, 85, 164, 166 l., 231
Mit freundlicher Genehmigung von Harry Eichstaedt: 94, 100, 186
Gedenkstätte Buchenwald: 170
Getty images/Hulton Archive: 45, 64, 213
hape: 171, 172
Mit freundlicher Genehmigung von A. Kedrinskij: 21
Mit freundlicher Genehmigung von Irina M. Kurilowa: 207, 217 o., 221
National Archives, Washington: 160
Roland Obst/Thüringer Allgemeine: 174 l., 174 r.
Ostkreuz: 176
Ostkreuz/Jens Rötzsch: Vorsatz 2/3, II/III, IV, VI, 232 u., 234, 245, 246/247, 248, 249, 250/Nachsatz 1
Ostkreuz/Jens Rötzsch, Harf Zimmermann: V
Ostsicht: 153, 154, 196 l., 196 r.
Mit freundlicher Genehmigung von Awenir P. Owsjanow: 202, 211
privat: 159
Mit freundlicher Genehmigung von Andrej S. Prschesdomskij: 214, 215, 216, 217 u.l., 217 u.r.
Reuters: I
Igor Sarembo, Kaliningrad: 14, 15 o., 222 u., 223
Mit freundlicher Genehmigung von Barbara Sätteli: 87
Scherl/SV-Bilderdienst: 66
SLUB/Deutsche Fotothek: 67, 68 o., 68 u., 157
SLUB/Deutsche Fotothek/B. Zilessen: 110
SLUB/Deutsche Fotothek/Herbert Krapf: 111
SLUB/Deutsche Fotothek/Oskar Kaubisch: 109 r.
SLUB/Deutsche Fotothek/Raslag: 156
SLUB/Deutsche Fotothek/ Schulze: 106
Spiegel TV: 140, 148, 149 o., 149 u., 150, 162, 163 r., 220, 229

Story House Productions, Antje Boehmert: 218

Ullstein Bild: 18 o., 22, 23 r., 43, 46, 60, 63, 71, 81, 92, 98, 99, 103, 120, 124, 125, 127, 141, 200

Ullstein Bild/ADN-Bildarchiv: 138 l.

Ullstein Bild/AKG Pressebild: 23 l., 25

Ullstein Bild/AP: Vorsatz 4, 12

Ullstein Bild/Backhaus: 146, 222 o.

Ullstein Bild/Bonn-Sequenz: 165

Ullstein Bild/Brenken: 173

Ullstein Bild/Frentz: 56, 58, 168, 169

Ullstein Bild/Keystone Pressedienst: 35, 122

Ullstein Bild/Klietz: 78

Ullstein Bild/Köhler-Archiv: 18 u.

Ullstein Bild/Krauskopf-Foto: 97

Ullstein Bild/Lombard: 26

Ullstein Bild/Mehner: 225 o.

Ullstein Bild/Nowosti: 29 l., 37, 38 l.

Ullstein Bild/Reuters: 228

Ullstein Bild/Sarembo: 15 u.

Ullstein Bild/Zentralbild: 13

Mit freundlicher Genehmigung des Verlags Iskusstwo-SPB, St. Petersburg: 28, Günter Wermusch: 158

ZDF: 204, 210

ZDF/A. Tewes: 30, 34, 216 o., 219, 225 u.

Trotz intensiver Bemühungen ist es nicht gelungen, alle Rechteinhaber ausfindig zu machen. Wir bitten, etwaige Ansprüche an den Verlag geltend zu machen.